천년을 항해하다

아시아 바다의 역사기행

천년을 항해하다

아시아 바다의 역사기행

이 재 일 지음

이서원

차 례

Ⅲ. 중국 · 213

시작하기 전에

『아시아 바다의 역사 기행』은 7세기에서 17세기에 걸친 우리나라, 중국, 일본을 무대로 한 아시아 전역의 해양 역사이야기이다.

당시 역사와 배경에 관한 설명을 시작으로, 첫 번째 이야기부터는 대부분 당시의 역사 중심지를 여행하며 기술한 이야기이다.

이 책의 이해를 돕기 위해 지금까지 알고 있었던 왜구의 개념을 다시 이해할 필요가 있다. 한반도와 일본, 멀리는 동남아시아의 주변 바다에서 활동하던 해양의 세력으로 일본의 왜구, 전기 왜구, 중국 왜구, 후기 왜구와 같이 구분하고자 한다. 120페이지 참고

프롤로그

개인적으로 한일 고대사에 대한 관심과 함께 또 다른 관심 분야가 있었다. 그것은 1636년 후금에 볼모로 잡혀 갔다가 명의 멸망과 청의 중국 지배가 시작되는 것을 보고 조선으로 돌아와 1644년 안타깝게 죽은 조선의 '소현세자'에 관한 것이었다. 선진 문물과 넓은 세상에 눈을 뜬 소현세자가 죽지 않고 국외로 나가서 조선을 대표하여 아시아의 바닷길을 호령하는 해왕海王이 되어 활약하는 상상에 관한 것이다.

이 책을 쓰게 된 동기는 '만약 준소현의 이름이 살아서 오키나와 서쪽 야에야마八重山 제도의 어디쯤에 자리를 잡고 활약했다면 어땠을까'라는 생각으로부터 시작하게 되었다. 소현세자가 상대했어야 할 1600년대 동아시아 해상세력, 즉 중국해적과 일본해적 그리고 이제 막 동양의 바다를 누비기 시작한 서양세력들에 대해서 알아보았다. 이야기 구상을 위하여 그 당시의 상황을 알아보려고 시작했던 여행 중 당시 중국

해적들이 활약했던 지역, 일본해적 및 그들의 본거지, 서양의 동양진출 거점도시 등을 직접 방문한 이야기가 이 역사 여행의 주요 내용이다.

구상을 하는 도중에 생긴 일이다. 시대적으로 1000년이나 떨어져 있는 필자의 두 가지 관심사인 우리 고대사와 소현이 살았던 중세, 즉 백제의 멸망에 즈음한 7세기와 명나라가 망하고 소현이 청에서 귀국한 17세기의 두 시대를 연결할 수 있지 않을까 하는 생각이 언듯 스치고 지나갔다. 이런 아이디어가 나오게 된 것은 새로 깨달았거나 알게 된 다음과 같은 우리 민족의 해양 역사에 대한 의문과 가설 때문이었다.

- 중국 동해안에 대륙백제가 있었다.
- 고구려 광개토대왕이 백제와 가야를 칠 때 수군 水軍 을 이용하였다고 한다. 이 고구려 수군이 일본열도까지 진출했을지도 모른다는 간접 증거를 큐슈지역에 산재한 고구려 벽화고분을 연상시키는 장식고분 裝飾 古墳 을 통해서 확인한 바 있다.
- 백제 무령왕릉은 중국 양자강 유역에 자리잡았던 동진 東晉, 317~420년 의 무덤양식인 전축분 塼築墳 이다. 서해 바다를 건너 동진의 양식이 전해 진 것이다.
- 고구려를 승계한 발해 渤海 는 732년 수군을 이용해 산동반도의 등주를 공격한 적이 있다.
- 고구려의 후예로서 산동반도에 제나라 765~819년 를 세운 이정기는 해운 압신라발해양번등사 海運押新羅渤海兩蕃等使 로서 황해를 지배하였다. 장보 고는 제나라를 치고 이정기의 해양 네트워크를 접수했을 것이다.

- 장보고 787~846년 의 해상 네트워크인 신라방은 원래 대륙백제인들의 거주지였다. 신라방은 멸망한 백제의 백제방을 이어받은 것이다. 이 신라방의 백제인들이 소위 말하는 중국 동해안과 오월국에 접하고 있었다는 '대륙백제'의 후예일 수 있다.

- 고려를 건국한 왕건 877~943년 은 해양세력을 기반으로 했고 고려는 당 및 송과의 무역을 활발히 전개하였다. 고려는 해양국가로서 전 세계에 그 이름 korea 을 알렸다.

- 고려 말 경인년 1350년 과 경신년 1380년 을 중심으로 수많은 왜구 1차 왜구, 경인왜구 들이 한반도를 침략하는데 그 규모와 기간과 범위가 임진왜란에 비교될 만큼 커서 정규군에 의한 침략전쟁의 양상까지 띠고 있었다. 이 왜구들의 침략 목적이 일본에 있던 친백제세력과 본토의 백제 부흥군이 연합하여 싸운 백촌강 전투와 일맥상통하는 본토 수복 전쟁의 의미가 있을까. 왜의 한반도에 대한 침입은 임진왜란 이전에도 있었다는 말인가.

- 같은 기간, 즉 1364년을 기한 원元 말 명明 초의 중국에서도 왜구들이 극성을 부리는데 그 이유는 무엇인가. 그들과 고려와 조선을 침략한 왜구는 연관성이 있는 것일까.

- 1차 중국왜구로 불린 해적들 중에 중심 인물이 되는 사람들의 성에는 장씨가 많이 눈에 띄는데 장문휴, 장갈매, 장하마, 장사성 등 혹시 선대의 해상왕 장보고와 무슨 관련이 있는 것인가.

- 어떠한 이유로 일본왜구는 중국까지 진출한 것인가. 그들의 실체는 무엇인가. 일부의 주장대로 이 왜구가 일본 남북조시대에 약세에 있던 남조군들인가. 현지 중국인들은 대거 왜구에 가담한 이유는 무엇일까.

- 그리고 이 사건으로부터 한 200년이 지난 명나라의 가정1522~1567년 년 간에 중국에서 또다시 중국왜구2차 왜구, 가정왜구 들이 극성을 부리며 일부는 동남아시아까지 진출한다. 당시 왜구의 70%가 중국인이었다고 하는데 무슨 연유일까.
- 2차 가정왜구인 16세기의 왕직을 비록하여 그 이후 17세기의 정지룡, 정성공 등과 같은 걸출한 해적왕들이 모두 일본과 관련이 있는 이유는 무엇일까.
- 경인왜구 및 가정왜구와 비슷한 시기에 발생한 중국 화교들은 혹시 중국왜구의 후예가 아닐까.
- 캐리비안 해적처럼 이들을 아시아 해적이라고 불러도 되지 않을까?

　물론 이런 자유분방한 가설과 의문과 상상은 재야사학在野史學 을 하는 사람에게만 주어진 특권이라는 것을 이해해주기 바란다.

　이제 『아시아 바다의 역사기행』이라는 제목으로 시간을 17세기, 즉 소현세자의 시대로 옮겨 놓고 위에 제기된 의문을 풀어나가는 것으로 여행기를 시작한다. 의문을 풀어나가는 핵심에는 백제가 멸망하며 중국 대륙에 남겨졌다고 가정하는 소위 대륙에 잔류한 백제유민, 그리고 그들의 먼 후예로 의심되는 왜구라고도 불리었던 중국해적 그리고 같은 시기에 발생한 화교들이 있다. 우리가 알고 있던 일본왜구와는 많이 다른 이야기이다. 참고로 이 책을 시작하기 전에 '왜구에 대한 이해'를 돕기 위해서 120페이지를 먼저 읽어보는 것도 좋겠다.

다시 언급하면 이 여행기는 7세기부터 17세기까지 사이의 동아시아의 해양을 중심으로한 역사를 담은 기행문이다. 한국, 일본 및 아시아의 중세사를 고대사와 연결하여 역사의 퍼즐을 풀어 보려는 시도이다. 역사의 무대는 일본 큐슈의 히라도, 나가사키, 오도열도에서 시작하여 오키나와, 이시가키섬, 대만, 중국 영파와 주산군도, 하문, 광주, 홍콩과 마카오, 필리핀, 베트남, 태국, 인도네시아, 싱가포르, 말레이지아 및 인도이다. 물론 이야기의 전개는 앞에 나열한 지역이나 나라의 순서를 따라가지는 않는다.

독자 여러분도 소현세자 준의 모험을 상상하며 읽어주시면 흥미로운 기행이 될 것으로 생각한다.

17세기의 아시아, 역사와 배경

1600년대는 아시아에서 큰 변화가 있던 시기이다. 1598년 동아시아의 국제전쟁으로 볼 수 있는 임진왜란이 끝나고 일본에서는 에도막부 1604년 가 등장한다. 또한 임진왜란 때 조선을 지원하고 자국을 보호하기 위하여 국력을 소모한 명나라는 그 사이에 힘을 축적한 청나라에 의하여 멸망하게 된다. 청은 명을 멸망시키기 전의 후금시절 정묘호란 1627년 과 병자호란 1636년 을 통해 두 차례 조선을 침략한다. 이 두 차례 호란은 1623년 인조반정이라는 쿠테타로 왕위에 오른 왕권이 약한 인조로서는 속수무책의 전쟁이었다. 이 와중에 이번 여행기를 이끄는 주인공인 소현세자는 병자호란 이후 인질로 후금의 수도였던 심양으로 가게 된다. 두 차례의 호란 이후 조선은 고립적이며 폐쇄적이 되고 노론의 송시열을 중심으로 당파정치가 시작된다. 후금은 청나라가 되어 1644년 북경으로 진입하고 명왕조를 멸망시킨다. 이후 청에 저항하고 명을 다시 일으켜 세우려는 남명 南明 정권이 중국 남쪽에 세워지고 해상세력이 중심이 되어 청조에 대한 저항이 끊이지 않게 된다. 이 즈음 중국 해안에는 명나라 초기와 비슷하게 청조에 저항하는 해상세력이 창궐하게 된다.

한편 네덜란드와 영국은 1600년초 동인도회사라는 법치력을 가진 상업회사를 만들어 동아시아로 진출한다. 동아시아의 국가들은 모두 자국의 문제를 안정시키기 위하여 분주한 와중에 어떤 나라는 이 서양 세력을 효율적으로 이용하였고 어떤 나라는 이 세력에 지배되었으며 어떤 나라는 이 세력에 저항하였다.

7세기에서 17세기까지

백제 부흥을 둘러싸고 당, 일본, 신라, 백제 간에 일어난 국제전쟁이었던 663년의 백촌강 전투 이후 동아시아 지역에는 많은 변화가 있었다. 중국의 혼란기인 남북조시대를 통일한 당나라시절에 해적을 소탕하기 위해 청해진 해적을 청소하는 진지 을 설치하였다고 알려진 장보고 787~846년 는 밖으로 동북아시아의 해양질서를 구축하게 된다. 907년 일세를 풍미하던 선비족 혈통이 세운 당 唐 이 멸망하고 918년 신라도 망하게 된다.

왕건 877~943년 세력에 의해 고려가 세워진다. 개성상인 출신으로 해왕이라고도 불리는 왕건도 장보고와 같이 해양세력이라는 공통점이 있다. 장보고와 왕건은 뒤에 설명할 중국의 백제유민과도 모종의 관련이 있어 보인다.

936년 고려의 이웃나라인 거란은 요나라를 건국한다. 979년 (북) 송이 당 멸망 후의 혼란기인 오대십국시대의 중국을 통일하고 요는 발해698~1116년를 멸망시킨다. 1115년 여진족 아골타가 금나라를 건국하여 1125년 요를 멸망시킨다. 1232년 금은 몽골에 멸망하게 된다.

1274년에 여몽연합군이 일본정벌을 시도한다. 정벌군은 함정 900척, 수군 15,000명 중 고려수군 6,700, 병력 25,000명 중 고려군 5,600명으로, 1281년의 2차 정벌 때는 전선 900척, 수군 15,000명 등 총 병력 4만 명으로 구성되었다. 이때 몽고는 수당제국이 오월인을 고구려 정복에 동원한 것과 같은 '이이제이'정책의 일환으로 중국 강남 지역의 만자군을 여몽연합군의 일원으로 동원하였다. 이 정벌은 실패하였으나 그 충격으로 일본의 가마쿠라 막부는 결국 막을 내리게 되고 1333년 일본이 두 정치세력으로 갈라졌던 남북조시대가 60년간 계속된다1392년 북조에 의해 통합.

1차 왜구

1350~1399년간 수많은 왜구가 한반도의 고려와 초기의 조선을 무수히 침략하게 된다. 이를 경인왜구라 하는데 이 50년 동안 총 369회, 606개소를 침략하였는데 100척 이상의 선단이 도착한 횟수가 11회, 총 척수는 1,613척의 규모였다.

역사계는 경인왜구를 그로부터 120년 전 고려를 침략한 일본 마쓰우라松浦堂 해적의 연장선으로 보며 침략의 이유를 여몽연합군의 침략에 대한 복수 또는 일본의 남북조시대에 상대적으로 약체였던 남조군이 재정확보를 위한 침입으로 보아왔다.

재야사학자 김성호씨는 그의 저서 『중국진출 백제인의 해상활동 천오백 년 맑은 소리, 1996 』에서 기존의 주장들과는 전혀 다르게 이러한 침입을 재중교포 대륙백제유민 들이 중국에서 핍박을 받자 보트피플이 되어 자기 나라인 고려로 돌아온 환국사태로 본다. 이들은 처음에 한반도의 해안지역에 정착하다가 내륙오지로 재이동하는데 이렇게 돌아온 환국교민이 10만 명에 이르렀다고 추산하고 있다.

같은 시기에 고려가 아닌 동남아시아로 이동을 시작한 해민들이 바로 화교이기 때문에 이런 관점에서 화교 華僑, Overseas Chinese 도 알고 보면 한반도로 들어오려고 시도했다고 보는 왜구, 즉 가설상의 '대륙백제유민'과 동일한 집단일 가능성이 있다.

참고로 화교들의 생활신조는 낙지생근 落地生根 , 자수성가 自手成家 , 금의환향 錦衣還鄕 이라고 하는데 우리의 또는 유목민족의 생활철학과 닮았다. 또한 그들이 고향으로 생각하여 참배오는 곳인 절강성 주산군도의 '보타사' 는 중국내 백제유민들의 중심지이기도 하였다. 두 집단 사이에 연결고리가 있어 보인다.

1380년의 경신년 왜구 침략은 500척의 배에 수만 명의 군사가 동원되어 내륙까지 진출하는 장기간에 걸친 침략으로 전쟁을 방불케 하는 것이었다. 왜구의 대장이었던 16세 미소년 '아기발도' 의 이야기는 인상적이다. 금강 하구에서 최무선의 화포에 대부분의 배를 잃고 충청, 경상, 전라지역으로 수만의 군사를 이끌고 몇 개월을 이동했다는 이야기는 몇 가지 의문점을 가져다 준다. 고려라는 어엿한 주권국가 안에서 이런 장기간에 걸친 내륙에서의 전쟁이 있을 법한 일인가? 이들은 누구일까? 이들이 일본에서 온 병력이라면 약탈이 목적이라기보다 침략을 목적으로한 전쟁에 가까운데 우리 역사는 이러한 사태를 왜 가볍게 취급했을까? 과연 이것이 가능한 일인가? 좀 더 자세하게 들어가면 고려의 백성들은 이들을 '안내하고 협조한' 듯한 기록도 있다고 하는데 무슨 이유일까? '대장 아기발도가 제주도 출신이라는 설'은 무슨 소리인가? 물론 조선시대의 문서에는 이들의 무자비한 만행에 대한 기록이 적지 않다.

김성호씨의 가설을 계속 따라가 보기로 하자.

당시 명은 중국 본토 안에서 생겨나고 있던 원나라 군을 추격하여 세력권 밖인 북쪽으로 완전히 몰아내기 위해 전력을 쏟고 있었다. 고려는 명의 고려에 대한 난민왜구 처리의 투명성에 대한 의심과 재정 압박 및 유민왜구의 대규모 유입환국에 따른 혼란을 동시에 해결하려는 시도로서 힘의 공백지대가 된 요동지역을 공격하려는 북벌계획을 세우고 최영을 지휘관으로 북벌군 5만을 조성하게 된다. 이 북벌군 중에는 왜구환국교민 출신 지원자가 많았다. 그러나 이러한 계획은 실행에 옮겨지지 못하고 결국 경신년에 발생한 빈번한 왜구의 침공은 고려 멸망의 원인이 된다.

물론 당시 우리가 흔히 알고 있는 일본으로부터 쳐들어 온 왜구들도 분명히 있었는데 그 중 한 부류는 순수한 일본출신이 아니라 한반도에 일시 정착한 후 살기가 힘들어 대마도 등으로 이주한 집단이었고 다른 부류는 중국에서 바로 일본 서해연안으로 이주한 집단으로 보여진다.

경신년 왜구를 황산전투전라도 완산 근처에서 진압한 이성계는 그 공에 크게 힘입어 새로운 왕조인 조선의 태조가 된다. 이성계는 개국 후 유민 안정정책의 일환으로 사전私田을 철폐하여 토지를 분배하고 일부 유민의 대마도 이전을 추진하고 삼포를 개항한다. 또한 북규슈와 대마도에 거처를 정한 왜구들이 계속 준동하자 대마도를 몇 차례 평정하였다. 삼포 개항三浦開港은 1426년 대마도주 소사다모리宗貞盛의 청에 따라 기존에 개방하였던, 웅천 진해의 내이포乃而浦, 부산포 이외에도 울산의 염포鹽浦를 추가로 개항하고 살기가 척박한 이 지역 왜구에게 교역을 허락한 일을 말한다. 1418년 제3차 대마도 정벌 이후 대마도주 소사다모리는 단절된 조선과의 정상적 교역을 누차 청하여 왔기 때문에 조정에서도 그들에 대한 유화책의 하나로 3포를 열어 무역할 것을 허락하고 3포에는 각각 왜관을 두어 왜인 60명에 대하여 거주를 허락하였다. 한반도내에서 정착한 왜구 환국한 망명 백제인들은 이성계의 토지 개혁으로 인하여 비로서 유민이 농민화되어 정착하게 된다.

이러한 대대적인 중국왜구 침입또는 가설인 해민환국 사태의 배경에는 중국에서 주원장이 방국진, 장사성과 같은 중국의 해상세력과 치열한 경쟁을 벌여 방장 방국진과 장사성 집단을 제거하고 1368년 명조를 세우는 과정에서 일어난 중국내 세력간의 투쟁이 있다. 살아남은 방장의 무리들이 규합하여 해란을 일으키는 것이 당연한 순서일진데 이들은 자취를 감추고 중국역사에 갑자기 '왜구'가 등장하기 시작한다. 이 전기 왜구에 의한 해란1369~1546년 기의 177년간에 128건의 해란이 절강성 56%, 산동성과 광동성에서 발생한다. 여기서 왜구의 실체는 일본왜구가 아니라 중국의 해민이다. 주원장은 이 세력을 왜이倭夷, 구왜위구勾倭㔟寇, 왜를 자처한 도적이라 불렀다. 해민들이 머리를 깎고 왜인의 옷을 입고 왜놈으로 가장한 것亦有发襲倭衣服为假倭者이라는 의미이다. 결국 명대 왜구

중국의 해상세력

란 일본에서 바다를 건너 온 일본왜구가 아니라 방장잔당이 왜인처럼 위장한 왜구인 것이다. 참고로 중국에서는 바닷가에 사는 사람을 왜倭인이라고 부른다는 설도 있다. 사서의 기록에도 최소한 '왜구'라고 하였지 '일본왜구'라고 쓰여진 기록은 없다. 그리고 무언가 명조明朝에 의한 역사의 변조도 있는 듯하다.

주원장과 세력을 다투던 방장세력 중 장사성은 주원장의 세력과는 직접적인 교전을 피했고, 고기잡이와 소금의 이익을 통해 근해 교통로에서 교역하며 경제적 이익을 챙겼다. 1357~1365년간 장사성은 11회에 걸쳐 고려에 사신을 보내 조공을 하며 고려에 대한 친밀감을 표시하였다. 이때 장사성 세력은 일본에 자리잡은 왜구倭寇 세력과도 제휴하고 있었다고 한다. 장사성의 해상세력을 자멸시키기 위해 명明 왕조는 '해금정책海禁政策'을 실시하게 된다.

중국 해상세력의 기원 가설

중국 해상세력의 뿌리를 추측해 보도록 하자. 우선 그 기원으로 김성호씨가 제기하고 필자가 동조하고 있는 대륙백제인에 대해 알아본다. 중국 해상세력의 기원으로 보이는 대륙백제에 대한 기록이 있는 중국 사서들을 살펴보면 다음과 같다.

> 백제국은 진대 동진시대를 의미 로부터 시작하여 송, 제 양대에 양자강 좌우를 차지하고 있었다 북사, 백제전.

백제국이 양자강 어구의 좌안을 진대로부터 시작하여 송, 제 양대에 이르기까지 점령하고 있었고 후위 때는 중원을 차지했다 주서. 백제전.

백제의 영토는 **동북쪽으로는 신라와 접해 있고 서로는 월주**양자강 연안**에 이르고 북으로는 바다**발해**를 건너 고구려에 이르고 남으로는 바다를 건너 왜에 이른다** 구당서. 백제전.

백제는 바닷길로 중국 대륙의 나라들과 활발히 교섭하고, 나아가 더 먼 곳에 있는 나라들과도 교류하였다. 동남아시아에서 인도에 이르는 항로는 곧 해상 실크로드 그것이었다. 후대인 신라, 고려시대에 아라비아의 상인까지 한반도에 올 수 있었던 것도 이미 백제시대부터 이루어졌던 활발한 해상 교역과 연결지어 볼 수 있을 것이다. 대륙에서 활동하던 기마騎馬 유목민족이 무대를 바꾸어 기선騎船 유목민족이 된 것이 아닐까하는 생각도 해본다.

본국이 멸망하고 대륙에 남겨진 백제유민들은 신라 해상세력의 주력이 된다는 가설을 일단 따라가 보기로 한다. 이들의 해상 네트워크가 신라방의 배경이 되고 장보고를 탄생시킨다. 이들과 맥이 이어지고 무역에 능했던 송상宋商의 후예가 고려를 세운 해군대장 왕건이라고 가정할 수 있다. 앞에서 설명한대로 명나라가 들어서는 시기에 절강성과 강소성의 소위 방장세력은 해양세력으로서 주원장과 대립한다. 이 시기에 고려로 수많은 왜구들이 침입한다.

해양세력의 근거지는 절강성으로서 양자강의 하류이다. 특히 영파 앞바다에 자리잡은 주산군도는 그 후 2차 왜구인 왕직 등 가정왜구의 본거지가 되기도 한다. 이 지역은 역대 중국 정권으로부터 독립적인 지역으로 남아있다가 1500년도 중반이 되어서야 명 정부가 점령할 수 있었다. 이 지역이 명나라에 점령될 때까지 신라와 일본백제의 후속국 의 독립적 주거지였다는 가설도 있다.

2차 왜구

1548년 명은 절강성 일대의 해민들을 탄압하기 시작한 이후 명이 망하고 청나라가 세워지는 초기까지인 1662년까지 다시 왜구에 시달리게 되는데 이 당시의 왜구를 가정嘉靖. 명나라 세종의 연호, 1522~1567년 왜구라 한다. 제2차 중국인 왜구해적의 통칭이됨 의 등장이다. 이 동안 발발한 660건의 해적사건 중 614건이 가정 후반기 18년 동안에 집중되어 있다. 이를 가정해란嘉靖海亂 이라고도 한다.

이때 해적집단의 괴수들은 '왕직'과 같이 모두 중국 이름이다. 이들은 왕직처럼 일본 히라도와 큐슈 일대에 후방기지를 가지고 있었다. 이때부터 일본인들도 왜구에 가담해 순수 일본인인 진왜真倭 의 비율이 30%까지 증가하였다. 고려 말에는 중국왜구들이 한반도로 올 수 있었다면 조선시대가 되면서 철저한 쇄국정책과 해금정책으로 중국왜구들이 한반도에 발을 붙이지 못하자 접근이 용이했던 혼란전국시대 의 일본으로 향한 것으로 보여진다. 조선의 중종, 명종1506~1567년 때에는 왜선인지 당선인지가 불분명한 황당선荒唐船 이 조선의 해안에 많이 표류한다. 중국왜구들이 일본에 왕래하다 표류한 선박들이다. 삼포왜란과 대마도 정벌 이후 조선은 왜구들과 적대관계를 유지했지만 일본은 전국시대의 혼란으로 중국으로부터의 망명해인, 중국왜구들이 지속적으로 숨어 들었다. 당시의 상황을 엿볼 수 있는 명사 明史 일본전의 마지막 부분에 있는 기록이다.

　　풍신수길이 일본을 통일한 후 중국을 침략코자 조선을 멸하려고 하였다. 이에 수길은 왕직 王直의 후예인 망명해민 귤강광들을 불러 하문하였는데 이들로부터 중국인들이 왜인을 범처럼 두려워한다 知唐人畏倭如虎는 것을 알고서 더 교만해져 병력을 일으키고 함대를 만들었다. 임진왜란은 일본에 망명한 중국해민들의 입장에서는 원한에 사무쳐 명나라를 토멸해 보겠다는 간절한 소원을 이루기 위해 일본을 부추겨 일으킨 복수전략이었다고도 볼 수 있으니 어찌보면 임진왜란은 가정해란의 연장이었는지도 모를 일이다. 즉, 임진왜란 1592~1598년은 중국왜구와 함께 힘이 커진 일본왜구가 주도한 해외 침략이라고도 볼 수 있다. 1550년대 중국왜구와 같이 일하던 일본해적들은 임진왜란시 모두 왜군의 수군으로 참전하였다.

　　임진왜란이 끝난 후 1609년 일본의 사쓰마 현 가고시마현은 독자적으로 류구왕국을 침략하여 류구국 오키나와의 전신을 반속국으로 만든다. 이것 역시 일본왜구 침공의 일부로 볼 수 있다. 통일된 일본은 1637년 쇄국정책으로 돌아설 때까지 주인선 제도를 통해 아시아 지역과 활발한 교역을 하게 된다. 이즈음 네덜란드와 영국의 동인도회사 배들이 아시아의 바다에 등장한다. 이들은 1500년 초부터 동아시아에 등장하면서 서로간 그리고 아시아 국가들과 많은 다툼이 있었다. 1644년 청나라가 들어서면서 정지룡, 정성공 등 반청 해양세력의 본거지는 복건성으로 옮겨진다. 이 시기가 바로 소현의 시기이다.

이와 같은 약 천 년간663~1661년, 아시아 바다의 주역은 신라인, 고려인, 중국인, 일본인, 네덜란드인, 스페인인, 포루투칼인과 영국인들이다. 조선은 이 명단에서 빠져있다. 조선은 고려말부터 시행된 공도空島정책과 대명률大明律에 따른 해금海禁 정책을 조선말까지도 시행하여 바다를 통한 운항과 교역을 극도로 억제하였다. 이 해양세력들이 각축을 벌였던 일본의 히라도, 나가사키, 오도열도, 오키나와, 대만, 상해, 영파, 하문, 마카오, 마닐라, 호이안, 아유티아, 바타비아, 말라카 등을 방문한 여행기에 역사 이야기를 곁들여서 풀어나가려 한다. 이야기를 전개하는 과정에서 우리민족의 정체성을 찾으려는 시도도 함께 해볼까 한다. 일본열도인과 한반도인이 뿌리가 같다는 필자의 한일 고대사의 결론처럼 대륙의 백제유민과 중국왜구를 동일시 한 것이 김성호씨의 가설인데 이에 더하여 화교도 알고 보면 같은 뿌리일 수 있다는 점에서 좀 더 유의하여 이야기를 진행할 생각이다.

이 여행기는 19개의 이야기로 구성되어 있다. 여행기 속에 시대별로 등장할 인물과 세력들을 소개한다.

⟨ 백제 멸망 후 663~1273년 ⟩

　대륙백제의 유민, 신라방, 이정기, 장보고, 왕건,

　당인唐人, 송상宋商, 고려 삼별초

⟨ 1차 왜구 경인왜구 1350~1399년 ⟩

방국진, 장사성, 아기발도 阿只 拔都

〈 정화 鄭和 의 원정 1405~1433년 〉

정화 鄭和 , 역대제왕혼일강리도 歷代帝王混一疆理圖

〈 2차 왜구 가정왜구 1522~1567년 〉

해적 왕직, 오우치가 大內家 , 홍길동

〈 임진왜란 1592~1597년 〉

풍신수길 日吉丸 , 프란시스코 자비에르 Francisco Javier

〈 대항해시대 15~18세기 〉

포르투칼, 스페인, 네덜란드 오란다 , 영국

〈 3차 해상세력 1625~1683년 〉

해적 정지룡, 정성공과 동녕국 東寧國 , 도쿠가와 이에야쓰 德川家康 ,

이토코자에몬 伊藤小左衛門 그리고 소현세자 昭顯世子

14~17세기 아시아의 바다

아시아 바다의 역사기행

I

일본

히라도 平戶, 한때 해적의 소굴

첫 번째 목적지는 큐슈 서북단에 있는 16세기 한때 동아시아 해적의 소굴이었던 히라도섬이다. 크리스마스 다음날 홀로 후쿠오카행 비행기에 올랐다. 일본은 새해 3일까지 휴무이기 때문에 일주일간의 여유를 이용하여 계획했던 큐슈 서부지역을 여행하기로 한 것이다. 일본의 기차는 기본적으로 국철과 사철로 구분되는데 작은 소도시를 여행할 때는 각기 다른 회사가 운영하고 있는 사철을 구간구간 갈아타야 한다. 히라도로 가기 위해 후쿠오카의 하카다역에서 기차를 타고 우선 카라쓰 唐津 로 향한다.

카라쓰 唐津 는 한자로는 카라에 당 唐 자를 사용하지만 카라라는 말은 원래 한 韓 의 뜻을 가지고 있다. 카라는 가야의 일본식 발음이다. 즉 카라쓰는 그 이름이 지칭하듯이 한국과의 교통이 활발했던 항구 또는 고대 한국의 항구이다. 일본에서는 지금도 한국을 카라라고 부른다. 이 항구에서 멀지 않은 한 섬은 고려시대 원나라의 일본 정벌시 여몽연합군의 공격으로 섬주민들이 원군에 의해 몰살당한 곳으로 알려져 있고 또한 백제 무령왕의 탄생지인 가카라시마 加唐島 도 항구에서 가까이에 있다. 섬에서 태어났다고 하여 무령왕의 이름은 사마왕 斯麻王 즉, 시마 島 왕이다.

기차에서 내려 이 지역에서 유명한 당진자기 카라쓰야키, 唐津燒 상점에 들려 구경한다. 당진자기는 투박하여 음식을 아름답게 보이게 한다. 이번 여행의 첫 번째 목적지는 히라도 平戸 섬이지만 여행의 첫날은 임진왜란 때 끌려온 조선 도공들이 오늘날 일본자기의 기반을 구축한 아리따 有田 에서 1박하기로 했다. 당시 조선 도공들 沙器匠 이 얼마나 많이 잡혀 왔는지 임란 후 도공 부족으로 조선왕궁에서는 사용할 도자기 마저 생산하기 힘들 정도였다고 한다. 지난 여름에도 들린 적이 있지만 아리타에 다시 오는 이유는 왠지 우리 조상들의 숨결이 느껴지는 이 마을에서 하루밤을 지내보고 싶어서였다.

이마리 伊万里

아리타로 가기 위해서는 이마리역에서 아리타행 기차로 갈아타야 한다. 이마리 IMARI 는 지금은 작은 항구에 불과하지만 중국 명청 교체기를 즈음하여 명의 자기 생산지였던 경덕진 景德鎭 이 일시 패쇄되었던 1644년 이후, 이 항구를 통해 수출된 일본 아리타 도자기의 세계적인 브랜드로 사용된다. 이마리는 한자로 이만리 伊万里 인데 고향에 돌아가고 싶은 도공들의 염원이 묻어있는 지명이리라.

　17세기 당시 도자기는 세계적인 수출품이었다. 지금으로 치면 가전제품, 아이폰이나 자동차에 해당되었으리라. 16세기 중반부터 일본은 멕시코에 이어 세계 제2의 은 생산국으로 은銀은 주요 수출품의 자리를 차지하고 있었으나, 17세기 중엽으로 들어오면서 생산량이 줄어들자 도자기가 새로운 대체 수출품으로 자리를 차지하게 되었다.

　초창기의 아리타 자기는 네덜란드의 주문자 생산방식 OEM으로 제작되어 아시아 지역과 유럽에 수출되었다. 당시 네덜란드의 Asia Head Quarter였던 현 쟈카르타 당시 이름은 바타비아의 골동품 거리에서는 지금도 VoC 네덜란드 동인도회사 마크가 찍힌 아리타 자기를 비롯한 이마리 자기를 적지 않게 볼 수 있다.

　당시 도자기의 가치는 런던 서부에 있는 헨리 8세의 햄프튼 코트나 유럽의 궁전을 떠올려 보면 된다. 궁전의 방마다 동양의 도자기가 마치 신주단지처럼 모셔져 있다. 유럽에서 동양의 도자기는 한마디로 부의 상징이었다. 이러한 이유, 즉 비싼 가격때문에 18세기 초가 되면 폴란드 뒤에 독일의 한 지방에서 마이센이라는 유럽형 도자기를 자체적으로 만들기 시작한다. 그 후 꾸준히 기술이 발전하여 지금은 유럽 도자기가 중국이나 일본 등 다른 지역산 도자기에 비해 가격이 오히려 비싼 편이다.

아리타 有田

　아리타는 작은 마을이라 호텔이 없어 민

박民宿 을 예약해 놓았다. 저녁식사를 하면서 제대로 알아듣지 못하는 일본어 실력이었지만 낯설어 보이지 않는 민박집 아주머니의 긴 가족 이야기를 모두 들어 드렸다. 그리고 조그만 시골 역사 앞의 작은 카페 에 나가 멋있게 나이가 들어 가는 카페 주인과도 한가로이 담소도 나누 며 마을의 분위기를 느껴 보았다.

이곳은 5월인가 열리는 아리타 도자기 축제 기간을 제외하고는 비 교적 조용한 마을이라 했다. 여름에 방문했을 때 이곳에서 시작한 아리 타자기 브랜드인 고란샤香蘭社, 후카가와 세이지深川製磁 등 몇 몇 유명 도자기 회사의 전시실을 둘러 보았었다. 사고 싶은 예쁜 도자기들 앞에 서 발걸음 떼지 못했던 생각이 난다.

다음 날, 새벽부터 민박 아주머니가 해주는 소박한 아침식사를 마 치고 통학생들이 탄 전차를 같이 타고 이마리역으로 나왔다. 히라도로 향하던 도중 마쓰우라松浦 에 내려 해변을 잠시 거닐어 본다. 마쓰우라 松浦 는 왜구의 본거지였다. 임진왜란 때 왜군의 본부는 가라쓰와 마쓰 우라 중간 지점에 있는 나고야성佐賀県 唐津市 名護屋 이 있는데 이 여행 이 후 우연한 기회에 활오징어회 イカ刺身 로 유명하다는 요부코항을 방문하 면서 알게 되었다. 공업도시인 나고야시名古屋市 에 있는 나고야성과는 전혀 다른 곳이다.

나고야名護屋 에서 조금 가면 이키섬, 그리고 조금 더 가면 대마도, 대마도에서 부산진은 지척이다. 수백 척의 왜선과 수십만 명의 왜군이 조선을 침략하기 위해 집결했던 항구이다.

히라도 항

히라도 平戸

드디어 기차는 일본 최서단에 있는 기차 역인 다비라히라도구찌 たびら平戸口 에 도착한다. 여기서 버스로 갈아타고 조금 가서 연육교인 히라도교를 건너서면 히라도 섬이다. 예약한 히라도 항구 근처의 세월이 묻어 보이는 료깐 旅館 에 짐을 풀어놓는다.

필자가 히라도에 오고 싶었던 이유는 두 인물 때문이다. 한 사람은 16세기 중반 동아시아의 바다를 지배했던 해적왕 해상왕 으로 중국 4대 해적 중의 한 명으로 왕직 王直 이라는 중국인이다. 다른 한 사람은 이 섬에서 태어나 반청복명 反淸復明 운동을 벌이다 사태가 불리해지자 대만섬에 청나라로부터 분리한 독립국을 세워 타이완의 국부로 칭송되는 정성공 鄭成功 이다.

항구를 내려다보니 언뜻 보기에도 비밀스럽고 위험한 해상교역을 하던 해적 밀무역과 약탈을 했던 해상 무리 들에게는 최적의 항구였던 것으로 보인다. 항구 건너편에는 일본식 성인 히라도성이 그림처럼 솟아있다.

네덜란드 상관

우선 료깐 근처에 있는 네덜란드 상관 商館 를 구경하기로 한다. 이 건물은 1609년에 건설되었으며 1634년 시작된 에도막부의 쇄국정책 일환으로 1641년 나가사키에 만들어진 인공섬 데지마로 옮겨갈 때까지 이곳에서 무역사무소의 역할을 수행하였다. 네덜란드는 17세기인 1600년대 백 년간 세계에서 가장 강했던 해상강국으로 절정기에는 전 세계를 항해하는 네덜란드 상선 숫자가 일만 척에 달했다고 한다. 당시는 스페인과 포르투칼의 세력이 약해지고 영국이 아직 네덜란드의 상대가 되지 못할 시기였다.

왕직 王直

　　　　　　　　　　마을을 산책하던 중 왕직 일파가 사용했다는 설명이 쓰여있는 육각형의 우물을 보았다. 나중에 오도열도 중의 한 섬인 후쿠에섬 福江島 에서도 같은 모양의 우물을 보게 된다.

　왕직은 중국 안휘성 휘주 출신으로 소금상을 하다가 해상 밀무역에 진출하여 일본, 필리핀, 베트남, 태국, 말라카와의 교역으로 부를 축적하고 1540년대에는 일본 오도열도 五島列島 와 히라도를 근거지로 중일 밀무역 중계자로 활동했던 인물이다. 1547년에는 명의 해금정책 海禁政策 이 강화되자 일본왜구와 결탁하여 중국연안을 약탈하는 해적활동도 하였다. 1543년 종자도 種子島 에 표류하여 일본에 최초로 조총을 전달한 포루투칼인도 왕직 선단의 선원이었다고 한다.

　역사적으로 그 당시 1530~1560년 중국 연안을 침략하던 왜구를 가정왜구 嘉靖倭寇 라 한다. 14세기 중후반인 고려말에 활발하던 전기왜구와 대비하여 후기왜구라고도 한다. 이 해상세력은 1567년 척계광에 의한 왜구 진압 때까지 극성을 부렸다. 당시 왜구 해적, 해구 의 인적 구성비를 보면 중국인이 70%, 일본인 20% 나머지는 포르투칼인과 일부 조선인도 있었다고 한다. 우리가 생각하는 왜구와는 많이 다른 모습이다. 중국인의 비중이 훨씬 큰데도 불구하고 왜구라고 불린데는 필시 연유가 있으리라. 왜구에 가담한 중국인들은 대부분 중국 동해 연안에 가까운 지역 사람들로 명나라 성립기 1368년 에 방국진, 장사성과 같은 주원장과 대립하던 세력들의 일원으로 소금거래로 이익을 얻던 바닷가 사람들이었다. 이 중 방국진은 왕직, 정지룡과 더불어 이보다 훨씬 후대인 1800년 전 후 홍콩을 기반으로 활약한 영화 「캐리비언의 해적」 3편에서 주윤발이 분한 중국해적 장보자와 함께 중국 4대 해적으로 불린다. 명나라와 청나라의 해금령도 이 해상세력을 억제하기 위한 정책이었다.

여담이지만, 중국 해적 중에는 장張 씨와 왕王 씨가 눈에 많이 뜨인다. 혹시 신라시대의 해상왕海上王 장보고나 고려를 세운 해왕海王 왕건과 무슨 관련이 있는 것은 아닐까? 상상력을 발휘하여 슬슬 파헤쳐 볼까 한다.

백제와 신라는 해상활동이 활발했던 해상국가로 알려져 있다. 신라의 장보고가 이 전통을 이어받고 고려때까지도 해상교역이 활발했지만, 조선은 철저히 바닷길을 막아 모든 중국과의 교통과 무역조차 가까운 해로를 이용하지 못하고 육로를 이용하게 하였다. 백제의 후예라 할 수 있는 일본을 보면 어느 정도 이 해상활동의 전통을 이어 온 듯하다. 동아시아를 무대로 한 반상반구, 즉 정상적인 무역활동을 하다 여의치 않으면 약탈도 서슴치 않았던 왜구와 해적들의 밀사 무역 활동과 또한 1634년 쇄국정책을 시작할 때까지 이어진 주인선朱印船 무역제도도 한 예이다. 주인선에 대해서는 뒤에 별도로 설명할 기회가 있다.

화제를 돌려서, 정설로 인정받지는 못하고 있지만 다수의 중국 정사正史 서들의 기록에 근거한 '중국 동부가 백제의 영토였다'는 대륙백제설을 보기로 하자. 중국의 정사에 백제의 영토가 옛날의 오, 월국까지 미쳤다고 하는 기록에 근거하면 그 지역은 상해 남부에서 발해만 북쪽에 이르는 지역인데 지금의 하북성 일부, 산동성과 강소성, 절강성 및 장강 양자강을 따라 올라간 곳에 있는 안휘성 일대를 말한다. 여기에 남쪽의 복건성을 추가한 지역인데 공교롭게도 이 지역이 또한 이제까지 거론한 대부분의 중국 해적들의 주요 근거지였다.

장보고 787~846년의 중국 활동무대도 그 전의 대륙백제의 영역과 겹친다. 장보고가 해상 네트워크로 이용했던 중국에 거주한 신라인의 신라방도 이전에는 백제인의 백제방이었다는 가설이 있다.

백제, 장보고, 고려로 이어지는 우리의 해상세력, 주원장과 대립한 해양세력으로 고려와 가깝게 지냈고, 그 세력이 주원장에게 패하자 난민 십만여 명이 고려로 이주하였다는 장사성 세력을 비롯한 중국의 해상세력 또는 중국해적 그리고 일본의 왜구 등 이렇게 한반도, 중국 대륙, 일본열도의 세 세력간에는 연결고리가 있을 듯 싶다.

중국의 명나라와 청나라는 '채찍과 당근 정책'에 의거 사정에 따라 해금령을 시행하다 풀기를 반복하였지만, 해금의 필요가 크게 없었던 조선은 명나라 때 도입한 해금령을 받아들여 조선조가 끝날 때까지 굳건히 유지하여 결과적으로 기회이익보다 더 큰 기회손실을 보게 된 것 같다.

조선시대에는 해상활동이 원천적으로 봉쇄되었다. 중국의 해적은 청나라가 안정된 이후 해금이 풀리면서 그 활동이 줄어들었고, 일본은 1587년 도요토미 히데요시 豊臣秀吉가 전국시대를 통일한 후 왜구 금지령을 선포하자 왜구로 활동하던 해적들의 대다수가 임진왜란 때 왜의 수군으로 참여한 이후 그 자취를 감춘다. 그리고 이 빈자리에 서양의 배들이 들어오기 시작한다.

정성공 鄭成功

　　　　　　　　　왕직의 시대가 끝나고 반 세기가 지난 17세기 초인 명나라 말기 중국 복건성에 정지룡 鄭芝龍 이라는 인물이 등장한다. 그는 일본과 중국, 대만 사이의 밀무역으로 세력을 키운 중국 4대 해적 중의 한 사람으로 소유한 배가 천 척에 달했을 정도로 큰 세력을 이루었다는 인물이다. 한때 일본의 히라도에 머물면서 사무라이의 딸인 다가와와 결혼하여 나중에 명이 몰락한 후 반청복명운동 反淸復明運動 의 중심인물이 된 정성공 1624~1662년 을 낳은 생부다.

　　정성공은 명나라를 다시 찾기 위하여 세력을 키워 1659년 양자강을 거슬러 올라가 남경을 탈환하기 위한 대규모 공격을 하지만 타이밍을 놓쳐 실패한다. 결국 청군의 추격에 몰려 1661년 대만으로 근거지를 옮긴다. 현 카오슝에서 북쪽으로 한 시간 거리의 서해안에 위치한 제란디아성을 차지하고 있던 네덜란드 세력을 몰아내고 대만섬에 독립국을 만든다. 이런 연유로 오늘날 그는 대만 중화민국 을 세운 국부로 추앙받고 있다.

　　참고로 우리가 고구려 유민의 후손으로서 당나라 장수로 활약한 고선지 장군에 대해 이야기하듯 일본인은 어머니가 일본인이고 일본에서 태어난 정성공을 자랑스러워한다. 정성공의 탄생지는 항구의 남쪽으로 내려가는 바닷가에 있는데 버스 노선도 없고 걸어가기에는 조금 멀어서 그만 두기로 한다. 지금은 올레길로 바뀐 초원을 가로 지르는 멋진 보행로가 조성되어 있다.

　　정성공과 비슷한 시대의 인물로 조선의 소현세자 1612~1645년 가 있다. 인조의 큰 아들로서 1636년 병자호란 후 후금의 수도인 심양에 볼모로 잡혀가 8년간 생활했던 세자이다. 필자는 심양을 방문했을 때 소현이 머물며 후금과 조선간의 외교 통상문제를 관리했다는 건물을 방문한 적이 있다. 1644년 명의 북방 수비대장인 오삼계가 청에 투항하여 청의 도르곤 1612~1650년 은 쉽게 북경을 점령하고 명나라는 멸망한다. 소현세자는 청 왕가와 함께 북경에 입성했다가 몇 개월을 지낸 후 조선으로 돌아오는데 귀국 얼마 후 돌연히 죽게되는 비운의 왕세자이다.

정성공과 소현세자는 명청 교체기의 비슷한 시대를 살았다. 정성공은 그가 배운대로 충신으로서 쓰러지는 왕조를 살리려 노력하였으나 실패하였다. 아버지 정지룡은 그의 아들을 자기처럼 해적으로 살지 않게 하기 위하여 당대 최고의 학자 밑에서 한학을 배우도록 하였다.

소현세자는 굴욕을 참으며 새로 일어나는 청왕조로부터 많은 것을 배우게 되었으나 그것을 국가의 발전에 활용하지 못하고 죽었다. 소현세자는 북경에 머무를 당시 독일인 아담 샬을 만나 서양문물에 대해서도 여러 가지를 듣고 왔다고 한다. 소현세자가 왕위를 계승했다고 해서 조선에 대단한 변화가 있었을 것이라고 단언할 수는 없다. 그러나 그즈음 막 활발해진 동서 국제무역의 시대, 즉 서양식 표현인 「대항해시대」에 좀 더 열려있는 대응으로 서양 문물을 받아 들이고 무역으로 이익을 취했다면 적어도 그 후 일제의 침략으로부터 국가를 지킬 수 있는 식견과 외교 군사 능력을 가진 나라가 될 수 있는 기반을 다지지 않았을까 생각해 본다. 필자는 가끔 정성공과 열 살 위인 소현세자와 만나 진지한 대화를 나누는 모습을 상상해 본다. 정치관은 다르다 하더라도 둘 사이에 좋은 조언을 주고받을 수 있지 않았을까?

프란시스코 자비에르

히라도에는 스페인의 선교사 프란시스코 자비에르 1506~1552년 의 발자취가 남아있다. 언덕에 위치한 기념공원과 자비에르 교회를 방문하였다.

1549년 백제의 후예로 알려진 오우치 大內 가의 허락하에 처음으로 일본에서 기독교 선교를 시작한 자비에르는 선교를 시작한 지 얼마 되지 않은 1551년 일본에 기독교의 씨만 뿌린 후 중국으로 떠났다. 필자는 후에 그를 말라카의 한 성당 St. Paul Chruch 에서 다시 보게 된다.

일본에서의 초기 기독교 전파 속도는 매우 빨랐다고 한다. 히라도를 포함한 나가사키와 오도열도 등 일본 서해안 지역은 특히 이 지역 다이묘 大名 의 비호 아래 기독교가 급속하게 전파되었던 지역이다. 일본에서의 선교는 상대적으로 용이한 면이 있었다고 한다. 다이묘만 개종을 시키면 영주의 영토 안에 있는 백성들은 자동적으로 영주를 따랐기 때문이었다.

대표적인 기독교 다이묘 중 하나가 임진왜란 당시 제1선봉장이었던 사카이 약재상 출신의 고니시 유키나가 小西 行長 다. 기리시탄 크리스천 신자로 세례명은 아우렐리우스였다. 도요토미 히데요시가 아꼈던 장수로 가토 기요마사와는 앙숙 관계였다. 그의 부장이자 사위인 대마도주 소 요시토시를 비롯한 그의 휘하 책사를 포함, 병사들 역시 세례받은 기리시탄으로 구성되었다. 그가 지휘하던 군대의 깃발은 하나구루쓰문 花久留子 이라는 꽃십자가였다. 일본에 있던 천주교 신부들은 임진왜란 당시 조선의 선교를 위하여 고니시의 승리를 기도했다고도 한다. 불편한 진실이다.

　새로 성립된 에도막부는 급격한 기독교 신자의 증가를 정치적 위협으로 보게 되었다고 한다. 1637년 시마바라 기독교인 반란에 따른 강력한 기독교인 탄압 이후 일본에서 기독교는 거의 자취를 감추게 되었다. 기독교 탄압의 명분은 '일본에는 이미 신이 있기 때문에 다른 신은 필요 없다'는 것이었다. 일본 문학작품 중에도 자비에르 신부를 조롱하는 듯한 글을 본 적이 있다. 기독교 탄압 이후 기독교인으로서 숨어서 타종교의 형식을 빌어 기독교 신앙을 지킨 사람들이 있었는데「카쿠레 기리시탄 隠れキリシタン」, 즉 숨어있는 기독교인이라 불린다. 1873년 기독교가 해금될 때까지 250여 년간 그들은 비밀리 숨어서 신앙을 지켜왔으나 그 사이 종교의 양식이 너무 변하여 대부분 다시 들어온 기독교에 귀의할 수 없을 정도로 변질되었다고 한다. 에도막부 초기에 극심한 기독교 탄압의 영향으로 인하여 지금도 일본의 기독교인 비율은 1% 미만이지만 일본 기독교의 발상지에 속하는 오도열도의 경우는 기독교의 비율이 16%에 달한다고 한다.

임진왜란

　　　　　　　　마지막으로 임진왜란과 히라도성에 대해서 이야기 해보자. 히라도성은 임진왜란 때 전공을 세운 마쓰우라 가문이 포상을 받아 세운 성이다. 성은 아름답지만 쓸쓸한 생각을 떨쳐 버릴 수 없었다. 히라도성과 임진왜란시 왜군의 출항지로 생각했던 마쓰우라 항구를 보고 또한 잡혀왔던 도공들을 생각하면 임진왜란은 더 현실감 있게 느껴진다.

도요토미 히데요시는 왜군이 한양을 점령하자 25조에 이르는 「대륙경략계획」이라는 후속 계획을 발표하는데 '명나라를 치고 나면 천황은 북경으로 옮기고 일본은 천황의 아들이나 동생에게 맡기고 조선왕은 일본으로 옮기고' 등으로 시작하다 마지막에 '자신은 일본과 명나라의 무역 중심지인 닝보寧波로 옮긴다'로 끝이 나는 소위 마스터플랜이다. 여기서 주목을 끄는 곳이 닝보영파인데 이곳은 김성호씨의 책 『중국진출 백제인의 해상활동 천오백 년』에서 말하는 백제유민의 영원한 근거지인 '주산군도舟山群島'의 배후도시이고 중국해적들의 근거지이기도 하다. 백제가 멸망하고 왜倭가 일본日本이 된 지 천 년 후에 중국 대륙에 남은 백제 유민과 일본열도로 건너간 백제 유민의 연결점을 닝보에서 찾는다면 무리한 억측일까? 물론 당시 닝보는 일본 무역선이 공식적으로 출입할 수 있는 유일한 항구이었기 때문에 도요토미 히데요시을 비롯한 일본인들에게 가장 잘 알려진 국제 무역항이었기는 하다. 닝보는 지금도 상해에 이어 중국의 대표적인 무역항이다.

　　도요토미 히데요시의 야망은 그로부터 불과 삼백 년 만에 정한파와 군벌에 의해 다시 동아시아 침략전쟁으로 재현되는데 일제가 중일전쟁시 일시적으로 점령했던 지역과 중국 사서들이 백제의 중국 대륙 내의 영토로 기술한 강역을 비교해보면 소름이 끼칠 정도로 비슷하다. 즉 발해만에서 상해 남부까지, 지금의 하북성, 산동성, 강소성, 안휘성, 절강성의 영파 남쪽까지에 걸친다. 부여와 고구려의 고토인 만주 일대는 당시 지역의 통치자였던 심양 군벌 장학량의 판단 착오로 거의 무혈로 차지하였다.

　　임진왜란이나 동아시아 전쟁일본식 표현으로 대동아전쟁과 같은 일본의 침략전쟁을 그 이전에도 계속되어 온 일본왜구들의 해외 침범과 약탈 행위의 연장 선상에서 놓고 보면 이러한 습관적인 침략행위는 일시적으로 한 지도자나 소수집단의 야망으로 이루어진게 아니라 일본인의 집단 무의식의 발현이 아닐까 하는 생각조차 하게 만든다. 좀 더 자세한 이야기는 일본왜구 倭寇의 대외 침략 역사를 거슬러 보면서 생각해 보기로 하자.

성 건너편 언덕에는 마쓰우라의 구 저택이 있고 안에는 유물이 전시되어 있다. 마쓰우라 저택의 외딴 곳에 있는 찻집에서 다도에 숙달된 여종업원의 친절한 설명을 들으며 물을 끓여 직접 만들어 주는 말차抹茶, 맏차, 가루녹차 한 잔을 마신다. 일본 다도의 창시자인 사카이 오사카 남쪽의 고대도시 출신 「센노리큐 千利休」는 조선과 그 문화를 너무 사랑한 나머지 도요토미 히데요시의 조선반도 침공을 직접 반대하다 죽임을 당했다고 한다. 한반도와 중국을 차지하고 인도마저 차지하겠다는 도요토미 히데요시의 허황된 야망 앞에 센노리큐의 진언이 들릴리 없었을 것이다.

점심을 먹었던 음식점이 마음에 들어 저녁식사도 같은 곳에서 하고 비수기인 텅빈 항구 뒷골목 밤거리를 걸어 숙소로 돌아왔다. 다다미 마루로 된 조용한 료칸의 이층에서 하룻밤을 지낸다. 내일은 에도막부가 네덜란드를 통해 서양 문물을 받아들였던 무역과 밀무역의 도시 나가사키로 향할 예정이다. 홀로 하는 여행은 자유스럽지만 외롭다.

나가사키長崎, 일본 중세의 국제 무역항

　　　　　　다음 날 료칸에서 간단한 일본 가정식으로 아침 식사를 하고 항구 근처 버스터미널에서 나가사키행 버스에 오른다. 히라도교를 지나 산속 길을 한참 달리던 버스는 어느덧 사세보 시내로 들어간다. 사세보는 네덜란드식 테마파크인 하우스텐보스로 유명한 관광도시이며, 미국해군기지United States Fleet Activities Sasebo 와 일본 해상자위대 기지가 있다. 길가에 유명하다는 사세보 햄버거 상점이 여럿 보인다. 복잡한 시내를 벗어나자 버스는 오른쪽에 커다란 바다를 끼고 달리는데 이것이 오무라만大村湾 이다. 얼마나 지났는지 드디어 나가사키의 상징인 노면 전차가 보인다. 나가사키역 건너편 비지니스 호텔에 여장을 푼다.

나가사키는 같은 해 여름에 파트너와 같이 방문한 곳이다. 여기서 파트너는 필자의 처인데 많은 여행을 같이 했기 때문에 파트너로 부르기로 한다. 지난 번 방문 때에는 몇 가지 에피소드가 있었다. 나가사키 하면 떠오르는 나가사키 짬뽕을 먹으러 유명하다는 해안공원 근처의 음식점을 찾아 갔다. 어찌된 일인지 짬뽕집은 보이지 않고 돈까스집만 보여 배도 고픈 김에 그냥 먹고 나온 후 무심코 간판을 올려다보니 같은 건물 2층에서 나가사키 짬뽕을 파는 것을 보고 실소를 한 적이 있었다. 결국 나가사키 짬뽕은 후쿠오카로 돌아오던 중 고속도로 휴게소에서 먹게 되었다.

당시 나가사키를 방문한 목적 중의 하나가 네덜란드 상관이 있었던 데지마出島를 보기 위해서였다. 네비를 켜고 가리키는 지점의 근처를 아무리 빙빙 돌아도 목표물이 보이지 않는 것이었다. 결국 데지마는 가보지도 못하고 다른 관광지로 향했었다. 처음 왔을때 탐방했던 곳들이다.

오오우라 천주당 大浦天主堂

관광 안내지도를 보고 오오우라 천주당을 찾아갔다. 이곳은 메이지시대에 일본이 개항을 한 후 기독교가 일반에게까지 용인되기 전인 1865년에 외국인을 위해 지어진 성당이다. 우리 명동성당1898년 보다 앞섰다. 고풍스러운 성당을 둘러보는데 뒤뜰에 여러 가지 이상한 조형물들이 보인다. 관음보살의 모양을 한 마리아상, 바로 카쿠레 기리시탄들이 기독교를 은폐하기 위해 만든 마리아상마리아 보살상 이다.

나가사키의 오오우라 大浦 라고 하는 곳에 프랑스 템플이라고 불리우는 오우라 성당을 지었는데 일본의 감시 속에서 개국 후 처음으로 프랑스 영사, 일본 거주 외국인, 정박 중인 영국, 프랑스, 러시아 선원 12명이 참석한 가운데 헌당식이 거행되었다. 헌당식이 끝나고 2개월이 지난 후 면발치에서 계속 성당쪽을 바라보고 있던 일본인 남녀 10여 명이 갑자기 교회당으로 후다닥 들어갔다. 그리고 검은 가운을 입고 있던 신부에게 갑자기 '산타 마리아'라고 외쳤다. 이들이 우라가미 浦上, 나가사키에 있는 마을 이름 기리시탄이라 불리우는 카쿠레 기리시탄들이었다. 아직 기독교가 일본인에게 허용되기 전이라 그 후 안타깝게도 이들은 거의 전원이 순교를 당했다. 1873년 메이지 정부가 기독교를 공인하고 개신교 선교사들이 들어와서야 일반인들에게 기독교가 허용하게 된다.

일본의 기독교

앞에서 말했듯이 일본에 기독교가 전래된 것은 1549년 예수회 소속인 프란시스코 자비에르에 의해서였다. 1568년 노부나가가 그리스도교를 공인하면서 황금시대가 도래하여 1613년 이에야쓰 家康 가 금교령을 발표할 당시에는 인구 1천 5백만 중에서 80만 명이 기독교 신자가 될 정도로 크게 발전하였다. 그러나 그 이후 계속하여 여러 가지 이유로 기독교는 점차 금지되어 갔다. 1587년 선교사 추방령을 발표하고 히데요시 秀吉 는 기독교를 탄압하기 시작했으며, 1596년에는 상 필리페호 사건으로 26명의 성인이 나가사키에서 순교하게 된다. 1613년에는 서양제국 침략의 두려움과 기독교 세력이 강해짐에 따른 지배체제 붕괴의 의식이 커짐에 따라 도쿠가와 德

川막부가 기독교 금지를 결의하게 된다. 이것으로 인해 80만 명의 신자들에게 수많은 비극이 초래되었으며 1622년에는 55명이 나가사키에서 처형당하게 되는 등 20만 명 내지 30만 명의 순교자가 생기게 된다. 우리나라의 천주교 순교자 5천명 내지 1만 명에 비하면 숫자 상으로 훨씬 많다. 동경 대성당을 다니던 파트너에게 들은 이야기인데 도쿄 시내에도 가톨릭 순교지가 도처에 있다고 한다.

'금교령'에 의한 탄압은 신자들을 단결시켜 1637년에는 「시마바라島原의 난」이 일어나게 되는데 규슈의 시마바라 나가사키와 구마모토 중간에 위치하는 바닷가에서 아마쿠사시로 天草四郎 라고 하는 16세 소년을 우두머리로 농민과 사무라이가 중심이 되어 3만7천명의 신자들이 성안에 모여서 1년 이상에 걸쳐 12만 명의 도쿠가와 막부의 군대와 싸우다가 전원 순교한 사건이다. 1639년 기독교를 두려워했던 도쿠가와 막부는 드디어 선교에는 관심이 덜했던 네덜란드를 제외한 모든 나라와 국교를 단절하는 쇄국령을 내리고 조직적인 기독교 박해를 시행한다.

1640년 시행된 「종문개역 宗門改役」은 사람들의 신앙을 조사하기 위하여 여행, 혼인, 이사, 취직 등을 할 때 절 불교사찰에서 증명서를 발행하도록 한 제도이다. 이것은 모든 일본인을 형식상 불교도로 만든 제도 테라우께, 寺請 로서 일본에 거주하는 모든 사람들을 반드시 어딘가의 절에 소속하게 하여 그 절에서 기독교도가 아니라는 증명을 받도록 하는 것이었다. 이 제도는 불교사찰에 신자를 대를 이어 확보하게 해주게 된다. 동시에 신자들의 탄생과 성장, 결혼 그리고 죽음 이후의 예식까지 치르도록 보장해주어 안정적인 비지니스모델을 제공하는 단초가 되었다. 이 전통의 결과로 일본의 사찰은 재정적으로 부유하며 주지직을 상속받아 금수저가 되는 후손들이 많아졌다.

기독교 탄압제도 중 하나였던 「후미에 踏絵」는 매년 한번 마리아 또는 예수 그림을 바닥에 놓고 밟고 지나가면 살려주고, 밟지 않으면 크리스천으로 판단하여 적발해 내는 제도이다. 이 제도로 인하여 수많은 크리스천이 죽임을 당했으며 기독교가 해금될 때까지 매년 행하여 졌다. 또한 농민들을 다섯 가옥을 한 조로 조직하여 세금이나 범죄 등의 감시와 더불어 기독교도를 적발하도록 했다. 도쿠가와 막부는 기독교인이 적발되면 본인뿐만 아니라 친족까지 남자는 7대까지, 여자는 4대까지 사람들로부터 격리시켜 특별감시 하에 두었다. 「무라하치부 村八分」라는 제도는 기독교도가 장례식과 화재 이외에는 다른 어떤 사람들과도 교류하지 못하게 하는 것이었다. 1854년 미일 화친조약으로 일본에 부분적으로 기독교가 들어올 때까지 탄압이 지속되었지만 그럼에도 기독교 신도들이 존재하고 있었다.

이와 같은 지속적인 박해와 극심한 탄압의 부작용으로 본래 쾌활하고 개방적이며 단순 소박했다는 일본인 성격을 왜곡시켜 무엇을 생각하고 있는지 표정에도 나타내지 않는 대단히 알기 힘든 국민으로 만들어 지금도 이들의 주된 성격으로 남게 되었다고 하는 설이 있다. 또한 기독교가 공인된 지금까지도 일본에서 기독교가 활발하지 못한 커다란 요인이 되었다.

구라바엔 구라바 정원

이어서 천주당과 연결되어 있는 구라바엔 구라바 정원을 방문했다. 메이지시대인 일본 개화기에 세워진 서양식 건축물들을 옮겨 모아 놓은 곳이다. 이곳에서 나가사키항이 한 눈에 그림처럼 내려다 보인다. 항구의 왼쪽으로 만을 가로지르는 높은 다리가 보이고 거기를 빠져 나가면 대양이다. 구라바 정원은 오페라 「나비부인」의 배경이다. 정원 내의 링거 저택에는 나비부인에 관한 자료들이 진열되어 있고, 정원 안에 있는 고풍스런 찻집에 들러 예쁜 잔에 카스테라와 곁들인 골동품 같은 커피 드립기로 내린 커피를 마시며 휴식을 취할 수 있다. 카스테라는 나가사키의 명물인데 나가사키를 통해 들어온 설탕을 이용해 만든 일본식 빵이다. 나가사키에서 후쿠오카 그리고 교토까지 이어지는 순 일본식 명칭인 「슈가로드 Sugar Road」라는 것이 있는데 이 루트를 따라 서양에서 들어온 설탕이 전파되면서 맛있는 일본빵과 과자들이 만들어졌다 한다. 이 전통으로 인하여 유명한 일본에는 제과제빵학교들이 많고 한국 유학생도 많다.

수입된 설탕은 나가사키에 맨 먼저 도착하여 그 다음에 사가, 후쿠오카를 건너가서 교토나 도쿄 쪽으로 운송되었다. 그때부터 설탕이 운반되던 루트인 나가사키, 사가, 후쿠오카에서도 고급품이었던 설탕을 쉽게 받을 수가 있었다. 또한 처음 포르투갈을 주축으로 서양의 제빵과 제과기술을 받을 수 있었기 때문에 전국적으로도 유명한 과자들이 만들어지기 시작했다. 나가사키에는 카스테라가 있고 후쿠오카에도 명품이 많은데 사가 佐賀에 유명한 것은 양갱 羊羹으로 팥을 삶아서 채에 거르고 설탕, 밀가루 등을 섞고 틀에 넣고 쪄서 만든 그런 음식이다. 일본 과자의 대기업인 「그리코 江崎グリコ, Glico」와 「모리나가 森永」의 창업자들도 큐슈의 사가 출신이라고 한다. 건빵에 하나씩 들어있던 조그만 뿔이 많이 난 작은 별사탕도 이 중 하나다.

도우진야시키 唐人屋敷

　　　　　　두 번째 탐방에서도 데지마出島를 찾지
못하여 우선 중국인들의 집단 거주지였던 도우진야시키 唐人屋敷 라는 중
국인 집단거주지 유적을 찾아간다. 중국무역이 증가하자 밀수를 우려
한 에도막부는 1689년 쇄국정책의 일환으로 네덜란드인의 주거지인
바닷가를 간척하여 만든 데지마出島와 같이 중국인들을 집단 강제수용
하여 감시할 수 있도록 나가사키항 가까운 곳에 주거지를 지정하고 주
위를 높은 담으로 삥 둘러 막은 도우진야시키를 건설하였다.

　　에도시대 일본은 네 곳의 항구를 통해 대외 무역을 하였다. 대마
도 対馬口 는 조선 朝鮮 과 사쓰마 薩摩口 는 류구 琉球 와 마쓰마에 松前口 는 아
이누 그리고 나가사키 長崎口 를 통해 네덜란드 오란다 및 중국 唐人 과 교역
하였다.

　　막부는 1635년에 중국선의 입항을 나가사키로 한정시켰는데 중
국선은 정성공 鄭成功 지배하의 대만과 중국 남부의 배로 네덜란드와 경
합했다. 청조 清朝 는 대만과 중국 동해안에 남아있는 청조에 대한 저항
세력을 억제하기 위해 1661년에 해상 봉쇄령인 「천계령 遷界令」을 내려
대중국무역이 정체되었다. 1683년 대만이 항복하고 해금 海禁 이 철회
되자 중국선의 내항이 급증했다. 이들은 직접 중국산 생사 生糸 를 얻을
수 있어 네덜란드 배보다 나가사키항에 중국선의 입항이 많아져 일본
은 日本銀 의 유출이 문제가 되자 이를 통제하기 위한 필요에서 나온 것
이다.

지금은 그 당시 있던 담은 모두 허물어져 주택지 일부로 변하고 내부에 있던 중국식 건물 몇 채만 흩어져 남아 있다. 허름해진 마조媽祖, 바다의 여신 사당을 참배하던 중 진기한 경험을 하게 된다. 분명히 바람 한 점 없는 날이었는데 필자가 참배하러 사당으로 들어서자 사당 안의 휘장이 펄럭인 것이다. 지금은 사라져버린 당시 중국인들의 거주지를 찾아준데 대하여 감사를 표하는 것일까? 아니면 혹시 마조도 중국 장강양자강을 중심으로 북쪽의 장쑤강소성, 남쪽의 저장절강성과 장강 연안의 안후이안휘성에 살며 활약했던 백제신라 해민들이 섬기던 해신과 무슨 관련이 있는 것인가?

　「마조媽祖」에 대해 간단히 설명하면, 뱃길을 다니는 사람들로부터 절대적인 추앙을 받고 있는 여신으로서 한마디로 동양의 산타루치아 성녀이며, 남해 관세음보살의 또 다른 화신이다. 중국 남부, 동남아 화교 뱃사람들의 수호신이다. 전설에 의하면, 마조는 10세기 중반의 푸젠福建 출신 여성으로, 승천하여 해난구조海難救助 등에 영이靈異를 나타냈기 때문에 본래 뱃사람들이 믿는 수신水神이었는데 점차 민간에 퍼져 중국의 중부와 남부의 연해, 타이완臺灣 및 인근 나라까지 전파되었다. 중국과 동남아에서 화교들이 있는 곳에는 반드시 마조묘가 있다. 이 신神의 특징은 사람이 신이 되었다는 것이다. 마조묘는 중국 남부 복건성, 광동성, 대만, 베트남, 말레이지아, 인도네시아에 폭넓게 분포한다.

　중국인의 입장에서는 일본과의 교역에서 생기는 이익이 다른 지역의 두 배에 달했다고 하니 매우 매력적인 무역 루트였을 것이다. 특히 수출대전을 일본은銀으로 받게 되면, 일본의 금과 은 사이 교환비

도우진야시키(唐人屋敷) 입구

율이 1:10 이었다면 중국에서는 1:9 이었기 때문에 환차익도 같이 얻을 수 있었다고 한다. 조선도 일본에 인삼을 팔며 어떻게 해서든지 은으로 결제를 받으려했던 이유도 이 은을 중국으로 가지고 가면 더 많은 금을 얻을 수 있었기 때문이다. 중국에서는 명나라 시대 은을 기반으로 한 조세제도 등의 영향으로 은을 선호하게 되어 상대적으로 은의 가치가 높았다. 지금도 우리가 은행을 「은행 銀行」으로 부르는 이유는 당시 은을 거래하던 곳 銀行이 발전한 것이기 때문이다. 일본은 오사카와 도쿄에 있던 은 거래소를 긴자 銀座라 불렀다.

데지마 出島

중국인 거주지 방문을 마친 후 바닷가 쪽으로 향하다가 드디어 데지마의 출입구를 발견했다. 이 섬을 만들 때는 바다 위에 위치해 있었지만 지금은 계속된 간척으로 위치가 육지 안 쪽으로 들어와 있어서 찾지 못했던 것이다.

데지마는 1634년부터 2년에 걸쳐 포르투갈인들을 수용하기 위한 시설로서 막부가 나가사키의 마치슈 町衆, 부유한 상공업자들에게 건설을 명하여 만들어졌다. 건설비용은 우선 건설을 담당한 업자들이 부담하게 하고 나중에 입주할 포르투갈인 후에 네덜란드인으로 교체들이 토지 사용료 임대료를 업자들에게 매년 지불하는 형식으로 건설비용을 보상받도록 하였다. 1639년 로마 가톨릭 선교활동을 했던 포르투갈인을 추방한 후에는 1641년 히라도에 있던 네덜란드 동인도회사의 상관 商館을 이곳으로 옮기고 네덜란드인들을 거주시켰다. 이후, 약 이백 년 동안 네덜란드인과의 통상 활동 및 일본내 활동에 대한 막부의 통제가 데지마를 통해서 이루어진다. 원칙적으로 공무상 허용된 일본의 관리 이외에는 출입이 금지되었고, 네덜란드인도 일본 체류기간 동안 좁은 데지마 내에서 지내야 했지만 일본 여성과 결혼하는 등 어느 정도 자유롭게 생활했다고 한다.

오란다 네덜란드

데지마 유적지에는 17세기 중반의 네덜란드 상관을 그대로 복원해 놓았다. 이곳을 통하여 서양의 학문과 기술이 전하여지고 후에 메이지시대에 이루어진 일본 근대화의 기초가 되었다. 도쿠가와 요시무네德川 吉宗. 에도막부의 8대 쇼군, 막부 중흥의 선조로 조선의 숙종이나 영조에 비견 됨가 실학을 장려하고, 양서를 해금조치한 결과로 데지마를 통해 입수된 서양서적들은 의학, 천문학, 역학 등의 연구를 촉진시켰다. 「난학蘭学. 란가쿠」을 통하여 탄생한 합리적 사고 및 인간평등 사상이 일본에 소개되었다.

뿐만 아니라 이곳을 통한 무역은 일본에 상당한 이익을 가져다 주기도 하였다. 데지마를 통해서 이뤄진 네덜란드와 일본 간의 교역에서 일본의 구리, 은, 금 등의 광물자원이 유럽으로 수출됐고, 설탕이나 염료, 의약품 등이 일본에 수입됐다. 물론 수출품에는 도자기도 포함되어 있었다. 네덜란드 상인은 설탕 등을 동남아시아에서 구입해 일본에 팔았다.

당시 이 항구를 통하여 들어오던 중국의 비단은 한때 쇼군將軍이 독점을 통하여 엄청난 전매 이익을 누렸다고도 한다. 나가사키의 상업이 얼마나 성했는지 에도막부에서는 특별히 은화를 제조하여 이 지역에 화폐로 공급해서 상업활동을 도왔다고 한다. 당시에 유곽遊廓도 발달하여 비단을 판매한 이익의 상당부분이 유곽으로 흘러 들어갔다는 이야기도 전해진다.

안경교眼鏡橋

다음 날 아침 일찍 호텔부터 걸어서 나가사키 명물 중 하나인 안경교眼鏡橋를 보러 갔다. 다리 모양이 안경을 위아래로 잘라논 듯 한데 다리가 물위에 비춰면 완전한 안경 모습으로 보인다하여 붙여진 이름이다. 1634년에 만들어진 다리이다. 안경교가 있는 하천중도천의 동쪽 언덕에는 수많은 절들이 들어서 있다. 당시의 무역으로 큰 돈을 번 나가사키 부자들이 개인적으로 시주하여 만들어진 절들이라고 한다. 절이 있는 언덕에서 내려오는 지역에 조그마한 식당들이 많았는데 남만南蠻이라고 이름 붙여진 식당이 여러 곳 있었다. 여기서 남만이라 함은 포루투칼이나 스페인을 비롯한 서양을 말한다. 한 소학교초등학교 벽에는 나가사키항에 가득찬 네덜란드와 중국의 배들이 그려진 커다란 벽화가 붙어 있었다.

하멜

1652년 우리나라 제주도에 표류한 하멜이 향했던 곳도 이 나가사키이다. 그는 1666년 간신히 조선을 탈출하여 나가사키를 통하여 본국으로 돌아간 후 『난선 제주도 난파기』 또는 『1653년 바타비아발 일본행 스페르베르호의 불행한 항해일지』우리에게는 『하멜 표류기』로 알려진 책를 써서 유럽인에게 처음으로 조선을 소개했다.

물론 그 책을 통하여 조선이 외국인에게 비우호적인 나라라는 인상을 심어 주었다.

이토 코자에몬 伊藤 小左衛門

　　　　　1667년 나가사키, 한 무리의 남자들이 십자가에 매달려 잔혹하게 처형당했다. 주범은 이토 코자에몬伊藤 小左衛門, 그 죄목은 조선에 무기를 판 것이었다.

　거제도 남서쪽 작은 섬 용초도에 수상한 선박이 출현하여 곧 관청에 보고됐다. 배에 탄 이들은 일본의 상인이었고 배에는 다양한 일본제 무기들과 전쟁물자가 실려 있었다. 화약의 재료인 석유황, 활을 만드는 데 필수적인 흑각 그리고 조총과 장검 등이었다. 일본 상인들은 임주부와 피봉사를 불러 달라고 했다주부와 봉사는 당시 조선의 하층관직 이름이다. 연락을 받은 임주부와 피봉사는 일본 밀수선으로 향했다. 이들은 익숙하게 일본인들과 거래를 했다. 일본 밀수선과의 거래가 처음이 아니었던 것이다. 일본 밀수단의 조선측 상대는 피기문, 임지죽이란 이름의 상인들이었다. 이미 수차례에 걸쳐 일본제 무기류 밀수가 이루어지고 있었다.

　왕명으로 설치된 군사조직 훈련도감 대장인 이완이 직접 상인인 이응상에게 분부하여 사람을 동래에 보내 유황이 생길 수 있는 길을 도모하도록 하였다. 무기밀수 배경에는 왕이 있었다. 북벌 계획에 필요한 무기와 물자를 확보하기 위해 임금과 조정이 국가적인 차원에서 무기밀수를 결정했다.

　1667년, 나가사키에서 일어난 대규모 처형사건은 이러한 배경에서 나왔다. 조선의 수요에 부응하기 위하여 무역항인 나가사키의 이토

코자에몬을 중심으로 오사카, 대마도 등 광범한 지역에 달하는 거대한 밀매조직이 형성됐다. 이토는 심지어 일본 막부보다 돈이 많았다고 한다. 당시 일본의 부자는 은 1천 관을 가지고 있었는데 그는 7천 관이나 가지고 있었으니 일본 최고를 넘어 동아시아의 거부였던 셈이다. 이토는 후쿠오카에서 가장 유력한 상인이었으며 밀무역을 통한 이익으로 재정을 뒷받침하여 후쿠오카를 국제무역항으로 만드는데 크게 기여했다고 한다.

원폭

오후에는 나가사키 원폭으로 파괴되었다가 복구된 성당을 방문하였다. 당시 성당 부근에 살던 신도 대부분이 사망했을 정도로 피해가 심했다고 한다. 원폭 투하 지점과 주변에 조성된 추모공원을 거닐며 여러 상념에 잠겨 본다. 피해자의 입장에서 만들어진 조형물과 비문들 뿐이다. 일본인들은 자신들이 저지른 전쟁은 정당화하고 자신들의 침략전쟁으로 피해를 입은 사람들에게 저지른 무자비한 범죄 행위는 외면한다. 자기들이 벌인 전쟁은 자랑스럽고 정당하며 대의명분에 따른 것이라고 생각하기 때문인 것인가? 그러면서 자기들에 대한 응징으로 입은 손실에 대해서만 피해의식에 젖어 있다. 선악에 대한 도덕적 잣대가 자신의 피해에만 적용한다. 그러나 사람의 목숨은 어느 경우나 귀중한 것이고, 사람의 목숨을 해치는 행위는 어느 경우이건 정당화 될 수 없는 것이다.

마루야마 丸山

밤에는 나가사키의 유곽이 있었던 마루야마를 한가로이 거닐어 본다. 나가사키의 「마루야마 丸山」는 옛날부터 에도 외곽의 요시와라 吉原, 교토의 시마바라 島原와 어깨를 나란히 하던 일본 3대 유곽이었다. 노면전차를 타고 시안바시 思案橋 정류장에 내려서 맞은편 입구로 들어가면 니쥬몬 二重門 터 부터가 마루야마다. 료마 坂本竜馬의 동상이 있는 공원 인근에는 마루야마의 정취가 풍긴다. 맞은편에는 요정 料亭 「가게츠 花月」가 있는데 1642년에 건립된 요정으로 에도시대, 막부말기, 메이지시대에 나가사키 국제인들의 사교장이었다. 문인가객과 막부 말기의 정치적 뜻을 품은 지사들과 정치인, 무역상, 군인들이 출입했고 때로는 역사적인 회합을 하기도 했다. 근처에는 「나카노차야 中の茶屋」라는 찻집이 있는데, 이곳의 정원이 유명하다. 이 정원과 찻집은 에도시대에 조성되어 지금까지 내려져 온 역사적인 곳이다.

탈아론 脫亞論

막부 말기 인사로서 오사카 출신의 「후쿠자와 유키치 福沢諭吉, 일본 지폐 만엔권에 그려진 인물」는 「난학 오란다 즉 네덜란드를 통해 들어온 서양학문」의 대가였는데 미국을 방문하고 돌아와 1885년 일본 신문에 「탈아론 脫亞論」을 기고하며 일본의 나아갈 길을 제시한다. 서구 문물을 받아들이지 못해 개혁을 생각하지 못하는 아시아의 구 정부들처럼 되지 말고 서구문물을 받아들여 그와 동등한 위치에 선 뒤 우월한 유럽 열강 사이에 끼어야 한다 脫亜入欧, 아시아에서 빠져나와 유럽에 속한다는 주장을 하였다. '나쁜 친구를 사귀는 사람은 다른 사람들에게 마찬가지로 나쁜 인상을 주니, 일본은 이웃의 나쁜 아시아 나라들과 관계를 끊어야

한다.'고 했다.

이 사상에 입각하여 해군과 산업 및 은행 제도는 영국에서, 육군은 독일에서, 예술과 음식은 프랑스에서, 건축은 이탈리아에서, 법률의 초석은 미국에서 가져와 변형시켰다. 우리나라도 일제강점기를 거치면서 이 영향을 받아 만들어진 법률, 은행제도 및 서울 시내에 남아 있는 몇몇 건축물_{구 서울역사, 구 한국은행 건물, 구 서울시청사 등}에서 그 흔적을 찾아볼 수 있다.

일본인들이 자기들이 아시아인이 아니라 유럽인이라고 생각한다는 것을 알게 되면 오히려 측은한 생각이 든다. 국제적인 기업의 세계 지역 구분에서 일본이 아시아가 아니고 유럽으로 분류되는 것을 보고 의아해 한 적이 있다. 필자가 일본 근무시 감독청의 권유로 일본 비지니스를 아시아 지역본부 소속에서 미국 본사 소속으로 바꾼 적이 있는데 대부분의 일본 임원 및 직원들도 내심 반기는 눈치였었다.

나가사키에서 이틀 밤을 지내고 내일은 아침 일찍 오도열도에서 가장 큰 후쿠에 섬으로 가는 쾌속선을 탄다.

오도열도 五島列島, 일본에서 중국으로 가는 길

아침에 나가사키항에 있는 여객터미널로 가서 오도열도 중 가장 큰 섬인 후쿠에섬으로 가는 쾌속선의 승선표를 구매했다. 1박 2일의 여행 계획에 따라 돌아오는 표는 후쿠에항에서 다음 날 오후 늦게 출발하는 일정으로 하였다. 연말을 앞두고 귀향하는 사람들과 함께 배에 올랐다. 나가사키만을 빠져나가자 머리 위로 만을 가로지르는 다리가 지나가고 곧 배는 망망대해로 진입한다. 날이 흐리기는 하지만 가끔 남쪽 창으로 햇빛과 바닷물 위에 비치는 반사광에 눈이 부시다. 나가사키에서 후쿠에까지는 100km 정도 되는 거리이다. 쾌속선으로 1시간30분 가량 걸린다. 다행히 파도는 높지 않다. 살짝 잠이 들었는지 눈을 떠 보니 배가 속도를 줄이며 어느새 항구로 들어서고 있다. 연말과 설을 맞이하여 선물 보따리를 들고 고향으로 돌아오는 귀성객들의 모습은 어디서나 정겹다.

후쿠에섬 福江島

후쿠에 항 여객터미널에 있는 렌터카 카운터로 향한다. 섬에서는 자연보호를 위해 전기차를 장려하지만 전기차는 몇 시간마다 충전해야하는 불편함과 몇 개 되지 않는 충전소를 고려하여 휘발유 차를 렌트하기로 한다. 우선 섬을 북쪽으로 가로질러 해안 서쪽에 있는 아름답다는 해안으로 목적지로 설정한다. 중간에 외관이 멋있는 휴게소에서 간단한 요기도 하며 관광 안내지를 살펴보니 근처에 몇 군데 볼만한 곳이 있다.

견당선 遣唐船 항구

우선 당나라로 향하던 견당선이 머물렀다는 해안으로 향한다. 당나라의 공무역 公貿易 이던 견당사 遣唐使 제도는 일본의 경우 역사기록에 의하면 630년을 시작으로 당 唐 이 멸망할 때 907년 까지 약 270년간 12~20차례 왕래가 있었다. 일본에서 당나라로 가는 바다 항로는 크게 두 가지로 나뉘는데 초기 견당사는 주로 한반도 서해안을 거쳐 산동반도로 넘어가는 북로 北路, 신라로 를 이용하다가 663년 백제 부흥을 위한 원군을 보냈던 백촌강 전투 이후 신라와의 관계가 악화되자 702년에 동중국해를 가로지르는 남로 南路 를 개척하여 이용했다. 이 남로가 오도열도와 영파를 동서로 잇는 해로이다. 기상이 좋지 않을 경우에는 남도로 南島路 라는 추가 해로를 개척해 이용하였다. 남도로는 일단 오도열도에서 오키나와까지 규슈의 서해안을 거쳐 류구열도의 섬을 건너가며 남행하다가 아마미오奄美大 섬이나 지금 오키나와의 현도인 나하에서 영파로 다시 북행하는 해로이다.

해양민족

후쿠에섬의 견당선遣唐船 항구를 찾아가다 이야기를 잠시 바꾸어 동시대에 이 해역에서 영향력을 행사하고 있던 백제를 이은 신라의 활동을 알아보고, 이후 고려의 해상활동에 관한 이야기를 풀어보자. 소현세자를 소설에서 해양세력으로 각색하려다보니 첫 번째로 떠오른 의문이 우리민족이 해양민족인가였는데 그에 대한 답을 찾아보는 과정에서 모아진 이야기들이다.

장보고

동시대에 한반도를 중심으로 활동했던 인물이 신라의 해상왕 장보고이다. 고구려 후예인 이정기가 세운 산동의 제나라를 진압하는 공을 세워 30세에 소장小將 이라는 벼슬에 올랐다. 우리 역사에는 신라 백성이 해적에 의해 납치되어 노예로 매매되는 참상을 보고 828년에 귀국한 뒤 흥덕왕에게 해적 소탕의 의지를 전하여 청해진清海鎭 을 설치하고 1만 명의 군사를 받고 청해진대사로 임명되었다고 간단하게 기록되어 있다. 장보고의 '대사'라는 당나라의 직함에 의문을 제기하는 학자들이 있다. 장보고는 청해진을 중심으로 신라 서남해안 일대의 해적을 소탕했겠지만 한편으로는 신라와 당나라, 일본을 잇는 해상무역항로를 개척하였다. 그리고 당나라 수도 장안과 남중국, 북중국을 잇는 물류망과 해상교통권을 장악하고 나아가 동남아,

인도 항로를 동아시아 항로와 연결시켜 아시아 전체의 동서 무역망을 갖추어 나갔다고 보여진다. 이를 뒷받침하는 일본의 기록이 있다. 주일 미국 대사를 지낸 일본연구자 에드윈 라이샤워가 1955년 엔닌의 『입당구법순례행기』를 번역하여 출간한 『Ennin's Diary』로 이 책은 한국에서는 1991년에야 처음으로 신복룡 건국대교수 정치학에 의해 번역, 출간됐다.

『입당구법순례행기 入唐求法巡禮行記』는 9세기 일본 교토 엔랴쿠지 延曆寺의 승려 엔닌의 일기이다. 이 일기는 9척의 배로 구성된 견당사에 합류하여 후쿠오카 쪽 하카다 후쿠오카를 출발하여 중국에 도착 후 9년간 838~847년 당나라에 머무는 동안의 행적을 기록한 것이다.

당나라 내 신라인의 생활을 상세히 소개하고 있으며, 해상왕 장보고의 활동과 그가 설립한 산동지방에 있는 신라 적산원을 직접 가 보고 전한 유일한 기록이라는 점, 이름이 명기된 신라사람 50명이 등장한다는 점에서도 우리에겐 귀중한 자료다. 삼국유사나 삼국사기, 중국 쪽 문서 등에 신라인의 해상활동과 장보고에 관련기록들이 소략 疏略한 점을 생각하면 신라인들의 동아시아 세계에서의 실체를 연구하는데 있어서 엔닌의 기록이 지닌 가치는 대단히 높다.

최인호의 소설 『잃어버린 왕국』과 『해신』에도 장보고가 소개되어 있다. 다른 기회에 한번 방문한 적이 있는 일본 교토의 비와호 근처 천태종 본산 안에 있는 적산선원에는 장보고가 「적산대명신」으로 모셔져 있다.

장보고는 산동지방의 신라 적산원과 청해진 828~851년에 재당, 재일

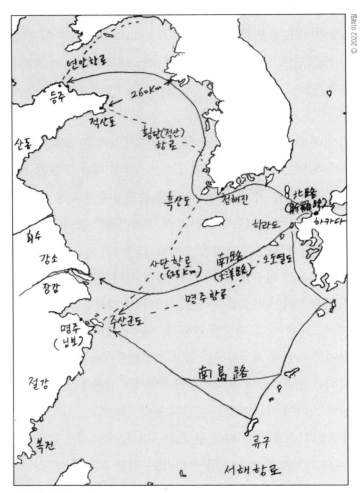

일본과 당나라 간 해로

신라인을 하나로 연결하는 무역 체제와 함께 군사력을 갖춘 군상복합체 軍商複合体 를 구축한다. 이는 후일 등장하는 네덜란드와 영국의 동인도회사와 형태가 비슷하다. 장보고의 중국 내 근거지는 산동성이지만 남중국 해로는 중국 영파 寧波, 닝보 의 주산군도와 연결되어 있었다. 주산군도는 기원전 1~2세기에 고조선이 멸망하면서 그 유민이 한반도에 유입되자 한반도의 선주민이 주산군도로 이주하기 시작하였다는 설이 있다.

왕건

고려 918년 태조 왕건은 해양호족세력 출신으로 궁예의 백선장군 百船將軍 즉 해군대장이었으며, 왕이 된 이후에도 해군총관을 겸임했다. 왕건의 조부가 당의 상인이었다는 설이 있다. 왕건은 장보고의 해상왕국 이후 70년 만에 고려 Korea 를 건국, 장보고 해상왕국을 계승하여 선진해양국으로 세계성을 확보하였다.

고려의 조선술을 알 수 있는 역사적 사실이 있다. 1274년 여몽연합군의 일본 원정 때, 원나라 역사기록인 『원사』는 '원나라 전함은 모두 돌풍에 깨졌으나 고려 전함은 대부분 무사했다'고 전한다. 고려군 대선 한 척의 길이는 30여 미터로서 90명이 탈 수 있으며 적재량은 쌀 3천석을 실을 수 있는 250톤으로 '배 위에서 말을 달릴만 하다'고 했다. 마젤란의 세계 일주 때의 배가 130톤이었으니 그 크기를 가름할 수 있다. 원의 압력으로 고려는 이러한 크기의 대선 300척을 포함해 900척을 4개월만에 건조했던 기록이 있다.

화약은 중국사람들이 발명해 그 제조법을 줄곧 비밀에 부쳐왔으나 최무선이 20여 년간의 노력 끝에 원료인 염초 焰硝 또는 초석 질산칼륨 제조법을 독자적으로 개발, 1373년 화약을 만들어 화포인 주화를 배에 설치했는데 화포를 배에 설치한 것은 고려가 세상에서 처음이다. 대항해시대가 되면서 유럽의 무역선들이 이러한 전함 형태로 변한다.

장보고 때 신라 상선이 중국 광주까지 진출하였고 고려시대에는 베트남, 태국, 캄보디아 등 동남아 국가 및 인도, 대식국 아라비아, 사라센 제국까지 교류가 확대되었다.

절강성 주산군도

시간을 거슬러 올라가 보기로 하자. 백제는 주산군도를 포함한 중국 동해안 연안도시들과의 해상 교통을 통하여 교역을 하였다. 소금, 비단, 곡물, 철, 숯을 수출하고 도자기, 서적 등을 수입하였다. 약 100개의 유인도로 구성된 주산군도의 연안 어장은 양자강의 담수가 흘러나와 해수와 합치는 지역으로 어족이 풍부하여 게, 새우, 멸치, 굴 등의 젓갈이 발달하여 백제의 무역선들이 회항시 이를 수입하였다 한다. 이 지역은 지금도 여타 중국 지역과 달리 백김치를 먹고 설에 떡과 찹쌀 경단, 붉은 대추를 먹는다고 한다. 과거 한반도와의 밀접한 관계를 말해주는 민속 유산이 아닐까? 우리말에 '친구 따라 강남 간다'라는 말이 있는데 손쉽게 갈 수 있었던 이 강남이 바로 주산군도 일대를 말하는 것인지도 모르겠다. 흥부에게 큰 재물을 가져다 준 '강남 제비'도 이곳 사람을 빗댄 말이 아닐까? 주산군도에서 동쪽 바다로 나서면 한반도 쪽을 향하는 쿠로시오 해류의 지류를 만나 본류의 시속 최대 8~9km, 폭 55km 전라도 지역까지 3~4일이면 도착했다고 한다.

해류의 한 가운데는 물이 맑아 청남색이 투과되어 흑색으로 보여 흑조 黑潮라는 이름을 얻었다. 주산군도와 그 중의 작은 섬인 보타도는 이야 기가 많은 섬이다. 영파, 주산군도와 보타도에 관련된 이야기다.

심청전

첫 번째 이야기는 심청전이다. 심청은 전 라도 곡성 사람인데 곡성은 철의 산지였다고 한다. 여기서 주산군도를 가자면 쿠로시오 해류를 종단해야 하는데 당시의 항해술로는 위험 수 역에 속했던 이곳이 바로 이야기 속의 인당수 印塘水다. 심청은 철을 수 출하던 배에 실려 완도를 출발하여 인당수를 무사히 건너 주산군도에 있었던 나라인 회개국의 보타도로 가서 그곳의 호족인 심가문 沈家門으로 들어갔다는 이야기다. 이야기처럼 심청이 그곳에서 신분이 상승되어 우리나라에 다시 돌아왔다면 보타도가 이야기 속의 용궁인 셈이다. 수많은 심청전 버전 중 하나이겠으나 주산군도와 관련된 것이라 인용한다. 이 이야기가 한반도와 주산군도의 뿌리 깊은 관계를 암시해 주는 것은 아닐까?

보타도 불능거관음원 不肯去觀音院

두 번째 이야기는 보타도의 불능거 不肯走, 가지 못한다 관음원에 모셔져 있는 관음보살에 관한 스토리다. 남송 南宋 때 저작된 『불조통기 佛祖統紀』라는 책에 실려있다. 혜악 惠萼이라는 일본승이 916년 산시성 오대산에서 얻은 관음상을 일본으로 가지고 가려고 배를 타고 이 바다를 지나려고 했다. 그런데 도대체 배가 움직이지 않더라는 것이다. 그는 이 관음상이 중국 동해와의 인연이 끝나지 않은 때문이라는 생각이 들어 배에서 내려 이 섬에 올라가 어느 절에서 관음상의 봉안의식을 거행하니 비로소 배가 움직였다고 한다. 이런 설화 때문에 보타도는 현재까지 일본인들에게 관음보살의 성지로 알려져 있다.

그런데 배가 걸려서 가지 못하게 된 암초를 현지에서는 '신라초'라고 불렀고, 지금도 구글지도로 같은 지명을 확인할 수 있다. 일본승려의 관음상에 관련된 설화에 왜 신라초 이야기가 등장할까? 사실은 관음보살을 봉안한 사람은 일본승이 아니라 신라의 상인이었기 때문이다. 불긍거관음원不肯去觀音院이 일본승려와 관련되었다는 기록은 『불조통기』라는 책에 있다고 했다. 그런데 그보다 140여 년 전인 1124년에 나온 서긍徐兢의 '고려도경高麗圖經'에 있는 관음사 관련 항목은 다음과 같다.

'보타도 돌다리에 오르면 깊은 산록에 소량蕭梁 때 세운 보타원전에 영감스런 관음상이 있다. 옛날 신라 상인이 오대산에서 불상을 새겨 가지고 와서 귀국하려 하자 바다에 암초가 나타나서 갈 수가 없었다. 이에 불상을 암초에 올려놓고 승려 종악이 보타원전에 봉안한 후에 선박의 왕래가 가능해졌다. 복을 빌면 감응이 없지 않다.' 관음상을 가지고 온 사람은 신라 상인이라는 것이다. 서긍의 『고려도경』은 『불조통기』보다 연대가 훨씬 앞선다. 이 이야기도 당시 신라의 해상 네트워크에 관련된 기록이기에 옮겨 본 것이다. 주산군도의 보타도 방문기는 뒤에서 별도로 다룬다.

오우치가 大內氏 와 닝보의 난 1523년

세 번째 이야기는 일본 내의 백제계인 오우치가 大內氏 가 영파에서 벌인 '영파 닝보의 난'인데 일반인들에게는 낯설기 마련인 일본의 중세시대 상황을 미리 설명하기 위해서 이야기의 서두가 좀 길다.

당나라 시대가 끝나고 송대가 되면 무역은 한반도의 고려와 일본의 삼국간에 이루어졌는데 일본에서는 에치젠국 현 후쿠이 의 쓰루가 敦賀, 그리고 가마쿠라 鎌倉 시대가 되면 송인 宋人 이 많이 사는 국제도시가 된 하카다 博多, 현 후쿠오카 가 무역의 거점이 되었다. 송나라와의 사이에 정식 무역은 없었고 일반인의 도항 渡航 은 금지되어 송상인 宋商人 은 주로 하카다 博多 와 에치젠 越前 의 쓰루가 敦賀 에 내항 來航 하여 사무역 私貿易 을 하였다.

중국에서는 금 金 나라의 지배하에 들어간 화북 및 중원 華北 中原 에서 도피해 온 사람들의 유입에 따른 남송 南宋 지배지역의 급격한 인구 증가에 따라 산림의 벌채, 삼림자원의 고갈과 역병이 다발하는 현상이 발생했다. 남송은 사원 건립과 조선 및 나무통 제작을 위해 스우국 周防国, 현 야마구찌현의 동남지역 등에서 생산된 일본 목재를 대량으로 수입하게 된다.

일본에는 송나라 화폐인 송전 宋錢, 도자기, 견직물, 서적과 문구, 향료, 약품, 그림 등이 수입되었다. 일본에서는 동 銅, 유황 硫黃 등의 광물과 목재, 일본도 등의 공예품이 수출되었다. 일본에 수입된 송전 宋錢 은 일본사회 화폐이용의 진전에 도움이 되고 불교 경전의 수입은 가마쿠라 불교에 영향을 주었다.

당시 활약하던 일본 해상세력인 오우치씨 大內氏 는 중세 일본의 대영주이며 백제 왕실의 후손을 자처하는 씨족이다. 한반도와의 무역 및 교류를 통해 일본 남북조 시대 1339~1392년 및 전국시대 1467~1573년 의 상당 기간 동안 전성기를 누렸다. 오우치 씨는 백제 성명왕 聖明王 혹은 위덕왕 威德王 의 셋째 아들인 임성태자 琳聖太子 가 시조라 한다. 일본으로 건너간 임성태자가 스오 周防 국의 오우치 大內 마을에 거주하게 되면서 오우치 씨라고 칭하게 되었다고 한다.

임성태자 琳聖太子 는 백제의 왕족으로 성은 부여 夫餘 이다. 성왕이 신라와의 관산성 전투에서 패사하자 일본으로 건너갔고, 칠성신 신앙을 비롯해 일본에 불교의 확산과 제철기술을 전파했다고 한다. 무로마치막부 시절 한반도 및 대륙과의 감합 정규 무역에 오우치가는 쇼군가 将軍家 및 호소카와 가문과 함께 활동했다. 쇼군가와 호소카와 細川 가에 비해 가문이 약했던 오우치는 한반도와의 교역에서 이익을 취하기 위해 백제계 도래인들의 자손임을 내세웠다는 주장도 있다.

1404년 무로마치 막부 室町幕府 가 명과의 국교를 회복하고 감합부에 의한 무역이 시작되었다. 명나라가 해금정책 海禁政策 을 쓰고 있었기 때문에 왜구 倭寇 라 불리던 해적과 구별하기 위해 감합부 勘合符 라는 표찰 증명서 을 명나라로부터 발행받는다. 무역은 이 감합부를 통해 상대방을 승인하는 조공 형태로 행해졌다. 막부가 파견한 사절에는 하카타 博多 , 사카이 堺 등의 유력한 일본 상인들이 따라갔으며 그들에 의해 사무역 私貿易 이 행해졌다.

처음에 감합선 勘合船 은 막부가 파견했지만 점차 사찰, 신사나 여러 지방 영주인 다이묘大名의 배가 많아졌으며 표면상으로는 막부, 사찰, 신사, 다이묘의 배일지라도 사카이堺, 하카타博多 상인의 청부에 의한 것이 많아져 막부 등은 점점 명의료名義料를 징수하는 데 지나지 않게 되었다. 1467년 전국시대의 시작 후 오우치 씨大內氏와 호소카와 씨細川氏가 약 50년간 무역의 이권을 다투다가 결국 오우치 씨가 '닝보의 난'을 계기로 이를 독점하게 된다.

「닝보의 난寧波の乱」은 1523년에 명나라 닝보寧波에서 호소카와 가문의 견명 감합선 방화로 일어난 사건이다. 사카이오오사카 남쪽를 무역의 거점으로 하고 있던 호소카와 가문과 야마구치山口와 하카다博多, 후쿠오카를 본거지로 하던 오우치 가문이 각자 독자적으로 사절단을 파견해 무역을 경영하기 시작했다. 자연스레 호소카와와 오우치는 감합부를 둘러싸고 대립했다. 오우치 가문은 정덕 감합부正德 勘合符를 독점한다. 그리고 1523년에 오우치가 견명선을 파견한다. 호소카와는 무효화된 홍치 감합부弘治 勘合符를 지니고 남해南海를 경유하는 견명선을 파견한다.

닝보에는 먼저 오우치 가문의 견명선이 입항해 있었기 때문에 호소카와 측에게 불리했지만, 호소카와 측이 명나라의 입항 관리소인 시박사市舶司에 뇌물을 써 호소카와 측이 우선 입항 검사를 받도록 했다. 이에 오우치 측은 호소카와 측을 습격해 견명선을 모조리 불태워버린다. 명의 관헌은 호소카와 측을 지원했지만 오우치 가는 호소카와와 명의 관리들까지 살해하는 사건이 벌어진다. 사건은 외교 문제로 비화되었으며 명나라의 대일 감정이 악화되고 1529년에는 닝보의 시박사가 폐지된다. 견명선은 1536년 오우치 가가 재개했으며 1551년까지 계속된다. 오우치 씨는 무역을 통해 거액을 모았다. 수입품은 주로 동전, 생사生絲, 서적, 약재 등이었으며 유황, 검, 구리 등을 수출했다.

오우치 가문이 백제의 후손이라면 자신들의 옛날 연고지에서 기반을 굳힌 셈이다. 이「닝보의 난」을 심청전, 신라초에 이어「주산군도와 백제 일본 속의 백제에 관한」세 번째 이야기로 소개한 이유이다.

감합선에 의한 공무역 이외에 닝보 근처의 쌍서双嶼나 선산제도船山諸島 등 연안부에서는 중국상인에 의한 사무역과 밀무역은 계속 활발하게 이루어졌으며 왜구도 활동한다. 이때 사무역과 밀무역 세계의 주인공으로 등장하는 인물이 해적왕 왕직王直이다. 그에 관해서는 다음 여행기에서 좀 더 자세히 풀어본다.

교회당

길이 좁아지고 길 주위는 사람 키를 넘는 마른 갈대로 덮여있는데 갑자기 자동차의 네비가 현재 위치를 잡지 못한다. 길을 잃었다. 정신을 차리고 시야를 확보하기 위해 언덕 위로 차를 몰았더니 다행히도 북쪽 바다가 보인다. 네비의 성능에 자신이 없어진 필자는 견당선의 정박지에 갈 엄두를 못내고 안전조치로 언덕 아래쪽으로 내려다 보이는 가까운 바닷가 작은 어촌 마을로 향한다. 마을로 들어오니 예상대로 네비가 다시 작동되기 시작한다. 간신히 꾸불꾸불 해안길를 따라 원래 출발했던 휴게소로 돌아왔다. 정신을 가다듬고 다시 목표로 정했던 서쪽 해안으로 차를 몬다. 바닷가 모래사장과 펼쳐진 낮은 바다 그리고 수평선이 어우러진 절경이다.

나중에 도쿄에 돌아와 책자를 찾아보니 여름에 휴양지로 유명하며 석양의 낙조가 일품이란다. 한쪽에 온천 휴양지도 있다. 날이 저물기 전에 숙소가 있는 후쿠에 항구 근처로 길을 재촉한다. 돌아오는 길에 교회당이 있어 들러 본다. 앞서 소개한 적이 있지만, 일본 내 전국적인 기독교도 비율이 0.8%인데 비해 오도열도의 기독교도 비율은 16%이다. 외진 지역이라 박해를 덜 받고 기독교가 잘 보존된 때문인 듯하다. 찾아간 예배당은 기독교 교회인지 가톨릭 성당인지 확실하지 않다. 이 섬에는 유서깊은 유명한 성당이 서너 개 있어서 관광안내지의 앞머리를 장식하고 있다.

바닷가 민박

해가 지고 어두워져서야 후쿠에 항구로 돌아와 예약해 놓은 민박을 찾았다. 항구 반대편 바닷가에 새로 지어진 듯한 3층 건물이었다. 문을 열자마자 바로 2층으로 연결된 계단이 있어서 올라가 주인을 찾아도 인기척이 없다. 한참을 기다리다 인터폰이 있는 것을 발견하고 통화를 하니 3층에서 주인이 내려온다. 2층에 자리한 넓은 방은 하룻밤 지내기에 불편함이 없어 보인다.

여객터미널 앞의 불켜진 식당을 찾아서 사람들 틈에 끼여 저녁 식사를 하고 돌아오니 주인이 기다렸다는 듯이 3층으로 올라오라 한다. 한방에 7~8명의 사람들이 일본식 찌개인 나베를 끓이고 있다. 그 중한 청년이 한국사람인데 사연을 들어보니 일본인 처가집 식구들과 처가의 고향을 찾아온 것이라 한다. 매년 고향 방문을 하되 숙소는 이 민숙에서 지낸다고 한다. 요코하마에 살고 있다는 이 한국인 신랑 및 가족들과 즐거운 시간을 함께 하고 방으로 돌아와 낯선 섬 후쿠에에서의 하루를 마무리한다.

아침에 일어나 식당으로 가니 주인부부가 아침식사를 준비하고 있다. 남편이 식사를 하기 위하여 맞은편 자리에 앉더니 여느 일본인 답지않게 다짜고짜 질문을 시작한다. 일본인들도 잘 찾지 않는 계절에 한국인 혼자 왜 이 외딴섬을 방문하였느냐는 것이다. 필자는 마음 속에 들어있던 '구상하고 있는 소설의 무대에 관한 아이디어를 얻기 위해'라는 말이 구차하게 들리고 장황한 설명이 필요할 것 같아 '왕직과 같은 16세기 해적의 발자취'를 찾아 왔노라고 간단히 설명했다. 예상치 못한 답을 듣고는 자못 안심이 되었는지 자기 소개를 하는데 자신은 일본 공군자위대로 오끼나와의 가네다 미 공군기지에서 근무하다 퇴직하여 고향인 후쿠에로 돌아와 퇴직금으로 3층 건물을 지어 민박업으로 인생 후반을 시작하고 있다고 설명한다. 방문 목적을 캐물었던 이유는 후쿠에섬에 일본의 서해를 감시하는 대규모 공군 레이더기지가 있어서 그곳을 정탐하러 온 것은 아닌지 의심했기 때문이란다. 직업 의식의 발로다. 서로의 나이를 맞춰 보니 동갑인 것을 알고 친근감이 더 들었는지 자기 고향인 후쿠에의 해적 관련 역사유적지를 자세히 설명해준다.

해적왕 왕직 王直

첫 번째 목적지로 주인이 설명해준 왕직의 초기 정착지인 중국인 마을 즉 당인정 唐人町 유적을 찾아간다. 후쿠에 강가 언덕 위에 유적이 남아 있었다. 히라도에서 보았던 것과 같은 육각형 우물과 중국식 사당이다.

1540년 왕직은 일본과 사무역 통상을 열기 위해 후쿠에 福江 에 내항 来航 했다. 성을 신축한 후의 궁핍한 재정을 재건하기 위해 후쿠에의 영주 우쿠 모리사다 宇久盛定 는 왕직의 제안을 받아들여 통상상의 묵약 黙約 을 맺고 현재의 당인정 唐人町 이 있는 높은 지대에 거주지를 주었다. 그 당시 왕직 등 중국인이 음료용수와 선박용수를 얻던 곳이 육각정 六角井 이다. 우물 모양이 육각형이며 판석 板石 으로 주위를 두르고 있는 것이 특징으로 수면 밑바닥까지 육각형을 땅에 묻은 것 같은 형으로 되어 있다. 국도에서 약간 들어간 곳에 주택지에 있다. 오도열도 五島列島 에 있는 왜구 倭寇 시대의 귀중한 유적 중 하나다.

당시 왕직의 근거지를 보여주는 상상도에는 영주의 성인 에가와성 江川城 맞은편 강 언덕에 왕직의 주택들과 본부건물이 보인다. 우쿠 宇久 성주는 흔쾌히 통상을 허용하고 거주지를 주었는데 항구에 바로 연결되는 강 하구의 위치가 좋은 곳으로 대단한 특혜를 준 것으로 생각된다. 왕직에 대해서 더 알아보자

왕직은 중국 휘주 徽州, 현재의 안휘성. 安徽省 출신으로 초창기 임협 任侠 의 무리였다고 말해진다. 청년시절 소금상을 운영하다 실패하고 명 明 이 해금정책 海禁政策 하에 있을 때 엽종만 葉宗滿 등과 거래가 금지된 상품을 취급하는 밀무역에 종사한다. 상하이와 닝보 남쪽에 있는 쌍서 双嶼 항을 본거지로 활동하고 있던 허련, 이광두의 부하로 동남아시아 및 일본의 여러 항과 밀무역을 행하고 하카다 博多. 후쿠오카 상인과 교역하며 일본인의 신임을 얻었다.

1540년 오도열도 후쿠에섬 福江島 의 영주 우쿠 모리사다 宇久盛定 와 교역하여 그곳에 당인정 唐人町 을 건설했다. 일본에서는 오봉 五峯 이라는 이름을 썼다. 1542년에 일본 본부를 히라도 平戸 로 옮겨 거기서 죽

기 전인 1557년까지 지냈다. 히라도平戶의 영주 마쓰우라松浦는 큰 당풍唐風의 가옥을 지어 왕직을 살게 하였다. 거기서 부하 이천인二千人과 수백 척의 선단을 지휘하며 '휘왕徽王'이라는 명칭을 사용하기 시작했다安徽省 출신이라 휘자를 넣은 것. 비로서 중국 절강성 쌍서双嶼와 큐슈 히라도平戶에 거점을 갖고 동지나해를 좌지우지하기 시작한 것이다

왕직은 광주廣州에서 대형선을 건조하여 수출이 금지된 유황硫黄, 생사生糸, 진면綿 등을 일본과 동남아시아에 팔아 큰 부를 축재하였다. 그 중에도 일본은 전국시대戰国時代였기 때문에 전쟁에 필요한 군수품을 팔아 무엇보다 큰 이익을 낼 수 있었다. 그 계기 중 하나가 포르투갈인에 의한 종자도種子島를 통한 철포鉄砲, 조총 전래다.

왕직의 주요 년도별 행적은 다음과 같다.

1542년에 포르투칼인이 중국 쌍서에 가려했으나 폭풍우에 표류하여 일본 규슈 남단에 있는 종자도에 내려 섬사람들의 도움을 받아 배를 수리하여 원래의 목적지인 중국의 쌍서에 도착하였는데 다음해 왕직의 배로 다시 종자도에 와서 철포鉄砲, 조총 2정을 은銀 이백량약400만 엔, 우리 돈 사천만 원에 종자도種子島, 다네가시마의 영주 토키이카時堯에게 판 것이다. 왕직은 총포가 보급된 후 소모품인 총알에 사용되는 흑색 화약의 원료인 초석硝石을 일본에 수출하여 큰 돈을 벌 생각이었다.

1545년에는 일본 상인 스케자에몬助左衛門 등을 중국 본부인 쌍서에 불러 상담을 하였다. 그런데 밀무역이기 때문에 무언가 문제가 발생하여 단속을 당하게 되었다.

1548년에 절강성浙江省의 위야오餘姚의 사씨謝氏와 외국인 상인

과의 중개에 문제가 발생하여 왕직 일파가 외국인과 사씨의 자택을 밤에 습격하여 살해와 약탈 掠奪 을 했다. 이것은 왜구 倭寇 에 의한 습격으로 간주되어 절강 순무 巡撫. 중앙에서 파견한 省長 인 주환 朱紈 이 범인체포령을 내렸다. 그 바람에 묵인되고 있던 쌍서의 본부가 관군의 습격을 받아 파괴된 것이다. 주환은 왜구 협력자 16인을 독단으로 잡아 넣었다. 그러자 왕직 일파는 손을 써서 복건성 福建省 출신의 감사역 監査役 인 주량 周亮 에게 압력을 넣어 북경에서 주환을 심문하기 위해 부르게 하자 주환은 자살하고 말았다. 절강순무 浙江巡撫 자리는 그 후 4년간 공석이 되고 단속은 느슨해져 버렸다. 이에 왕직은 잔당을 모아 가족 왕여현 王汝賢, 모해봉 毛海峰, 수령 서해 徐海, 일본인 수령 진동 陳東, 신고로우 辛五郎, 마쓰우라 松浦 의 해적 몬다로우 門多郎 등을 중심 인물로 기용하여 조직을 재건하였다.

1548년 절강성 浙江省 주산제도 舟山諸島 의 열항 烈港 을 본거로 휘왕 徽王 이라 칭하고 서해 徐海 와 나란히 왜구 倭寇 의 두목 頭目 이 되었다. 주산제도의 열항을 거점으로하여 사무역을 전개하고 명나라 조정도 이를 일시 묵인 默認 하여 왕직은 악질적인 해적행위는 자제하며 무역을 발전시켰다. 왜구라고 말할 때 원래는 일본의 마쓰우라 패 松浦黨 와 대마도인 対馬人 만이 있었으나 명나라도 당시는 쇄국 鎖国 을 하여 바다에서 무역을 하기 위해서는 무장을 갖춘 왜구 倭寇. 海賊 가 되지 않으면 안되는 실정이었다.

1550년에 왕직은 노칠 蘆七 과 침구 沈九 등의 악질적인 해적을 토벌하여 그들을 사로잡아 관군에 넘긴다. 왕직은 분명히 대해적으로 활동한 것은 사실이지만, 특별히 해적 행위가 우선 목적이 아니라 명 정부

왕직 일당의 후쿠에섬 정착지 상상도

가 해금정책으로 자유로운 무역이 허용되지 않기 때문에 밀무역을 목적으로 해적 행위 武力 使用 까지 한 것으로 보인다는 시각도 있다. 그리고 약탈과 전투를 하는 것은 기본적으로 교역을 거절하기 때문이나 교역을 발전시킨다는 그 나름의 대의명분도 있었던 듯하다. 히라도 平戸 에서는 유생 儒生 오봉 五峯 이라고도 불리는데 일본과 명 明 사이의 경제와 문화의 교류에 힘쓴 인물로 존경 받기도 한다.

1552년에 왕서 王抒 가 제독군무 提督軍務 에 기용되어 해적들에게는 직접 손을 대지 않고 해안의 백성을 내륙 內陸 으로 이동시켰다. 왕서를 안심시키기 위해 왕직은 거점인 보타산 普陀山 의 성 城 을 스스로 파괴했다. 그래도 불안하여 공작을 통해 왕서를 북방의 수비로 전임시켰다.

1553년에 열항이 다시 명군에 의해 공격을 받자 왕직은 활동 거점을 아예 오도열도와 히라도로 옮긴 듯하다. 지방관리들과 토호 세력인 향신 鄕紳 들과 담합하여 양자인 왕여현 王汝賢 을 내세워 밀무역을 확대했다.

1554년에는 장경 張経 이 제독군무 提督軍務 왕서 王抒 의 후임이 되어 여추장 와씨 瓦氏 가 이끄는 낭병 狼兵 이 관군을 대신해 왜구와 싸우게 하지만 왜구에 당한 낭병이 폭도화되어 실패하고 만다.

분주등안 焚舟登岸

명의 조정에는 간신 조문화 趙文華 가 있어 뒤로 공작하여 장경처럼 정말 왜구를 괴멸 壞滅 시키려하는 사람들을 막고 있었다. 사조직인 왜구는 결국에는 관군에 몰릴 수 밖에 없기 때문에 해금령의 해제 貿易의 自由化 를 기대하며 활동할 수 밖에 없었다. 그러나 활동이 활발해지면 단속이 강화되어 결국 궁지에 몰릴 것이기 때문에 최후에는 명조를 쓰러뜨리는 방법 밖에는 없다고 생각했을지도 모른다. 이즈음 왜구들의 활동에 나타난 상식 외의 변화가 이러한 추측을 가능하게 한다. 즉 자신이 타고 온 배를 버리거나 불태우고 육지에 오르는「분주등안 焚舟登岸」의 모습이다. 당시 왜구 집단은 해적과는 달리 해전을 기피하고 육지전을 선호하는 양상을 띠기 시작한다.「명대 왜구의 연구」를 쓴 윤성익교수도 책에서 해적들의 이와 같은 행위를 이해할 수 없다는 설명을 반복하고 있으나 왕직 등의 해적 세력이 감히 명조를 전복하고자 시도한 것이라고 생각하면 이해가 가능하다. 왕직이 전국시대의 지방세력인 마쓰우라의 전투집단을 동원하고 서해는 사쓰마 시마쓰, 島津 세력을 동원하여 명의 본토를 공격했다고 해석될 수도 있다.

1556년 70여 척의 배에 탄 왜구가 우리나라 전라남도 지역에 침입하였다. 왕직이 지휘를 맡고 있었다고 추측이 된다. 이에 대마도주 対馬島主 소씨 宗氏, そうし 는 조선에서 왜인이 반란을 일으키려 한다고 조선 조정에 보고하였다. 소씨는 왕직의 조선 침략 의도가 조선을 탈취하여 그곳을 거점으로 하여 명국을 침공하여 명조를 무너뜨리려는 것이라고 보았던 것이다. 필자가 배운 바대로라면 명을 치기 위해 길을 내달라는 명분이 조선을 치기 위한 간교한 변명으로 들리지만 임진왜란 때 도요토미 히데요시 豊臣秀吉 의 조선 침략이 왕직과 중국 해상세력의 명 침략에 필요한 교두보 확보 의도를 실행한 것이라고 설명한 일본학자의 글도 있다는 것을 소개한다.

앞에서 언급한 적이 있지만 도요토미 히데요시는 왕직의 부하들을 불러 조언을 구했고, 명조 정벌의 한이 맺힌 왕직의 부하들은 도요토미 히데요시를 부추겨 그들의 꿈을 대신 실현하려했다는 대목이 있었다. 도요토미 히데요시가 대마도주에게 전하라고 요구했던 말은 '명을 치려하니 길을 안내하라 즉, 정명향도 征明嚮導'였으나 대마도주는 이 말을 완화시켜 '가도입명 假途入明 즉, 명으로 가려하니 길을 빌려달라'고 고쳐서 조선 조정에 전달한다. 어찌하였건 자신들의 목표는 조선이 아니라 명이었다는 것이다. 필자는 역사 시간에 일본의 이 요구는 일본의 조선 침략을 위한 핑계에 지나지 않았다고 배웠기 때문에 이 말을 그대로 받아들여서 그렇다면 왜 일본이 명에 대하여 이런 깊은 원한이 있었는지까지 생각해 본 적은 없다. 명이 원군을 대거 조선에 파병한 이유도 이 말 속의 의도를 알고 있었기 때문이었는지도 모른다. 명을 공격한 왜구에 합류했던 일본왜구 해적 의 잔당들은 어찌보면 왕직과 같이 중국연안 전투에서 경험과 원한을 쌓고 삼십여 년 후에 명조에 대한 원한을 풀기 위해 그 후예들이 임진왜란에 참여한 것인지도 모를 일이다.

1556년에 호원종 胡宗憲 이 왜구정벌 倭寇征伐 의 총독 総督 이 되었다. 그는 조문화 趙文華 에게 아첨하고 권신 엄숭 權臣 嚴嵩 에 대한 수뢰 賄賂 공세로 권력을 손에 넣었다. 그 만큼 왜구 괴멸작전 倭寇壞滅作戰 도 교묘 巧妙 했다. 스파이를 대량으로 쓰는 정보작전으로 왜구 괴멸을 노렸다. 1555년 항주만 杭州湾 에 상륙한 서해 徐海 에게 편지를 써 '또 다른 해적인 진동 陳東 과 엽마 葉麻 를 잡아오면 세작 世爵, 벼슬을 주겠다'고 서해에게 제의했다. 이것은 이이제이 以夷制夷 작전으로 직접 맞붙어 싸우지 않으면서 해적들 간에 이간질로 서로 의심하게 하고 싸움으로 유도하여 스스로 괴멸시킬 의도였던 것이다.

결국 위험이 다가오고 있는 것을 느낀 왕직은 상황을 역전시켜 그의 의도를 달성하려는 목표하에 대무장선단을 이끌고 중국의 동남연해를 침략한다. 그의 명조에 대한 전쟁이었던 것이다. 강소, 절강일대가 이로 인하여 동요하고, 관군은 그저 당하고만 있었다. 명나라 조정은 왕직 일파의 공격을 무력으로 소탕하려 했으나 실패하자 수법을 바꾸어 왕직의 가족을 인질로 삼고, 왕직을 유인하여 체포한다. 왕직은 1557년 조정에 의하여 참살당한다.

우리에게는 잘 알려지지 않은 왕직은 일본인의 사랑을 받는 것 같다. 중국의 반일 감정을 건드릴까봐 노심초사하면서도 일본인 민간단체는 안휘성에 있는 왕직의 묘를 정비해 주기도 하였다. 우리의 입장에서 왕직은 조선을 직접 침략하기도 하였고 왕직의 부하는 도요토미 히데요시의 조선침략을 부추기기도 하였으므로 우리에게 지은 죄가 크다. 그러나 만약에 왕직이 바다를 열어 놓았던 고려시대에 활동했던 해적이었다면 그 공과는 양상이 자못 달랐을지도 모를 일이라는 생각도 해본다. 명과 적대하고 명의 해금령에서 벗어나고자 했던 왕직이 명에 사대하고 명과 같이 쇄국을 했던 조선을 어떻게 보았을지는 자명한 일이다.

왕직에 대한 이야기가 길어졌다. 소현이 당시 해상세력의 하나로 아시아의 바다에서 활약했다고 가정하는 소설을 쓴다면 왕직의 일생이 준소현의 활동모델의 준거가 되지않을까하는 생각에서 자세히 알아보았다.

당인정

지금은 쇄락해버린 우물터와 당인 사당을 둘러본 후 길을 재촉한다. 얼마를 가다가 운치있는 사찰이 있어 역사의 흔적을 볼 겸 계획 없이 둘러본다. 유서 깊어 보이는 이 절은 견당선을 타고 돌아 온 당 유학승에 의해 세워진 절인지도 모르겠다.

오세자키 大瀬崎 등대

두 번째 목적지는 후쿠에섬 최남서단에 있는 오세자키 大瀬崎 등대로 정했다. 주인의 말에 의하면 어제 운전했던 섬의 북쪽 길로 가는 것이 안전하고 시간도 덜 걸린다고 한다. 남쪽으로 나 있는 길은 경치가 좋으나 위험하며 시간도 많이 걸린다고 일러준다. 모든 상황이 양면적이다. 필자는 우선순위를 경치로 정하고 남쪽 길을 택했다. 해안 절벽 위로 1차선 도로가 이어진다. 교행시 서로 양보하며 가야 하는 도로구간도 자주 나온다. 왼쪽 창가 너머로 내려다보이는 바다 풍경은 그야말로 절경이다. 조금 먼 바다 위에 물에 잠길 듯 떠있는 바위섬들도 멋을 더한다. 경치에 취하여 잘못 한 눈을 팔다가는 사고로 이어질 수 있는 위험한 길이다.

교회당이 보이는 마을을 지나고 배들이 정박해 있는 어촌 마을을 지나 오르막길의 끝까지 올라가니 드디어 등대를 내려다 볼 수 있는 공원 정상이다. 오세자키 절벽은 국립공원 특별지역으로 지정 되어 있다. 사암과 이암의 호층 互層 으로 구성된 제3기층인 '고토층군'이 동중국해에서 내려치는 거센 파도에 깎여 형성된 해식 절벽이다. 해발 250m의 오세산大瀬山 정상까지 급경사가 계속되고 있다. 등대는 바다에 대해 기울어진 지층 위에 세워져 있다.

그때 갑자기 검은 구름이 몰려 오고 사위가 어두워지면서 비바람이 몰아쳐 등대까지 내려가는 것은 시도해 보지 못하고 발걸음을 돌려야 했다. 오도열도는 오래전부터 중국을 연결하는 항해의 요충지이며, 오세자키 등대는 견당사를 파견하기 시작하던 640년경의 당서에 기록되어 있을 정도로 오래된 등대이다.

이번 오도열도의 후쿠에섬을 여행하면서 주산군도의 백제인과 신라인, 장보고, 견당선, 고려상과 송상, 주원장에 대립하던 방장세력과 전기 왜구, 백제 유민의 환국, 견명선과 백제계 오우치 가문, 해적왕 왕직과 후기 왜구, 임진왜란, 정지룡과 정성공, 소현 그리고 아시아의 바다에 새로 등장한 네덜란드에 이르는 천년의 역사를 이어 보며 한반도, 일본, 중국에서 펼쳐진 해상세력들의 뿌리에 대해 생각해 보았다.

나가사키로 돌아와 다음날 아침, 후쿠오카로 가는 기차에 오른다. 약 두 시간 만에 도착한 하카다역은 귀성객으로 붐비고 있었다. 역에서 얼마 멀지않은 후쿠오카 공항에서 도쿄행 비행기에 올랐다. 다음 여행의 목적지는 한때 해상왕국이었던 류구국 오키나와 이다.

류구 오키나와

　　　　　　일본에 사는 동안에 한때 동중국해의 해
상왕국이었던 류구왕국, 즉 지금의 오키나와를 방문해 보기로 했다. 같
은 일본이지만, 도쿄에서 오키나와를 가는 것이 서울에서 오키나와를
가는 것보다 조금 더 멀다. 처음 오키나와 방문을 계획할 때는 오키나
와에 대단한 역사적 유물이나 유적이 있을 것이라고 생각하지 않았다.
다만 일본 규슈와 대만 및 중국의 복건성을 잇는 해로 상에 있고 외딴
섬들이 많아서 어느 나라에도 속하지 않는 해상세력이 은거할 수 있는
후보지가 있지 않을까하는 점에서 관심이 있었을 뿐이었다.

　　　규슈 남쪽 끝인 가고시마鹿児島 에서 종자도種子島, 다네가시마 , 아마미
오시마奄美大島 , 도쿠노시마德之島 를 지나면 오키나와沖縄 섬이 나오고
거기서 다시 미야코지마宮古島 , 이시가키섬石垣島 , 이리오모테지마西表

島, 요나구니시마 与那国島를 지나면 바로 대만에 이른다. 옛날에는 대만도 류구라고 불렀다. 대만의 건너편은 복건성 푸젠성이며 하문 샤먼, 복주 푸조우, 온주 원저우다. 그리고 그 북쪽에 영파 닝보가 있고 닝보 앞바다에 주산군도가 있다.

하네다 공항을 떠난 비행기는 3시간 반만에 나하 那覇공항에 도착한다. 공항에서 출발하는 모노레일을 타고 렌터카 사무실이 있다는 시내 백화점 건물로 찾아간다. 차를 렌트하자마자 먼저 류구국의 정궁이었던 수리성으로 향한다. 도중에 오키나와의 전통악기인 사미센을 만드는 공방에 들러 본다. 뱀가죽을 이용해 만들어진 갸날프고 서글픈 소리를 내는 악기지만 지금은 현대음악의 연주에도 이용된다고 한다. 길을 잘못 들어서인지 정문이 아닌 측문 쪽 한적한 성벽길을 따라 성안으로 들어가다 보니 독특한 곡선의 성벽이 나타났다.

수리성 首里城

수리성은 류구의 삼국시대라 할 수 있는 삼산시대에 중산 왕조의 성이었던 것으로 추정되며, 쇼하시 尚巴志왕이 삼국 산북, 중산, 산남의 세 나라을 통일한 후 류구국의 정궁이 되었다.

본성의 궁전들을 구경하던 중 궁전의 방 하나를 개조하여 만든 찻집에서 말차 抹茶, 맛차를 마신다. 류구국 궁녀의 의상을 입은 아가씨가 차를 품위 있는 태도로 대접하는데 그 모습이 마치 과거로 돌아온 듯하여 실제 궁녀의 모습처럼 느껴졌다. 오키나와를 방문하기 전 류구국에 관한 TV 드라마도 보고 일본 역사소설을 읽으며 상상을 해 온 탓이리라. 당시 일본 BS 채널에서는 「템페스트」라는 사극을 상영하고 있었다. 소설로는 류구가 사쓰마에 넘어간 다음해인 1610년을 배경으로 류구왕국을 다시 독립시키기 위하여 청년 주인공이 중국에 밀사로 들어가 중국 남부의 세력가들을 교섭하여 자금을 확보하고 대포를 사들여 섬에 숨겨 놓는다는 내용이었는데 제목과 결말은 잘 생각이 나지 않는다.

류구국 琉球國

류구는 지리 역사적 풍토의 특수성으로 조성된 고유한 전통과 문화적 배경을 가지고 있었던 아름답고 풍요로운 독립 해상왕국이었다. 규슈와 타이완 사이의 태평양과 남중국해 사이에 점점이 펼쳐있는 류구 군도의 섬들에는 10세기경부터 부족국가의 형태들이 출현하였다. 이들 섬에는 저마다 안사按司 라고 불리는 족장들이 지배하고 있었으며 족장의 지위는 서로 평등하였고 서로 평화로운 교류를 하고 있었다.

12세기경 류구 군도의 최대 섬인 오키나와에 산남山南 , 중산中山 , 산북山北 의 세 왕조가 탄생하였다. 류구의 '삼산시대' 또는 '삼국시대'가 시작된 것이다. 삼국 중에는 오키나와 섬의 중간에 위치한 중산왕국의 국력이 최강이었고 산북왕국이 최약체였다. 류구의 삼국시대에는 류구 군도 북부의 아마미제도와 남부의 사키시마제도先島諸島 , 즉 미야코지마宮古島 와 야에야마제도八重山諸島 는 미개한 상태였다. 삼산시대는 중산왕국의 통일1429년 로 마무리 된다. 통일 후 제작되어 수리왕궁 정전에 걸려 있던 「류구만국진량琉球萬國津梁 의 종1458년 제작 」에는 이런 명문이 세겨져 있다.

'류구는 남해에 있는 나라로 삼한三韓. 한국 의 빼어남을 모아 놓았

고, 대명 大明, 중국과 밀접한 보차 輔車, 광대뼈와 턱 관계에 있으면서 일역 日
域, 일본과도 떨어질 수 없는 순치 脣齒, 입술과 치아 관계이다. 류구는 이 한
가운데 솟아난 봉래도 蓬萊島, 낙원이다. 선박을 항행하여 만국의 가교가
되고 외국의 산물과 보배는 온 나라에 가득하다.'

동종의 명문이 한, 중, 일 동북아 삼국 중에서도 조선을 가장 먼저
언급하고 있는 것으로 보아 류구는 조선에 각별한 호감 아니면 특별한
관계를 가지고 있었던 것으로 보인다. 이 문구는 필자에게 특별한 호기
심을 불러 일으키기에 충분하였다. 우리는 류구국에 대하여 특별한 애
정을 가지고 있지 않은데, 왜 류구국은 명문에 삼한이라 표현한 한반도
를 애틋하게 생각하였을까.

중산세감 中山世鑑, 주잔세이칸

에도막부 하의 사쓰마국에 의해 기록 편
찬된 『중산세감 1650년』에 의해 오키나와 역사가 최초로 정리된 셈인데
이 역사서는 다음과 같은 점에서 의문을 안고 있다.

공식적으로 기술된 역사를 보면 마치 10세기 이전에는 오키나와
에 이렇다할 아무런 역사가 없다가 1429년 삼국이 통일되는 과정을
보면 12세기의 어느 때부터 어떤 연유에서인지 삼국 산남, 산북, 중산이 생
겨나 경쟁을 벌이다가 중산왕국이 삼국을 통일하여 류구왕국이 된 것
으로 되어 있다. 인과관계도 분명치 않고 왠지 있어야할 내용이 빠진
듯하다. 역사란 항상 어떤 계기에 의하여 변화하고 발전하는 법인데 그
런 부분에 있어서 극적인 맛이 없고 어느 부분이 마치 지우개로 지워진
듯한 느낌을 받는다.

이것이 중산세감에 의한 역사 왜곡을 의심하는 이유이다. 일제강점기에 조선사편찬회가 한반도 역사를 다시 쓰면서 원칙으로 삼았던 식민사관이라는 것이 한반도 역사의 시공간을 대폭 줄이는게 아니었던가. 시간적으로는 삼국시대의 시작을 늦추고 그 이전의 고조선 역사를 부정하여 말살하고 공간적으로 한반도의 영토를 축소하여 남쪽은 일본의 영토였고 북쪽은 중국의 영토였다고 하면서 결국 한반도에 살던 한민족의 정체성을 말살하려는 것이었다. 중산세감에 의해 만들어진 오키나와 역사에서도 이와 아주 비슷한 느낌을 받게 된다.

류구국 기원에 관한 역사 가설

일본 에도막부하의 사쓰마국에 의해 만들어진 역사에 도전하는 두 가지 가설이 있어 소개한다. 하나는 6세기의 우산국 울릉도 주민의 오키나와 이주설이고, 다른 하나는 13세기 삼별초의 오키나와 이동설이다. 삼별초에 관련된 이야기는 뒷부분에서 오키나와의 성城들을 소개하며 함께 하기로 한다.

우산국 주민의 오키나와 이주설

선우 영준씨는 일본 고문헌 조사와 오키나와 현지 답사를 통해 오키나와의 전신인 류구국琉球國이 고대 울릉도 주민들의 이주로 세워진 나라라는 가설을 세웠다. 일본 고서인 『류구국구기琉球國舊記』 『고류구古琉球』등 수 십 권의 문헌 분석 결과 우산국은 512년 신라 이사부에 의해 복속된 직후 유민들이 오키나와 당시 우루마국 남부 쿠다카섬 등에 진출했다. 나하那覇에서 차로 약 30분 거리의 난죠우 시南城市 에서 고속선으로 15분 걸리는 곳에 있는 둘레 약 8km 의 작은 쿠다카 섬久高島 은 류구琉球 를 만들었다고 전해지는 신 '아마미 키요'가 하늘에서 내려와 나라를 만들기 시작한 장소라고 전해지고 있다. 쿠다카 섬은 지금까지도 류구에서 성지聖地 로 생각되어 '신의 섬'이라고 불리고 있다. 당시 우산국 주민들은 마한과 백제, 고구려 계통으로 추정되는 천손씨天孫氏 로 불리던 집단으로 울릉도에 풍부했던 느티나무로 만든 선박을 타고 오키나와에 도착한 뒤 전역으로 세력을 뻗쳐 670년간 왕위를 유지했으나 1187년 국왕이 신하에게 살해된 뒤 멸망의 길을 걷게 됐다.

이후 내전 등 삼국시대의 혼란기를 거친후 1429년 다시 류구왕국으로 통일되었으나 1609년 일본이 류구국을 침공, 식민지로 만들었는데 막부측은 류구국과 한반도와의 관계를 철저히 부정하고 삭제했으며 마치 규슈九州 에서 오키나와 역사가 시작된 것처럼 조작했다고 주장한다.

일본 학자들이 주민들의 혈족 계통을 연구한 결과 오키나와 남자 주민의 Y~염색체가 한반도에서 형성된 한국인 특유의 Y~염색체02b1a 와 대부분 동일하고 인근 대만 등의 원주민 염색체와는 판이하다는 사실이 적시돼 있어 오키나와가 한반도인의 개척으로 이뤄진 나라임을 뒷받침하고 있다는 것이다.

선우 박사는 '지금도 오키나와 곳곳에는 1500년 전 한국 말과 문화가 그대로 남아 있다는 걸 직접 확인할 수 있다'고 말한다. 원래 류구국은 적어도 삼국시대 이래 한반도에 속해 있었으며 한반도를 상국上國 으로 여기고 그 후 조선에도 조공을 바쳤다는 논지이다. 이상이 첫 번째 가설이다.

류구국의 역사

조선시대의 기록을 보면 류구는 양국 간의 교류에 있어 조선보다 적극적이었다. 『조선왕조실록』에 의하면 1392년 류구국왕의 명으로 공식 사절단이 조선을 예방하여 이성계를 알현하였다. 류구는 외교적으로 조선을 최초로 승인한 국가인 셈이다. 조선왕조실록은 류구 사절단의 조선방문은 40회, 조선 사절단의 류구 방문은 3회로 기록하고 있다. 그 밖에도 양국의 각종 사료에는 조선시대 전 기간에 걸쳐 류구와의 밀접한 관계를 보여준다.

조선 성종은 해인사 『팔만대장경』의 인쇄본을 류구왕국에 보냈다. 수리성 아래 연못가의 건물이 대장경을 보관하던 장경판고였다. 신숙주는 『해동제국기』에서 '류구'를 언급한다.

1372년 류구는 명나라에 조공을 시작한다. 1406년 재상 파지 巴志 가 왕위를 찬탈하여 1416년 산북왕국, 1429년에는 산남왕국을 정복하여 삼국을 통일하고 수리 首里 성을 수도로 정했다. 1430년, 명나라는 파지에게 상尙씨를 주고 중산국왕으로 책봉하였다. 상파지는 '제1 상씨왕조의 개창자'로 불린다. 1469년에 궁정 쿠데타가 발생하여 어쇄측관御鎖側官. 재무부 장관이던 금원 또는 김환 金圓 또는 金丸이 왕으로 추대된다. 이제나지마 伊是名島 출신의 김환 가나마루, 金丸 은 다음 해 왕위에 오르는데 그는 오키나와 본섬 북쪽에 있는 조그마한 섬의 평범한 농삿군 집안 출신이라 전해진다. 섬이름이 '이제나'인 것도 재미있고 성이 김金 씨인 것도 눈길이 간다. 1472년 명나라는 금원을 상원尙圓으로 성을 바꿔 국왕으로 책봉한다. 류구왕국사의 '제2 상씨왕조'가 시작된다.

그 후 류구왕국은 상진 尚眞 왕 시절인 15세기 후반에서 16세기 초반 1478~1525년 이 최고 황금기였다. 상진왕은 류구 군도 전역을 장악하여 品官제도, 신관제도 류구는 왕비가 신관이 되어 왕을 견제할 수 있는 강력한 신관제도를 유지하고 있었는데 북방민족이 가지고 있던 샤머니즘의 영향으로 보인다, 조세제도 등을 정비하고 불교를 국교로 삼았다. 류구 군도의 족장들을 수리성에 거주하게 하고 사인 私人 의 무기소지를 금지하는 등 류구의 정치, 경제체제를 확립하였다. 당시 류구 무역선의 활동범위는 조선의 부산포, 중국의 푸젠과 광동, 일본의 규슈, 안남 베트남, 샴 타이, 자바 인도네시아, 루손 필리핀, 말라카 말레이시아 등 동아시아 전역에 걸쳐 있었다.

류구는 중국과의 무역독점권을 획득하여 중국의 상품을 수입, 조선과 일본, 동남아시아 국가들에게 수출하였고 조선과 일본, 동남아시아의 물산을 수입하여 명나라에 수출함으로써 해상중개무역의 중심지가 되어 황금시대를 구가하였다. 이 당시 류구 남서부 아에야마 八重山 민란의 주인공이며 민중의 영웅인 적봉 赤峰 홍 洪 가와라가 홍길동 洪吉童, 1440~1510년 과 동일 인물이라는 설은 이어지는 여행기인 이시가키섬 石垣島 방문기에서 다루기로 한다.

조선과 류구가 밀접한 교류를 맺을 수 있었던 이유는 해상운송 능력과 북상하는 쿠로시오 해류 덕분이었다. 겨울에는 계절풍인 북풍을 타고 남하하면 크게 힘들이지 않고 류구에 도착할 수 있었는데 조난당한 조선인들 중 류구에 표착한 사람이 많다는 사실이 이를 입증한다. 류구는 15세기 말엽이 되면 조선에 직접 무역선을 파견하지 않고 규슈와 대마도의 상인을 매개로 하는 간접무역 방식으로 전환한다.

1609년 사츠마번 지금의 가고시마현에 있던 지방국 이 류구를 침략한다. 동년 3월 22일 임진왜란에 참전했던 사쓰마 번주 시마즈島津는 3천여 병사를 100여 척의 함선에 싣고 출항하여 4월 1일 오키나와에 상륙하고 4월 5일 수리성을 함락시킨다. 류구는 사쓰마의 무력침략에 저항다운 저항을 못해보고 불과 닷새 만에 정복되어 버렸다. 임진왜란 때 일본이 류구에 병력의 징발과 군량미의 제공을 요청한 것에 대해 조선이 교린국임을 들어 류구가 파병을 거절한 것이 침략의 한 이유가 되었다. 이 사실은 가슴을 뭉클하게 하는 데가 있다. 사쓰마의 침공은 임진왜란과 일본 내전 참전시에 들어갔던 군비와 손실을 충당하고 명이 일본과의 교역을 중단하자 류구의 대중국 무역권을 이용하여 중국과 류구 사이의 무역이익을 갈취하려는 것이 목적이었다. 그 후 사츠마번은 류구에 감독관을 주재하게 하여 내정을 간섭한다. 세금과 공물을 부과하고 사츠마번의 허가 없이 제3국과의 무역을 금하도록 하였다.

사츠마번은 지배를 정당화하기 위해 관변학자들에게 명하여 류구인은 일본인과 동일한 대화大和, 야마토 족이라는 논조, 즉 일본과 류구는 조상이 같다는 '일유동조론日琉同祖論'에 근거한 류구 국사『중산세감中山世鑑, 1650년』을 편찬하게 하였다. 일제 강점기에 한반도에 적용한 수법인 일조동조론日朝同祖論과 같다. 역사는 반복되는 것인 모양이다. 그러나 일조동조론이란 책을 순수 학문적인 면에서 보았을 때는 일본인의 조상이 한민족이라는 엄청난 사실이 담겨져 있는 것과 마찬가지로 정치적 목적성을 제거하고 순수학문적 관점에서 일유동조론을 검토하면 의외의 사실이 숨어 있을지도 모르겠다. 중산세감은 좀 더 읽어볼 필요가 있을 듯하여 일본에 있는 후배를 통해 구입해 놓았다.

전 동경대교수인 이시와타리 신이치로石渡信一郎 저『일본지명의

어원 日本地名の語源 』의 설명을 따르면 오키나와 제도의 모든 섬 이와미섬에서
오키나와 본섬, 미야코지마, 이시가키섬, 대만에 가까운 요나구니섬까지 에 가야계 왜국의 지
명이 널려 있다고 한다.

또한 오키나와에서 사용하고 있는 말과 고대 한국어 또는 현대 한국어
간에 음과 뜻이 유사한 단어들이 많은 것으로 파악됐다. 선우 영준씨는
오키나와 「신가 神歌」에 나오는 '소우루'는 '서울'의 일본 가나식 표기
로 추정되고 일본학자들은 신라의 수도 '서벌 徐伐'을 '쇼우루'라고 읽고
있다고 보고 있다.

삼국 통일 1429년 후 만들어진 「만국진량의 종 1458년」과 「중산세감」
의 편찬 사이에는 약 이백 년의 시간 차가 있다. 필자의 개인적인 추측
으로는 만국진량의 종에 나타나 있는 한반도에 대한 류구의 우호적 태
도를 중산세감을 만들면서 지워버렸다고 생각한다. 이렇게 보면 여기
서도 역사는 반복된다.

오키나와의 성 城

둘째 날은 오키나와에 하나 밖에 없는 고
속도로를 타고 무작정 북쪽으로 달려본다. 어느덧 고속도로가 끝나고
푸른 해변이 눈에 들어온다. 물이 맑아 속이 다 들여다 보이는 투명한
나고 名護 만이다. 계속 바닷가를 따라 길을 올라가다보니 관광객들이
즐겨 찾는 오키나와 아쿠아리움이 나온다. 나중에 알고 보니 남들은 이
아쿠아리움을 보러 오키나와에 온다는데 필자와 파트너는 그것도 모르
면서 근처 식물원만 들린다. 북쪽 끝에 섬이 있는데 섬을 연결하는 다
리가 그림 같다. 섬의 이름이 정겨운 '고우리'란다. 다리를 건너기 전에

나끼진성 금귀인 성을 들린다. 복원 공사가 한창이다.

나끼진 今帰仁 **성적** 城跡

　　　　　　　　　수리성에 필적하는 부지 면적을 자랑하는 나끼진성 今帰仁城 은 14세기 류구왕국이 성립하기 이전에 존재한 북산국 북산왕 北山王 의 거성 居城 으로서 높은 곳에 지어졌으며 면적이 만 이천평이다. 견고하게 지어진 성벽은 전장 全長 이 1.5km에 달한다. 성적 城跡 의 어내원 御内原 이라고 불리는 곳에서 보면 바다와 성벽이 어우러진 절경이 보인다. 1월경에 일본에서 가장 먼저 피는 「칸히사쿠라」의 명소이기도 하다. 이 성이 수리성에 이어 두 번째 들린 성이고 이후 세 개의 성을 더 답사한다.

　　돌아오는데 비가 심하게 내려 운전이 쉽지 않다. 당시 오른쪽에 운전석이 있는 일본차를 운전해 본 적이 몇 차례 안되던 때라 우선 기계조작이 서툴다. 좌우 깜박이를 켠다는게 계속해서 전방 윈도우 브러쉬를 움직이게 한다. 길도 우측통행이라 고속도로에 진입할 때 입구인지 출구인지가 혼동되어 출구로 튀어 나오는 차와 부딪힐까 가슴이 조마조마하다.

구스크 오키나와의 성 **답사**

　　　　　　　　　셋째 날은 아침에 오키나와 민속촌을 들른 후에 본격적으로 「구스크」라 불리는 성들을 답사하기로 하였다. 오키나와 제도에는 200여 개의 크고 작은 구스크가 산재해 있는데 높은 지역에 쌓은 산성으로 모양은 약간 달라도 전반적으로 고구려, 백제식

산성을 연상시킨다. 13세기 말에서 14세기에 걸쳐 오늘날 오키나와에 산재하고 있는 비슷한 모양의 수많은 구스크가 갑자기 만들어졌다.

삼별초의 오키나와 이동설

오키나와의 성들과 관련하여 재미있는 역사적 사건이 연결되는데 고려의 삼별초가 제주에서 마지막으로 무너진 것이 1273년 13세기 말이고 우연인지 이때를 즈음하여 갑자기 류구섬에 성들이 나타나기 시작한다. 이것이 오키나와와 한반도 역사를 연결하는 두 번째 가설이다.

삼별초 三別抄

삼별초에 대하여 간단히 언급해보자. 삼별초 三別抄 의 항쟁 1270년~1273년 은 고려, 몽골 전쟁이 끝난 뒤 삼별초가 몽골 원나라 및 고려왕조에 대항하여 일으킨 항쟁이다. 무신정권의 사병 집단이면서 대몽 항쟁의 대표 세력이었던 삼별초는 개경 환도가 발표되자 즉각 반기를 들었다. 배중손을 지도자로 추대하고 반몽정권 反蒙政權 을 수립했다. 1천여 함선을 징발하여, 고려 정부의 재화와 백성을 싣고 강화도를 떠나 서해안 요지를 공략하며 남행하여 진도에 이르러 근거지를 구축했다. 당시 진도와 그 인근 지역은 최씨 무신정권이 소유한 토지가 많았다. 그 해 삼별초군은 제주도까지 점령하는 등 1271년 초까지 여러 차례 개경 정부를 위협하였다. 그러나 여몽연합군은 세 방향에서 진도를 향해 공격한다. 정권이 수립된 지 9개월 만에 진도는 함락당한다. 배중손은 전사하고 김통정이 이끄는 잔존 세력은 탐라 제주도 로 거점을 옮겨 항쟁을 계속하였다. 그러나 여몽연합군의 공략으로 1273년 제주 삼별초 역시 무너지고 말았다.

1982년 오키나와 우라소에성 浦添城 유적에 대한 발굴조사에서 대량의 고려 기와들이 출토됐다. 특히 계유년 고려의 기와 장인들이 만든 명문이 있는 기와라는 뜻의 '계유년 고려와장조 癸酉年高麗瓦匠造 명문와 銘文瓦'는 계유년인 1273년 혹은 1393년에 만들어진 것으로 추정되고 있다. 삼별초의 난을 계기로 다수의 유이민이 발생했다. 삼별초의 거점이던 진도와 제주도에서 고려판 보트피플이 류구에 유입됐을 가능성에 근거해 삼별초 세력이 오키나와 열도로 이동해 류구왕국의 건국 기초가 됐다는 가설이 나온 것이다.

민속적으로도 관련이 있는 사례가 몇 개 있는데 삼별초가 항쟁했던 진도에서는 모내기나 논매기를 할 때 우리나라에서 유례를 찾아볼 수 없는 머리에 담쟁이넝쿨이나 칡넝쿨을 감는 풍속이 있다. 오키나와의 도작의례 稻作儀禮 때 신제무당 神祭巫堂 인 신녀 神女 가 신맞음을 의미하는 나뭇잎이나 풀 넝쿨을 머리에 감는 것과 흡사하다. 삼별초의 마지막 항거지 애월읍 항파두성 주변에서는 예전에 거의 떼 筏로 고기잡이했기 때문에 이른바 '배방선'에 떼 筏을 썼다. 오키나와 일대의 경조민속 競漕民俗도 흡사하다. 이어서 자키미성, 중성, 카츠렌성 답사기가 이어진다.

자키미 座喜味 구스크

제일 먼저 성 근처에 있는 박물관 전화번호를 네비에 적어넣고 이름이 재미있는 「자키미 우리말 '지킴이'가 아닐까하는 생각을 했다 성」으로 향한다. 서쪽 해안이 내려다 보이는 해발 125m의 낮은 언덕 위에 있는 성으로 15세기 전반에 자키미 座喜味 북동쪽 4km에 위치한 야마다성의 성주 고사마루 護佐丸가 북산 北山의 감수 監守를 할 때 야마다성을 철거하고 그 석재를 운반하여 만든 것으로 전해지고 있다. 성은 주 유곽과 제2 유곽으로 구성되며, 성벽의 길이 365m, 면적 약 2,200평으로 일반적으로 규모가 작은 오키나와성 중에 중간 규모이다. 성벽은 류구 석회암으로 거북등무늬를 연상시키는 상방적석 방식 相方積石 方式. 아이카타즈미이라는 석조법을 기조로 아치문과 그 양쪽은 질서정연한 포제식 布済式. 누노즈미, 각 단의 높이를 수평으로 가지런히 일직선으로 켜쌓는 브록 담과 같은 방법으로 되어 있다. 성안으로 들어서면 성의 규모가 크지 않고 동네 뒷동산에 올라온 듯하여 포근한 느낌이 든다. 이제 막 보수를 마쳤는지 황토로 된 바닥에 성문에는 문이 없고 성벽만 덩그러니 남아 있어 황량한 느낌도 든다. 주변에는 임란 때 잡혀온 도공들이 만들기 시작했다는 오키나와 도자기 산지가 있다. 도공들의 성씨를 보고 파트너의 감이 발동하여 밝혀낸 사실이다.

중성 中城 성적 城跡

　　　　　　자키미성에서 출발하여 가네다 공군기지를 관통하는 길을 따라 남동쪽으로 운전하면서 본 가네다 기지는 그 크기가 어마어마하다. 특히 한국의 대북 방위는 이 기지의 공군력에 의지하는 바가 크기 때문에 예사롭게 보이지 않았다.

　　나카구스크 즉, 중성은 14세기 후반까지 수 세대에 걸쳐 남곽, 서곽, 일곽, 이곽의 주요 부분들이 축조되었다. 1440년 자키미성을 지은 고사마루가 삼곽과 북곽을 증축하여 현재 모습이 완성되었다. 증축된 성벽 부분은 상방적석 相方積石 방식으로 되어 있다. 또한 정청이 있었던 일곽의 아치문도 개축된 것으로 보여진다.

1458년 고사마루는 왕부군 王府軍 이 되어 쳐들어 온 카츠렌성의 아마와리 阿麻和利 의 공격을 받아 자살한다. 사쓰마 식민시대에는 중국의 책봉사절단이 류구를 방문하면 사쓰마 감독관이 피해 숨어 있는 장소로 사용되었다. 나카구스크는 여러 개의 성이 산을 올라가며 쌓여 있기 때문에 위에서 보면 아래 성들의 성벽이 구불구불 제법 멋있게 보인다. 크기에 있어 우리나라에 있는 '작은 성' 만하다는 생각이 들었다. 다른 성들도 모두 작게 보인다.

카츠렌 勝連 성적 城跡

오키나와 본섬 중부에 남서로 튀어 나와 있는 승연반도에 위치한 카츠렌성은 수리성, 나키진성과 함께 '류구왕국의 구스크 및 관련 유적들'로 유네스코 세계유산에 등록되어 있다.

카츠렌성도 다른 구스크와 같이 류구 석회암을 다듬어 구릉지에 절묘하게 쌓은 유선상의 성벽이 특징이다. 이 성은 13세기경 류구왕족의 분가인 카츠렌 안지에 의하여 건설되었으며, 대대로 카츠렌 안지가 사는 주거용 성으로 번영을 거듭했다. 마지막 성주인 아마와리는 류구 왕정을 위협할 정도의 세력을 확대하여 여러 차례 걸쳐서 성을 증축하여 수리성과 맞먹는 방위기능이 뛰어난 요새를 만들었다. 1458년 아마와리의 세력이 왕정모반을 일으켰다 허망하게 실패한다. 너무 강대해져버린 카츠렌 안지는 카츠렌성과 함께 멸망했다.

현재의 카츠렌성의 유적은 성벽만 남아있지만, 멀리서 보면 바닷

카츠렌 성적

가 언덕에 있는 성의 모습이 그림같이 멋있으며, 요새의 풍모를 보여준다. 지금도 계속적으로 발굴 조사가 진행되고 있는데, 성 안팎으로 류구왕조와 다른 경로의 해외무역이 번창하였음을 알려주는 도자기와 기와 등이 다수 출토되고 있다.

나하

　　　　　나하로 돌아오는 길에는 기지 이전 문제로 오키나와 주민들의 반대가 심한 후텐마를 지나간다. 후텐마 미국 해병대 비행장 普天間飛行場, Marine Corps Air Station Futenma, MCAS Futenma 은 오키나와 기노완 시에 있는 미국 해병대의 군용비행장으로 후텐마 기지 普天間基地 라고도 부른다. 활주로 길이가 2.7km에 이르며, 가데나 기지와 함께 미군의 오키나와 지역 양대 거점이다. 한반도 유사시 제일 먼저 미군 병력이 출동하는 곳이다.

나하시내의 국제거리 国際通り 에서 저녁식사를 하기로 한다. 이곳은 나하에서 가장 큰 거리이며 백화점, 호텔과 은행이 모여 있다. 오키나와에 들리면 꼭 한번 찾게 되는 곳으로 현대적인 건물이 즐비한 거리에 토속적인 상점이 들어차 있어 독특한 풍경을 연출한다. 제2차 세계대전 후 완전히 폐허가 된 거리를 부흥시킨 곳으로 '기적의 1마일'이라고도 부르고 있다. 나흘 간의 오키나와 여행을 마쳤다. 오키나와가 훨씬 가깝게 느껴진다. 이어서 다음 이야기에서는 오키나와 본섬과 대만 사이에 있는 홍길동의 전설이 살아있는 이시가키섬 여행기다.

이시가키섬 石垣島 과 야에야마제도

　　　　　　도쿄에서 출발한 비행기는 어느덧 오키
나와 본섬 북쪽 상공을 날고 있다. 날은 좀 흐렸지만 지난 번 오키나와
방문 때 눈에 익혀 놓았던 지도와 같은 섬 모양이 아래로 펼쳐진다. 이
시가키섬은 오키나와 본섬에서 다시 남서쪽으로 430km 떨어진 곳에
있어서 30분 정도 더 날아가야 하는데 그 중간에 미야코지마 宮古島 라는
섬도 있다. 이 일대의 섬을 일컬어 야에야마제도 八重山諸島 라 하는데 10
개의 유인도와 20여 개의 무인도로 이루어져 있다. 일본말로 야에 八重
란 '같은 것이 수없이 겹쳐진 또는 긴 long'이라는 뜻이다.

　이시가키섬이 눈 아래 내려다 보이고 섬의 해변을 따라 위태하게
날던 비행기가 바닷가를 따라 난 활주로에 착륙한다. 공항에는 여행사
에서 보낸 기사가 나와 있다. 기사는 오늘의 일정을 설명하는데 관광지

두세 곳을 들린 후 호텔까지 데려다 준다고 한다. 여행가이드 역할을 오래한 듯 운전을 하면서도 설명이 유려하다. 오키나와에서 재배한 사탕수수로 만든 흑설탕 黑砂糖이 유명하다는 것이다. 파트너가 즐겨 다니던 도쿄의 우에시마 커피점 上島珈琲店은 오키나와산 흑당커피로 유명한데 여름에 구리컵에 얼음을 띄어 담아주는 아이스 흑당밀크 커피는 도쿄의 지독한 무더위를 식히기에 좋았었던 기억이 있다.

머리 속에 항상 맴돌고 있는 소현세자가 주인공인 소설의 근거지를 이곳으로 할 수 있을까하는 기대를 하면서 여행길에 올랐다. 소설 속의 주인공이 활동을 시작하는 1644년에 류구왕국은 이미 사쓰마의 통치하에 있었다. 문헌상 조사에 의하면 그 통치력이 이시가키섬까지 미쳤다. 다만 거리상의 이유로 영향력이 본섬에 비해 약했으리라. 이시가키섬이 본섬의 사쓰마 세력에 대항한 기록도 있다. 그 후 사쓰마는 자기들이 임명한 도주 島主를 통해 통치력을 행사한다. 류구의 구세력은 소설의 주인공에게 우호적일 것이라는 가정하에 이시가키섬 정도면 소설 속에서 소현이 이끌 해상세력의 본거지가 될 가능성이 있지 않을까 생각했다.

야에야마야시 군락지

처음 도착한 곳이 요네하라 米原의 팔중산 야자수 야에야마야시, 八重山 야자수 군락지였다. 이 나무는 팔중산제도 八重山諸島 중 이시가키섬 石垣島과 이리오모테섬 西表島에만 살고 있는 매우 진기한 야자수종으로 25m에 달하는 키에 4~5m에 달하는 큰 나뭇잎 波状複葉이 특징이다. '세상에서 가장 아름다운 야자수'라고도 불리운다고 한다. 숲으로 올라가는 길은 발밑에 목제 木製 보도를 깔아 놓았다. 입구에 있는 허름한 휴게소에서 사탕수수 사토우기비 줄기를 즉석에서 짜 만든 사탕수수 쥬스를 한 잔 마신다.

카비라만 川平湾

길을 더 달리다 보니 푸른 색상의 아름다운 만이 눈 앞에 펼쳐진다. 카비라만 川平湾 이다. 평화로워 보이는 만의 풍경은 한 눈에 보아도 절경이다. 만 안에서는 진주조개를 양식하고 있다고 한다. 오키나와에서도 바다 색이 가장 파랗기로 유명한 이시가키 섬의 북서쪽 '카비라 川平 비치'는 세계에서 가장 권위있는 가이드북인 『미슐랭가이드 Guide Michelin』로부터 별 세 개 최고점을 받은 '꼭 가봐야 할 곳'으로 선정된 곳이기도 하다.

시원하게 펼쳐진 모래사장에는 조개껍질들이 뿌려져 있다. 비치 한 켠에서는 배들이 관광객을 기다리고 있었는데 유리로 된 배 바닥으로 바다 밑을 내려다 보는 유람선이란다. 배가 만 밖으로 나가자 여기 저기 조그만 바위 섬들이 그림처럼 점점이 떠 있는데 섬의 아랫등이 침식된 산호초 섬들이다. 해변가 언덕배기에 있는 공원으로 가서 만의 풍경을 감상한다. 평화로운 풍경에 잠시 머물고 싶은 생각이 든다. 이시가키 특산이라는 우동을 먹었는데 낯선 맛이다.

저녁에는 호텔 로비에서 민속공연이 있었다. 일본풍과는 다른 오키나와 특유의 어딘지 모르게 슬픈 음색으로 사미센 연주에 맞추어 가수들이 노래를 부른다. 오키나와 대표곡인 「시마우타 島唄」다.

카비라만

하테루마 波照間 섬

　　둘째 날은 이시가키섬 서쪽에 있는 이리오모테섬 西表島 을 방문하는 스케쥴이다. 여행 일정표에 맹그로브 정글 크루즈와 물소를 타고 유부섬 由布島 으로 건너가는 코스가 들어있다. 이리오모테섬은 오키나와에서 두 번째로 큰 섬이다. 섬의 대부분이 미개발된 상태 그대로이며, 수풀이 우거진 정글과 맹그로브 숲이 섬의 대부분을 차지하고 있다. 정글보트 크루즈가 섬의 가장 긴 두 개의 강 중 하나인 나카마강을 따라 운항한다.

　　이시가키항에서 배를 탄다. 항구에는 해상자위대 순시선들이 보인다. 일본이 중국과 영토분쟁 중인 센가쿠열도가 여기서 북쪽으로 200km 지점인데 중국과 문제가 발생하면 이시가키항이 해상자위대의 출동 기지이다. 센가쿠열도, 댜오위다오는 대만과 오키나와제도 북쪽에 위치한 무인도와 암초로 이루어진 섬들을 말한다. 현재는 일본이 실효지배를 하고 있으나, 대만 중화민국 과 중국 중화인민공화국 과 일본이 각각 영유권을 주장하고 있는 영유권 분쟁 지역이다. 이시가키섬이나 대만에서 모두 상당히 200km 떨어져 있다. 일본은 현재 우리나라 영토인 독도와 이곳의 센가쿠열도와 함께 종전 후 러시아를 상대로 영유권을 주장하고 있는 쿠릴열도 남단의 쿠나시르 구나시리, 国後 를 포함한 네 개의 섬에서 영토분쟁을 벌이고 있는 중이다.

　　이리오모테 西表島 섬으로 가는 스피드 훼리는 이리오모테 西表島 섬의 남쪽 끝인 오하라항으로 향한다. 소요시간은 40분 정도라고 한다. 섬에 가까워지면서 왼쪽으로 섬 하나가 보이는데 여기가 홍길동과의 관련설로 주목받고 있는 하테루마 波照間 섬이다. 오키나와 沖縄 의 최남단인 이 하테루마섬에는 15세기 말, 16세기 초 오키나와의 류구왕국에서 활약했던 오야케 아카하치 赤蜂, 일명「홍가와라 洪家王」를 기리는 추모비가 있는데 비에는 다음과 같이 적혀 있다고 한다.

'아카하치 赤蜂는 봉건제도에 대해 반항하여 자유민권을 주장하고 섬 주민들을 위해 용감히 싸웠다. 그의 정신과 행동은 길이 후세에 전해질 것이다'

홍가와라 洪家王 아카하치 赤蜂

홍가와라는 류구제국의 봉건세력에 맞서 농민들을 위해 투쟁했던 인물이다. 오키나와에서 추앙받고 있는 '아카하치'가 홍길동과 동일인이라는 설은 처음에 오키나와 측에 의해 제시되었다. 홍가와라 洪家王가 홍길동이라는 것이다.

연세대 설성경 薛盛璟 교수는 각종 문헌 등에 나타난 행적을 통해 한국의 홍길동과 일본의 홍가와라가 동일인물이라고 주장한다. 홍길동은 1500년경 의금부에 체포됐다가 탈출해 2,000여 명의 무리를 이끌고 류구열도로 망명해 민권운동을 폈던 인물이라는 것이다. 동 대학 양권승 梁權承 교수도 '일본 학자들은 전반적으로 홍가와라와 홍길동이 같은 인물이라는 설을 부정해 왔으나 최근들어 동일인물로 인정하는 경향이 늘고 있다'고 전한다. 홍가와라의 족보와 그곳의 각종 무덤 양식 등을 볼 때 홍길동일 가능성이 높다는 주장이다. 홍길동과 홍가와라가 동일인물이라는 주장은 아직 추론에 불과하기 때문에 학계에서는 좀 더 정교한 물증을 확보하는 것이 중요한 과제이겠다.

홍길동 洪吉同

홍길동은 전남 장성에서 태어나 서남해안과 전라, 충청권, 특히 공주를 근거로 의적 활동을 하다가 체포됐던 실존 인물이다. 홍길동은 경상도에서 학조대사라는 스승을 만나 불교와 도학을 학습한 뒤 충청도 공주 무성산茂盛山 일원을 중심으로 반체제적인 구민救民, 활빈活貧 활동을 펼치게 된다.

1500년 지리산 근처 임실에서 관군에 붙잡히는데 그의 반정부 활동에 비추어 극형이 불가피했던 그에게 뜻밖에도 윤리, 도덕을 위반했을 경우의 강상죄綱常罪가 적용됐다. 극형을 면한 홍길동은 곧바로 일당과 함께 출국, 겨울 북풍을 타고 오키나와 열도의 최남단 하테루마섬波照間島에 처음 정착한 뒤 '아카하치赤蜂'라는 이름으로 이시가키섬石垣島, 구메섬久米島 등 여러 섬을 옮겨 다니며 의적 활동을 벌인 것으로 파악된다고 연구팀은 밝히고 있다.

아카하치가 홍길동이었다는 가설을 바탕으로 써진 장편소설이 강철근 경희대교수가 지은 『사람의 나라』다. 소설은 홍길동이 활빈당과 백성을 이끌고 류구왕국 인근에 있는 하테루마섬에 정착한 뒤 이시가키石垣섬에 율도국을 세운 뒤 구메섬을 점령하는 과정을 그렸다. 이 부분도 기존 학자들의 연구를 토대로 강교수가 상상력을 덧붙인 것이다. 강교수는 '하테루마 섬은 산호초가 많아 큰 배가 정박할 만한 곳이 아니었기 때문에 류구왕국의 위협을 피하기 위해 첫 정박지로 적당했을 것이라고 추측했으며, 이시가키섬에 정착했다고 설정한 것은 이 섬에서 조선 관련 유물과 유적이 많이 나오기 때문'이라고 설명했다. 강교수는 1년 반 동안 자료조사를 하고 오키나와를 방문해 관련 유적을 답사했다.

'오키나와에는 홍길동에 관한 수많은 유적과 유물이 남아 있습니다. 류구왕국의 역사를 기록한 책에 오야케 아카하치에 대한 내용이 나오죠. 이 부분과 조선왕조실록에 홍길동이라는 이름이 나오다 사라지는 부분을 대조해 보면 시기가 일치해요.'

구메 久米섬에는 구시카와 具志川 성터가 남아 있는데 강교수는 '얇은 돌을 기왓장처럼 포개는 오키나와 방식과 달리 자연석을 거칠게 다듬어 쌓은 방식이 홍길동의 마지막 근거지로 알려진 충남 공주시 무성산성과 흡사하다'고 설명한다. 이시가키섬의 야에야마 八重山 민속박물관에는 조선시대의 것과 흡사한 농기구도 많이 전시돼 있다. 홍길동 이야기는 여기서 접도록 하고 이리오모테 西表島섬에 대해 이야기 해 보기로 하자.

이리오모테 西表島 섬

우선 일본말로 서쪽의 '西'는 '니시'인데 '이리'라는 것은 이곳 지방말이라한다. 이리오모테섬 西表島은 맹그로브 mangrove 숲으로 유명하며 일본 최대 규모이다. 홍수림 紅樹林이라고도 하며 열대에서 아열대 지역의 하구 기수역의 염성 습지에 형성되는 삼림의 일종이다. 해표림 海漂林이라고도 한다.

유람선을 타고 나카마강 정글 크루즈를 나선다. 상류로 어느 정도 올라가다 강 바닥이 낮아지는 지점에서 작은 배로 갈아 탄다. 강변에 펼쳐지는 맹그로브 숲은 장관이다. 그해 여름 심한 태풍으로 쓰러진 커다란 고사목들이 분위기를 더해준다. 이 강을 배를 타고 상류 쪽으로 가서 울창한 맹그로브 숲을 넘어가면 안전한 은신처가 도처에 있을 듯하다. 다만 섬에는 말라리아가 극성을 부려 인구 유입이 적었다고 한다. 서표도에서 가장 높은 고미다케古美岳, 470m 정상에서는 서쪽으로 약 100km 떨어져 있는 요나구니섬与那国島이 보인다고 하니 이 근처 해상활동을 감시하는 최적의 전망대로 보인다. 요나구니섬에서 서쪽으로 100km만 더 가면 바로 대만이다.

제주도인「김비의」『류구국 표류기』

조선왕조실록 성종 10년1479년 기록에 제주도 표류인 김비의 등으로부터 류구국 풍속과 일본국 사정을 듣는 내용이 있다. 오키나와 요나구니섬에 표착한 후 어떤 경로로 조선까지 돌아왔는지 보기로 한다. 김비의 일행은 진상할 귤을 싣고 추자도로 가던 중 폭풍을 만나서 대만에 가까운 요나구니섬에 표류한다. 당시 류구왕국은 그들을 후하게 대해 주어 순풍이 불기를 기다려 이웃 섬으로 계속 이동하면서 조선까지 무사히 되돌려 보낸다.

김비의 일행이 근 2년 반의 시간 동안 거쳐 간 오키나와와 일본의 섬들과 체류기간은 다음과 같다. 요나구니섬與那國島 6개월, 이리오모테섬西表島 5개월, 다음에 하테루마섬波照間島으로 간다. 남쪽으로 떨어진 하테루마섬으로 간 이유는 이시가키섬이 아직 류구왕국의 지배하에 있지 않았기 때문이라고 한다. 그 사이 작은 섬들에서 4개월, 미야코섬宮古島 1개월, 마지막으로 류구국오키나와 본도, 沖繩本島에서 3개월을 체재한다.

류구국왕은 당시 전국시대의 와중에 내전 중인 일본을 거쳐 가면 무사 귀환을 보장할 수 없으므로 중국 강남을 경유해서 갈 것을 권유했지만 원거리라서 하카타 후쿠오카에서 온 일본 사람과 함께 큐슈 남쪽 가고시마薩摩藩, 사츠마번로 건너가게 된다. 류구국왕은 양식과 재물을 후하게 주고 병이 든 김비의에게 약주를 선사하고 일본인을 동행시켜 보살피게 해주었다. 오키나와 본도에서 사쓰마가고시마현까지는 4일 걸리는 항로였다. 사츠마번가고시마현, 나가사키長崎, 나가사키부터 하카타 후쿠오카까지 육로로 이동한 후 하카다博多에서 6개월 체재한다. 당시 일본은 각지의 제후들이 서로 싸우는 전국시대로 후쿠오카 지역을 지배했던 오오우치大內氏 세력이 선초 왜구倭寇의 배후 세력인 쇼니씨少貳氏 세력을 몰아내는 중이었다. 시가노섬志賀島, 이키壹岐 섬을 거쳐 대마도對馬, 쓰시마에 2개월 체류 후 마침내 염포鹽浦. 울산에 도착한다.

그리고 보니 지금으로부터 5백여 년 전에 조선사람이 머문 적이 있다는 섬들이다. 이 표류 기록은 두 가지를 시사하는데 하나는 홍길동이 이 섬에 왔다는 1500년도 이전에 조선사람이 왔었다는 것으로 홍길동 일행은 이 섬에 대한 지식을 가지고 있었을 수도 있었다는 점이다. 두 번째는 이시가키섬은 독립을 유지하다가 1500년이 되어서야 류구국에 편입되었다는 것이다.

조선사람「김비의」의 귀국 경로는 필자의 여행 경로와 반대 방향인 것도 재미있다.

유부섬 由布島

다음은 유부섬으로 향한다. 유부섬과 이리오모테섬은 간조 시에 사람이 걸어서 건널 정도로 해수위가 낮아진다. 이곳 섬 사이를 물소가 끄는 우마차가 다닌다. 우마차를 타고 천천히 건너는데 섬 사이 거리가 꽤 된다. 물소를 모는 할머니가 사미센三味線을 들고 노래를 부른다. 몇 번 들어본 시마우타島唄 라는 애조를 띤 노래다. 이 노래는 오키나와인들의 깊은 애환을 담고 있다. 유부섬에서 열대 정원도 구경하고 바닷가 카페에서 해풍을 맞으며 커피 한 잔에 한가한 시간을 보낸다. 돌아오는 바닷길에 성난 파도가 뱃전을 때리는데 살짝 공포심이 솟는다.

다케토미竹富島 섬

셋째 날은 다케토미섬 여행이다. 이 섬은 이시가키섬에서 배로 약 10분 정도의 거리에 있는데 섬의 중앙부에 있는 취락 전체가 나무와 붉은 기와로 만들어진 민가와 하얀 모래를 전면에 깐 길로 이루어져, 오키나와의 옛 모습을 유지하고 있다. 이곳 저곳의 민가에서 여행객들이 민박을 하는 모양이다. 물소 마차를 타고 마을을 한바퀴 도는 마을 투어도 있다. 여기서도 사미센이 빠지지 않는다.

마을의 돌담도 구스크라고 하는데 제주도의 돌담을 꼭 닮았다. 빨간 꽃 베니바나紅花 가 뒤덮힌 돌담길은 아름답다. 이곳에는 또 일본에서 가족과 휴가를 보내기 가장 좋다는 비치가 있다. 비치에는 별모래가 깔려있다. 모래알이 모서리가 다섯개 있는 별처럼 생겨 성사星砂 라고 하는데 실은 유공충의 잔해라고 한다. 섬의 한복판에는 끝없이 펼쳐진 사탕수수 밭 벌판을 가로지르는 「슈가로드」가 펼쳐져 있다. 아름다운 섬이다.

이시가키 섬으로 돌아와 박물관石垣市立八重山博物館 에 들린다. 옛날 농기구가 많이 전시되어 있는데 정말 우리 조선시대 농기구와 꼭 닮았다. 이것을 홍길동 일행이 가지고 온 농기구라고 추정하는 모양이다. 파트너도 홍길동 이야기를 모르고 있는 상태에서 조선시대 농기구와 닮았다고 몇 번을 얘기한다.

류구왕국 유적과 유물

박물관 학예관에게 물어 류구왕국시대의 유적을 두 군데 찾아 들린다. 한 곳은 미샤기온 美崎御嶽 인데 아카하치 赤蜂 의 난1500년 때 수리왕부 首里王府 가 파견한 병선이 나하항 那覇港 에 안착하도록 기원한 곳이라한다.

다른 한 곳은 아마온 天川御嶽 인데 아마는 이 일대의 지명으로 예전에는 아마발 天川原 이라 불렸다 한다. 발은 우리말 벌판의 벌과 같은 뜻이라고 한다. 온御嶽 은 사람들의 건강과 마을의 번영을 기원하는 성지 聖地 인데 민간신앙의 중심지였던 곳으로 보인다. 지금도 무언지 모르게 영험한 기운이 흐르는 것 같았다. 이시가키섬에는 이러한 온이 40여 개 존재한다. 이시가키 섬에 사는 사람들의 원류에 관해 연구할 때 자세히 살펴볼 값어치가 있는 유적들이다. 시골 냄새를 풍기는 소박한 서점에 들려 이시가키섬의 향토 역사책 몇 권을 사들고 호텔로 향한다.

1609년 봄에 슈리성을 점령한 사쓰마군은 열흘 간에 걸쳐 성안의 보물을 약탈하여 가고시마에 전리품으로 가져갔다. 1879년에 왕국을 폐지하고 오키나와현을 설치한 메이지 일본은 슈리성 안에 보관되어 있던 방대한 문서류를 접수하여 도쿄로 가져 갔으나 불행하게도 간토대지진으로 소실되어 버렸다. 왕국의 붕괴와 함께 생활에 어려움을 겪던 슈리의 구 귀족층들은 자기 집안에 전해져 내려오던 가보들을 헐값으로 팔았으며 그 유산은 일본 본토 시장에 흘러 들어갔다. 또한, 오키나와전에서 승리한 미군들은 소실을 모면한 문화재를 대량으로 오키나와에서 반출했다. 격동의 역사 속에서 왕국시대의 정수를 전해 주는 문화유산은 밖으로 유출되었다. 한 예로 류구 칠기공예가 낳은 나전칠기의 최고봉은 미국의 보스턴 미술관이 소장하고 있다.

나라가 연속성을 상실하면 역사나 문화유산은 지켜지기 힘들어진다. '사료는 악기와 같다고 생각하네. 우선, 그 악기를 연주할 만한 역량이 있어야 하지. 그리고, 연주자는 그 악기가 발휘할 수 있는 최고의 음악을 끌어내야 해'. 책 『류구왕국 琉球王國』의 저자 다카라 구라요시 高良倉吉 의 말이다. 한정된 사료로 역사를 연구해야 하는 우리에게도 적용되는 말 같다.

이번 여행을 통하여 오키나와와 한반도의 관계 및 이시가키섬과 인근 섬들의 지리적 특성을 파악할 수 있었다. 만약 소설이 써진다면 준 소현 의 근거지로 손색이 없는 곳이다. 여행을 마친다. 다음 여행지는 오키나와에서 가까운 필리핀의 마닐라다. 이웃 섬 대만에 대해서는 중국 하문 廈門 이야기에서 다루기로 한다.

이 책의 이해를 돕기 위해 지금까지 알고 있었던 왜구의 개념을 다시 이해할 필요가 있다. 한반도와 일본, 멀리는 동남아시아의 주변 바다에서 활동하던 해양의 세력을 「왜구」「전기 왜구」「중국 왜구」및 「후기 왜구」와 같이 구분하고자 한다.

왜구倭寇

우리에게 왜구란 일본제국주의와 함께 예민한 역사 감성을 건드리는 말이다. 왜구의 침입은 삼국시대부터 빈번하였으며 그 피해도 적지 않았지만 왜구倭寇가 가장 심했던 시기는 고려말, 조선초였다. 왜구는 '왜가 도둑질한다'는 뜻인데 고려말 이래 그들의 약탈 행위가 잦아지면서 왜인들의 해적 행위를 표현하는 명사가 되었다. 초기 왜구는 일본 규슈九州 일대의 일본인들로서 주요 근거지는 쓰시마對馬, 마쓰우라松浦, 이키壹岐 등의 지역이었다.

고려 때의 기록에서 왜구는 두 시기에 발생하였다. 1223년에 왜구가 침입했다는 기록이 첫 번째 침입이다. 몽골이 일본을 침공하기 전인 1265년까지 왜구는 11회 고려를 침입한 기록이 있는데, 이들 소규모의 초기 왜구를 '13세기 왜구'라고도 한다.

전기 왜구_{前期 倭寇}

고려시대에 왜구가 본격적으로 침입하기 시작한 것은 1350년부터였다. 이들을 전기 왜구라고 부르는데 동해, 서해, 남해의 연안뿐만 아니라 내륙까지 침범하였다. 우왕_{재위 1374-1388년} 때는 378회의 침입을 받았다. 침입해온 왜구의 규모와 빈도 그리고 침입한 지역과 침입하는 양식 등에 있어서 '13세기 왜구'와 차이가 크다.

이 책에서는 김성호씨의 가설에 따라 이 시기에 고려와 조선의 해안과 내륙을 침략한 왜구들이 단순히 마쓰우라_{松浦} 왜구와 같은 소규모 일본 왜구가 아니라 중국 대륙에 명나라_{1368년}가 들어서면서 명과 세력다툼을 하던 해안세력인 방장_{방국진, 장사성}세력의 잔당이 집단으로 본토를 탈출하면서 일어난 사건으로 소개한다. 그리고 이 해안세력의 뿌리가 중국 대륙에 남겨진 대륙백제의 후예들과 고구려 유민, 그리고 그들을 이어받은 신라인과 중국인들이라는 가정을 따라간다.

중국 왜구_{해적}

중국에도 오랫동안 해적이 있었다. 중국사에는 서기 109년 후한시대에 해적 장백로_{張伯路} 등이 붉은 두건에 붉은 옷_{紅衣}를 입고 해변을 휩쓸었다고 했고, 「삼국지 오지_{吳志}」에도 해적 기록이 나온다. 본격적으로 해적이 등장하는 시기는 몽골지배 시기부터였다. 원나라 쿠빌리아

재위 때에 해적 하문달賀文達에 관한 기록이 보인다.

원元 왕조는 1292~1293년 사이에 수군 2만~3만 명을 이끌고 인도네시아 자바섬을 공격했다가 실패했는데, 그 이후 수군들이 푸젠福建, 광동廣東 일대에 뿔뿔히 흩어졌다. 이들중 일부가 원 말기에 지방에 대한 통제력이 약화된 틈을 타서 해적이 되었다. 해적들은 작은 정크선을 이용해 바다와 강을 누비며 약탈행위를 했다. 그들은 주로 강어귀에 요새를 만들었으며 전투를 위해 보병도 모집했다. 이런 해적들을 규합해 반원反元 운동을 일으킨 해상세력이 강소江蘇 출신의 장사성張士誠과 절강折江 출신의 방국진方國珍이었다.

장사성은 대운하를 점거해 식량운반을 차단시켰고, 방국진은 절강성 연근해를 근거지로 조세 징수선을 탈취했다. 이때 원 왕조는 주원장朱元璋 등 내륙에서 봉기한 반란군을 진압하는데 주력했기 때문에 바다의 반란군을 제어할 여력이 없었다.

장사성은 소금을 운반하던 뱃사람 출신이었다. 관리들의 압박을 견디지 못하고 1353년에 동생들과 소금장사치들을 규합해 원나라에 맞서 거병했다. 그의 군대는 곧 양쯔강의 주요 거점들을 차지했다. 이듬해 대주大周라는 나라를 참칭하고, 스스로 왕위에 올랐다. 원나라는 고려군까지 모아 80만 명의 대군으로 진압에 나섰지만, 장사성 일파의 완강한 저항을 무너뜨리지 못하고 퇴각했다. 그러다가 사태가 위험하자 1358년에 원나라에 투항해 태위太尉의 자리를 얻어 해상군벌로 남았다. 그는 병사 수십만을 거느리고, 군량 10만석을 원의 수도 대도

大都, 베이징까지 운반하기도 했다. 그러다가 1363년엔 다시 스스로 오왕吳 王이라 칭하고 원나라에 맞섰다. 「삼국지연의」의 저자 나관중도 장사성 밑에서 일했다고 한다.

장사성은 주원장의 세력과는 교전을 피하면서 고기잡이와 소금의 이익을 통해 교역하며 경제적 이익을 챙겼다. 그는 고려에도 여러 차례 사신을 보내 공물을 바치기도 했다. 1366년 주원장이 중원의 패권을 차지하면서 장사성을 공격했고, 이듬해 포로로 잡혀 효수되었다.

방국진도 몽골에 저항한 해적이었다. 그도 소금장사로 해운업을 운영하다가 1318년에 해적 활동에 나섰다. 힘이 강할 때는 원나라를 공격하기도 했지만, 힘이 약할 때에는 귀순하는 등 시류의 흐름에 빠른 변신을 했다. 귀순과 저항을 반복하다가 원에서 벼슬을 받았다. 마지막에는 명의 주원장에게도 저항과 귀순을 되풀이하다가 1367년에 명의 공격으로 항복했다.

장사성과 방국진의 부하들 중에는 물길에 익숙하고 해전에 단련된 어부 출신들이 많았다. 원 왕조는 대운하의 통행을 유지해야 세수를 확보할 수 있었기 때문에 두 해적의 투항에 공을 들였다. 거액의 포상금과 높은 관직을 내걸었다. 둘은 형세가 불리하면 귀순하고, 유리하면 다시 일어나 옛 거점을 차지하며 세력을 키워 나갔다. 장사성은 전성기에 지배영역이 2,000리나 되었다고 한다.

주원장이 중국의 패자가 되면서 두 해양세력은 차례차례 패망했다. 하지만 잔당들은 바다로 도망쳐 수시로 출몰하는 해적이 되었다. 이들은 일부 일본 왜구倭寇와도 손을 잡았다.

후기 왜구後期倭寇

후기 왜구 구성원의 대부분은 밀무역을 하는 중국인들이었다고 한다. 명사明史 일본전日本傳에서는 왜구들 중 중국인이 7할, 일본인은 3할 정도였다고 한다. 어떤 기록에는 일본인이 2할이었고 나머지 1할은 외국인으로 조선인도 있었다고 한다. 관리들의 악정으로 해안가 백성들은 왜구를 따르는 현상이 빚어졌다. 복건, 강소, 절강, 광동성 해안의 주민들은 왜구밀무역업자, 해적들과 통상하도록 길을 안내하고, 그러다 들키면 도적이 되었다. 조정이 색출해 죽이려 해도, 죽음을 두려워하지 않고 생겨나는 것이 해적이었다.

왜구 격퇴에 앞장선 명나라 관리 담륜譚綸은 '민閩, 푸젠 사람은 해변에 거주해 바다로 나가지 않으면 먹을 것을 얻을 수 없었다. 외국과의 교류가 엄격하게 금지된 이후 물고기 장사가 막혔기 때문에 백성들은 가난해지고 도적이 더욱 일어났다'고 기록했다. 이 시기 명나라는 해금 정책海禁)을 실시하며 사무역을 계속 제한했기에, 밀무역에 나서고자 하는 중국인들이 일본인의 모습을 흉내내고 절강성, 복건성福建省을 거점으로 왜구 노릇을 했는데 이들을 가왜假倭라고도 불렀다.

그들 중 지도자가 생겼으니, 오봉선주五峰船主 왕직王直이었다. 그는 중국의 주산군도에 본부를 만들고 일본의 오도열도를 거쳐 히라도에 일본 본부를 세운다.

왕직은 중국 대륙을 공격하여 명나라 관군을 패퇴시키기까지 한다. 상황이 이렇게 되자 명나라는 중국계 왜구 두목 왕직을 회유한 뒤 처형했다. 지도자를 잃자 왜구 세력이 약화되었고, 뒤이어 척계광戚繼光이 왜구 토벌에 성공하면서 후기 왜구의 세력은 약화되었다.

정지룡과 정성공

1644년 명이 멸망하고 청조가 들어서면서 중국 대륙에는 또 한차례의 풍파가 몰아친다. 이즈음에 동중국해에서 활약하고 있던 해상세력해적이 정지룡이고 그의 아들이 남명장권을 세워 명을 부활시키려던 정성공이다.

　1644년 이자성의 난으로 명이 멸망하고 청의 공격이 거세지자 아버지와 함께 당왕唐王 주율건朱聿鍵을 남명의 2대 황제인 융무제隆武帝로 옹립하여 청에 대항하였고, 1647년에 아버지 정지룡이 청나라에 항복한 후에는 아버지의 세력을 이어받아 하문 인근으로 본거지를 옮기게 된다. 후에 무역을 통하여 군비를 충당하는 한편 해징공의 벼슬과 절강, 복건, 광동 3성의 도독을 하사하겠다는 청나라의 회유를 거부하고 맹공을 퍼부어 1659년에는 장강을 거슬러 올라가서 진강을 비롯한 강남 여러 거점을 점령한 다음에 명나라의 고도 남경南京까지 진격하여 포위한다.

　당시 정성공은 동아시아에서 가장 강대한 해군력을 보유했다. 그는 제해권을 이용해 상업루트를 관리하며 자신의 왕국을 건립했다. 그는 동서양을 연결하는 무역네트워크에서 거액의 이윤을 거둬들여 군대를 부양하고 무기를 구매했다. 이듬해에는 샤먼 전투를 지휘해 청조의 수군에 막대한 타격을 입힌다. 그러자 청조는 산동에서 광동에 이르는 연해주민을 내해로 강제 이주시켜 정씨 군대에 연해 주민들과 보급 또는 통상을 할 수 없도록 한다. 육상기지를 상실하자 정성공의 네트워크는 곧 기반을 잃었다. 정성공은 진강을 비롯한 주요 점령지를 모두 버리고 복건성 해안가의 근거지 금문도로 밀려나게 되었다.

정성공은 청나라의 해안 봉쇄에 극심한 식량 부족에 시달렸고 부흥을 위한 근거지로 네덜란드가 지배하던 대만 섬을 노렸다. 1661년 대만 섬의 타이난을 공격하여 네덜란드 동인도회사의 지원군도 격파하고 네덜란드의 지배 하에 있었던 원주민들과 같이 네덜란드 세력들을 몰아내고 대만 남서부를 차지해 그곳을 근거지로 삼아 정씨 왕국을 세운다.

강희제는 이에 맞서 해안의 5개 성 백성들을 해안에서 20km 떨어진 내륙으로 옮기고 그 이상 넘어서 바닷가 가까이로 가는 사람들은 무조건 처형한다는 천계령遷界令을 내려 대응하였다. 이때쯤에는 이미 서양세력의 아시아 진출이 본격화되어 포르투칼, 스페인, 네델란드 및 영국 세력이 동아시아의 바다에 나타난다. 그러나 당시까지만 하더라도 서양세력은 동아시아의 해양세력해적에 비해 약세를 면치못했다.

화교

명나라가 들어서면서 중국 대륙을 떠나 해외로 이주하는 사람들이 생겨나고 청조가 들어서면서 또 한차례 대규모 해외 이주가 일어나는데 이들이 화교다. 화교의 뿌리도 우리민족과 연결되어 있을지 모른다는 김성호씨의 가설을 증명해보려 노력하였다.

대륙백제인, 신라인, 그들의 후예들, 중국의 해안세력방장집단, 해적, 왜구와 화교 사이의 관계를 풀어 보았다. 참고로 중국의 4대 해적으로는 방국진方國珍, 왕직王直, 정지룡鄭芝龍과 장보자張保仔 다. 이 책에서 소개되지 않는 장보자는 1800년대 초기에 홍콩을 근거로한 해적으로 영화「캐리비안의 해적세계의 끝」에 나오는 주윤발이 분장한 중국계 해적의 원형이다.

Ⅱ

동남아시아

마닐라

　　　　　비행기가 제주도 상공을 지나 대만섬 위를 날더니 어느덧 필리핀 북쪽 섬인 루손을 사선으로 남행한다. 바다가 보이나 싶더니 아래로 야자수가 보이는 활주로로 내려간다. 마닐라 공항이다. 공항에서 나오자 열대 과일의 향긋한 냄새가 진동한다. 필자가 제법 젊었을 때의 이야기다. 그로부터 첫 해외 생활이 시작 되었다. 1986년 마르코스가 해외 망명길에 오를 때까지 4년 여간 마닐라를 십여 차례 방문하였고 그 체류기간도 6개월 정도가 된다. 그만큼 마닐라와 필리핀에 대한 애정도 깊어져 고향 도시와 서울 다음으로 잘 아는 도시가 마닐라라고 얘기하고 다녔다.

　　당시 처음 보는 마닐라 중심가인 메트로 마닐라 마카티 영어 약자로 MMM이라 불렀다 는 경이로웠다. 그 당시 마닐라는 서울 중심가 보다 높은 고층 빌딩들이 들어서 있고 서울에는 없는 해외 명품브랜드들이 흔한 국제도시였다. 열대 과일은 또 어떤가? 백화점과 슈퍼에 즐비하게 진열되어 있는 보도 듣도 못한 과일들, 값은 왜 이리 싼지. 호텔에서는 일주일에 몇 차례씩 객실에 과일을 넣어 주는데 망고가 비위에 맞지 않아 옆 방에 묵던 외국인 동료와 바나나로 바꾸어 먹었는데 그 친구가 좋아하던 것을 이해하지 못했다. 처음하는 해외 생활이라 현지 음식이 맞지 않아 거의 매일 마카티 지역에 있던 두 개의 한국음식점을 번갈아다니며 점심과 저녁을 해결했는데 매일 가기는 싫어서 다른 음식을 기웃거리다가 처음으로 광동식 중국요리와 푸짐한 일본 라면도 알게 되었다.

여기서 지내면서 알게 된 것이 세 가지 있다. 첫 번째는 국제 금융기관에서 근무하는 동남아시아 친구들의 대부분이 중국계라는 것이었다. 중국계는 재력도 뒷받침되지만 교육열이 높아 자녀들을 해외로 유학보낸 덕분에 국제적인 금융기관에서 근무하게 된 것이다. 필리핀을 비롯하여 홍콩, 대만, 태국, 말레이지아, 싱가포르, 인도네시아 친구들은 모두 크리스천식 영어 이름이 있지만, 성은 대부분 중국성이고 거의 모두 중국식 한자 이름을 가지고 있었다. 다들 외국인이라는 생각이 들지 않고 친근감을 느꼈는데 그 때 이들의 선조가 한반도와 관련이 있고 중국에서 핍박을 피해 탈출하여 화교가 되어 동남아시아로 퍼졌다가 다시 필자와 만난 것일 수도 있겠다는 생각은 전혀 하지 못했다. 참고로 필리핀내 화교와 혼혈인 메스티소 mestizo 의 비율은 전체 인구의 10%이다.

두 번째는 역사교육이 중시되지 않는다는 사실이었다. 필리핀 국립대를 졸업한 친구의 말에 의하면 자기들에게는 역사교과서라는 것이 없다고 한다. 지금은 우리나라도 역사교육의 중요성이 줄어들어 크게 놀랄 일도 아니지만, 당시 필자에게는 커다란 충격이었다. 스페인 통치에서 독립하였지만 스페인 문화의 영향이 그대로 남아 있고 당시까지 미국 식민지시대의 영향도 역시 깊이 남아 있어서 배운 사람들 사이에서는 영어의 사용이 보편적이고 대학에서는 영어로 강의가 이루어지고 있었다. 수빅 해군기지와 클라크 공군기지가 아무런 국민적 저항도 받지 않은채 필리핀 내에 존재하던 시절이다. 우리는 당시만해도 민족의 주체성과 역사의식을 강조했던데 반해 필리핀은 그런 의식이 희박한 것 같았다. 특이한 것은 스페인식 영어 발음이었는데 택시가 '딱시', 현금을 캐쉬가 아니라 '까시'라고 발음하는 것이다.

세 번째가 필리핀의 높은 가톨릭 비율이다. 가톨릭 신자가 전 인구의 83%를 차지하며 거기에 더해 개신교도 9%인 기독교 국가란 점이다. 가톨릭의 비율이 스페인의 76%보다 높다. 여기에서 필리핀인들과 지내본 후 그 누군가가 한탄했다는 말을 실감한 적이 있다. '이 착한 사람들이 왜 이리 가난할까?'

필리핀의 중세 역사

1521년 마젤란이 필리핀제도 동쪽에 있는 호몬혼섬에 도착했을 때 그는 당시 금과 천연 광석, 기름진 땅과 기후 등 이 섬이 지닌 가치에 대해 잘 모르고 있었다. 필리핀 사람들은 사교적이고 명랑하며 친절하고 낙천적이고 섬을 방문하는 사람들을 환영하였다. 스페인 정복자들은 이 섬의 원주민들이 중국, 아랍 그리고 다른 이슬람 국가들과 무역관계를 맺고 있다는 걸 알게 되었다. 전략적으로 중요한 곳에 위치한 이 섬의 잠재력을 깨달은 스페인 사람들은 1571년 세부 북쪽의 루손섬 중앙에 위치한 마닐라에 식민정부를 세우고 이때부터 근 333년 동안 이 섬을 통치하고 해상무역을 장악했다.

마젤란은 강력한 무기를 앞세워 필리핀 토착민의 중요 인물들을 겁박하여 스페인 왕에 복속하도록 강요하면서 조공과 기독교로 개종할 것을 요구하였다. 세부섬의 왕이었던 '후마본'은 처음으로 기독교로 개종한 필리핀인으로 알려졌다. 그러나 이슬람의 문화가 강하던 필리핀 남부의 부족장 '라푸라푸'는 이를 거절했다. 마젤란은 격노하여 1521년 라푸라푸와 그 부족을 토벌하기 위해 막탄섬에 군대를 파견했다. 그러나 마젤란은 이 전투에서 전사한다. 몇 년 전 가족들과 여행차 세부를 방문했을 때 마젤란이 전투를 벌였던 세부 막탄섬의 잔잔한 해변과 그 옆에 조성된 라푸라푸 동상이 있는 공원을 방문한 적이 있다.

그 후 수십 년 동안 스페인 본국은 여러 탐사대를 필리핀 제도에 파견하였다. 세부섬에 식민지기지를 건설하고 식민지화가 추진된 때는 1565년이었으며 1571년에 스페인은 스페인령 동인도의 수도로 마닐라에 요새를 건설하기 시작하였다.

계절풍을 이용하여 필리핀에서 거꾸로 태평양을 가로질러 멕시코로 향하는 항로의 발견으로 무역이 시작된다. 스페인은 당초 향신료가 생산되는 곳을 찾아 필리핀을 정복했지만, 필리핀에서 예상한 향료는 발견되지 않았기 때문에 교역 중계지로 취급하게 되었다. 1573년 처음으로 중국 교역품을 멕시코까지 수출하는 갤리온 복층 범선 무역을 시작하였다. 갤리온 무역은 계절풍을 이용하여 1년에 1척의 갤리온선이 마닐라에서 멕시코까지 태평양을 횡단했고 멕시코 서안에서 산을 넘어

카리브해 연안까지 중계를 하여 아시아 물품을 유럽까지 보냈다. 갤리온 무역에서 스페인의 결재는 멕시코 실버가 사용되었다. 중국에서 필리핀으로 비단과 도자기 등을 싸게 들여오고 대금으로 금 제품과 스페인 은화 등이 지급되었다.

일본, 중국, 네덜란드와의 관계

　　　　　　　　　　　임진왜란을 일으킨 해인 1592년, 도요토미 히데요시에 의한 주인선 朱印船 무역을 통해 일본은 스페인 상인을 상대로 무역을 시작하였다. 1592년은 임진왜란이 일어난 해인데 어떻게 일본은 해외에 무역선까지 파견할 수 있었을까? 당시 주인선을 운영하여 무역에 종사한 해인들이 일본인이 아니고 중국에서 탈출하여 일본에 정착한 당인 唐人, 즉 백제 유민의 후예였다는 가설이 있다. 이 가설에 따르면 명조의 해금정책으로 한반도로 도피한 사람들은 왜구, 일본열도로 도피한 사람들은 당인 唐人, 동남아시아로 도피한 사람들은 화교인 셈이다.

　　참고로 일본어로는 '당 唐'도 '한 韓'도 발음은 같은 '카라'이다. 무역에 종사하는 많은 일본인들은 동남아로 옮겨 각지에서 일본인 정확히 표현하면 일본 당인, 즉 중국에 살던 백제, 신라유민중 일본열도로 도피해 정착했던 사람들 마을을 형성하였고, 필리핀 마닐라 등에도 일본인 마을이 만들어졌다. 1570년에 20명 정도였던 일본인 거주자도 17세기에는 1,500명, 전성기에는 3,000명이 되었다. 그러나 1633년부터 순차적으로 시행된 일본의 쇄국령으로 이러한 도시는 쇠퇴했다. 마닐라를 통한 선교사의 파견과 마닐라와 오키나와와의 밀무역을 견제하고자 에도막부는 네덜란드 배를 임차하여 마닐라의 스페인 정벌 계획을 세우나 1637년 발생한 시마바라 기독교도 반란으로 계획을 중단한다.

세월이 흘러 일본제국주의는 1942년 1월 마닐라를 점령하여 1945년까지 지배한다. 나이든 필리핀인들은 한국인을 무서워하는데 당시 일본군들이 저지른 만행을 한국인에게 전가한 탓으로 보인다.

갤리온 무역의 진전에 따라 중국인이 중국 남부 연안에서 마닐라로 이주했고, 중국인 중국에 살고 있던 백제, 신라의 후예들은 갤리온 무역과 필리핀 식민지 경영에 있어서 결정적으로 중요한 역할을 했다. 1637년에 중국인 인구는 약 2만 명에 달했다. 중국인은 현지 여성과 통혼하고 메스티소 혼혈라는 사회 계층을 만들며 필리핀 사회에 동화되었다.

스페인은 필리핀 식민지화 과정에서 필리핀 전역을 식민지화 하지는 못했다. 특히 남부 민다나오의 이슬람 세력과는 항쟁이 계속되었다. 스페인은 필리핀 남쪽의 칼리만탄 동부, 슬라웨시 북부와 향료제도인 물라카 제도를 공격하지만 한번도 성공하지 못했다. 마찬가지로 네덜란드 연합 동인도회사에 의한 필리핀 공격도 1610년과 1660년에 간헐적으로 이루어졌으나 성공하지 못했다. 참고로 1644년 시작된 소현의 시대가 이즈음이다.

인트라무로스 Intramuros

마닐라에서 스페인의 유적이 집중적으로 남아 있는 곳이 마닐라항 근처의 월드씨티라 불리는 「인트라무로스」인데 마닐라 중심부를 흐르는 파시그강 Pasig River 의 남쪽 제방을 따라 16

세기 말 스페인 정복자들에 의해 세워졌다. 성벽 길이는 약 4.5km, 내부 면적은 약 19만4천평으로 외부의 공격으로부터 자신들을 보호하기 위한 것이었다. 거주지, 교회, 학교, 정부청사가 있었고 외부인의 출입을 철저히 통제하였다. 인트라무로스는 마닐라 중심 도로인 로하스 거리 Roxas Boulevard 를 따라 북쪽으로 올라간 곳에 위치해 있다. 인트라무로스 안에는 산티아고 요새를 비롯해 마닐라 대성당, 성 어거스틴 교회, 까사 마닐라 박물관 등이 있다. 기적의 성당으로 불리는 「성 어거스틴 성당」과 「마닐라 대성당」의 위용은 세계 어디에 내놓아도 손색이 없을 정도다. 성 어거스틴 성당은 필리핀에서 가장 오래된 성당으로 스페인 풍으로 설계된 최초의 유럽식 석조건물로 1607년에 완성되었다.

중국해적 임봉 林鳳 , Limahong

스페인이 마닐라에 인트라무로스를 건설하기 시작한 것은 1571년이다. 그러나 광동 출신의 해적 임봉 林鳳 , 영어로 Limahong 이 루손 근처에서 스페인 해군과 전투를 벌인 후 마닐라를 공격하는 1574년 바람에 성의 건설은 지연되어 1590년이 되어서야 건축이 재개되었다.

1573년 3,000명의 중국 해적은 루손섬으로 건너간다. 이들은 이곳으로 피난하여 자신들의 왕국을 세우고자 스페인과 전쟁을 시작한다. 그 당시 명나라는 해적을 소탕하기 위하여 40,000명의 군사와 135척의 배를 징집한 때이다. 임봉은 마닐라를 공격하다 실패하자 중국으로 향하는 무역선 두 척을 납치했다. 포로가 된 무역선의 선원들로부터 마닐라의 방어에 허점이 있다는 정보를 얻었고 또 명나라가 이웃

나라에 쳐들어가면서까지 전쟁할 의사가 없다는 것을 알게 되었다. 마닐라를 장악하면 명의 간섭을 받지않는 자신의 해상왕국을 건설할 수 있을 것이라는 계획으로 공격을 감행하지만 역시 성공하지 못하고 차선책으로 마닐라 북부에 기반을 잡고 세력을 형성하게 된다.

필리핀의 중국인 화교와 대학살사건

16~17세기, 마닐라에 화교 공동체가 형성되었다. 이곳의 역사는 아시아의 바다에서 중국의 화교 및 해적 세력과 스페인 세력이 어떻게 각축을 벌였는지 보여주고 있다. 스페인은 이곳을 거점으로 중국과 교역하기 위해 중국인 상인과 선박의 도움이 필요했으므로 적극적으로 중국인들을 마닐라로 불러들였다. 중앙 정부의 눈을 피해 해외 교역을 하려고 했던 중국 연안 지역 주민들의 이해와 맞아 떨어져서 30년 정도의 짧은 기간 안에 마닐라에는 수많은 중국인들이 유입되어 당시 가장 큰 화교 공동체가 형성되었다. 그러나 중국명 은 이와 같은 자국민 현대적 개념에 의한 의 해외 거류에 대해 전혀 관심을 두지 않았다.

중국 정부가 화교에 대해 어떤 태도를 취했는지는 중국 왜구에 대한 정책을 보면 알 수 있다. 1570년대 들어서 중국에서 왜구 해구, 해적 의 피해가 극심해졌고, 이 중 일부 왜구들은 마닐라 정복을 시도했다. 가장 유명한 수괴가 앞에 나왔던 임봉 리마홍 또는 린펑, 林鳳 이다. 이런 상황에서 중국 관리들이 마닐라를 방문하여 스페인과 해적에 대한 대응 문제를 논의한 적이 있다. 이때 중국 쪽은 오직 해적 진압을 위한 공조만 논의할 뿐 화교 문제에 대해서는 전혀 관심을 두지 않았다 해적과 화교를 동일

파시그 강

산티아고 요새

인트라무로스

산어거스틴성당

마닐라 만

마닐라

필리핀

인트라무로스 지도

시 한 것으로 생각된다. 오히려 해외 거주 중국인들이 급증하고 있으므로 스페인이 자신의 구역 내에서 중국인들을 잘 통제·관리할 것을 부탁하였고, 중국 상인들을 이용해서 중국과 필리핀 사이 혹은 필리핀과 다른 동남아시아 지역 사이의 교역에서 어떤 방식으로 수익을 올리더라도 관여치 않겠다는 메시지를 전하였다. 이렇게 자국 정부의 보호를 전혀 기대할 수 없는 상황에서 외국에 거류하는 화교들은 자연히 본국과의 관계가 멀어졌고 그 결과 때로 큰 위험에 몰리게 된다. 중국의 입장에서 해적과 화교는 보호해야할 대상이 아니라 축출해야할 대상이었으므로 '자국민 취급을 하지않고 이민족으로 취급'한 것이다. 환중국해의 백제 또는 한반도를 원류로 하는 해외유민에 초점을 두고 있는 필자의 입장에서는 눈이 번쩍 떠지는 사실이다.

1580년대 이후 중국과의 견직물 교역이 크게 증가하면서 필리핀 거주 중국인 수도 크게 늘었다. 1600년 경에는 중국과 마닐라 사이를 오가는 선박 수가 30척이 넘게 되었으며, 마닐라가 있는 루손섬에 거류하는 중국인 수가 2만5천명을 상회하였다. 중국인의 세가 과도하게 커지자 스페인인들과 갈등이 일어나게 된다. 결국 1603년에 이 지역에 있는 중국인 대부분이 학살되는 비극적 사건이 발생한다. 화교 2만5천명 중에 500명 정도가 살아남고 500명이 중국으로 돌아갔을 뿐 거의 전원이 살해당한 것이다.

이 사건 이후에도 복건성 푸젠성 주민들이 다시 필리핀으로 향했다. 죽음을 무릅쓴 사지로의 이주였으니 당시 중국내에서의 처지가 얼마나 각박하고 위험했는지를 암시한다. 중국 상선이 도착하고 현지에 정착하는 중국인들도 늘어서 20년이 채 안 되는 기간에 화교 수는 다시 3

만 명이 되었다. 그리고는 다시 같은 일 스페인에 의한 화교 학살 이 반복되었다. 여전히 본국 정부는 무관심했고, 화교들은 스페인인들의 관리와 통제를 받아들여야 했다. 양쪽 간 갈등이 폭발하여 1639년에 필리핀에 거주하는 중국인 약 2만 명이 학살되는 사건이 다시 발생했다.

중국 정부는 필리핀에서 중국인들이 두 번 연속 대학살을 당하게 되어도 해외 거주 화교들을 방치하였다. 오히려 자신들의 문제를 알아서 해결해 주는 스페인이 고마웠을지도 모를일이다. 중국의 전형적인 이이제이 夷夷制夷 의 한 예라 볼 수 있다. 명나라는 실제로 해민들을 오랑캐의 하나인 왜이 倭夷 로 불렀다. 이런 상황에서 해외에 거주하는 중국인들은 유럽 출신 상인, 사제, 군인들과 경쟁이 되지 못했다. 왕권의 강력한 후원을 받는 스페인인들, 국가와 자본의 긴밀한 결합을 통해 조직적인 활동을 펼치는 네덜란드와 영국의 동인도회사 앞에서 중국 상인들은 다만 위험에 대처하기 위해 개인적인 경계심과 노하우로 버텨야 했다. 친척 간의 협력이라든지 화교 자치체의 보호망 정도로는 거대한 근대 자본주의 세계에서 제기되는 위험에 대처할 수 없었고, 광범위한 해역을 포괄하는 상업 네트워크를 구축하기는 더욱 힘들었다. 중국 상인들 중 일부가 큰 돈을 만지기는 했지만 그들이 주도적으로 근대적인 체제를 운용하기보다는 다른 나라가 만든 체제에 참여하는 수밖에 없었다.

정성공의 필리핀 정벌계획

명청교체기의 혼란 속에서 대두한 정지룡이라는 복건 해적의 아들인 정성공 鄭成功 이 청조에 대항하였던 것은 앞의 히라도 이야기에서 소개하였다. 그 과정에서 정성공은 활동 근거지를 마련하기 위하여 당시 네덜란드 식민통치 하에 놓여있었던 대만을 공격하여 함락시키고 네덜란드 세력을 축출1661년 해 대만에 정성공의 정씨왕국을 수립하였다.

대만에 근거지를 세운 정성공은 다음으로 대만 건너편에 있었던 필리핀을 주시하게 된다. 이미 정성공과 스페인 통치 하의 필리핀은 대만 공략 이전부터 이미 교역관계를 맺고 있었으나 정성공은 이탈리아 출신 선교사를 사신으로 파견해 마닐라 총독에게 중국과의 무역거래세 납부를 요구1662년 하였으며 또한 스페인의 압제 하에 있었던 화교들을 비밀리에 규합하여 필리핀 경략을 모색하였다. 이들의 내통을 우려한 스페인 식민당국이 재차 화교학살을 감행하고 이에 격분한 정성공이 본격적으로 필리핀 정벌에 착수하여 스페인 세력을 축출해버리려 함으로써 두 세력은 정면으로 충돌할 국면에 처하게 된다. 그러나 그 직전 정성공의 사망1662년 으로 필리핀 정벌은 무산되었다.

정성공 사후 대만에서는 필리핀을 정벌하여 그 강역을 확대시키자는 영토확장론이 두 차례 부상하게 되나1672년과 1683년 실현되지 못한다. 결국 필리핀 정벌 포기는 필리핀을 중국문명권이 아니라 스페인의 서구문명권에 귀속시킴으로써 필리핀 역사 전체를 좌우하였던 것이다.

'화교'에 관한 김성호씨의 글을 아래에 인용한다. 역사는 해석이 더 중요하다는 말을 염두에 두고 그 진위여부는 좀 더 숙고해 보기로 하기로 한다.

재중 백제 유민들은 명나라 성립 이전부터 청나라 초기까지 약 삼백년 1350~1650년간 해금정책에 대항하여 싸우다가 대부분 고려, 조선, 일본, 필리핀, 대만, 인도차이나 반도 등으로 흩어지게 되었다. 우리가 흔히 '화교'로 알고 있는 이들은 대부분 백제유민들의 후손이었다. '주산군도'를 중심으로 동아시아의 바다를 지배했던 이 해상세력들은 동남아로 흩어지면서 다시 무역을 독점하고 경제력을 쌓았다. 아래 사실은 화교의 뿌리를 암시해 준다. 등소평 집권기에「해외화교자본 유치 정책 1978년~」에 따라 화교들이 중국에 들어와 가장 먼저 한 일이 '주산군도와 광서성 장족 자치지구'에 남아있는 백제인들의 옛 절들을 복원하고 제사를 지내는 것이었다. 소현의 이야기에서는 이들과의 동족적 유대관계를 소설 전개의 모멘텀으로 삼아 부각시키고 싶다는 구상을 하고 있다.

필리핀은 태풍이 발생하는 곳이다. 그 위력은 대단해서 우산은 전혀 통하지 않는다. 과장해서 말하면 비가 위에서 아래로 내리는게 아니라 수평으로 뿌린다. 시내 대부분이 침수하는 것은 말할 필요도 없다. 관공서, 학교, 은행은 즉시 문을 닫는다. 빨리 귀가해야 되기 때문이다. 우기에는 스콜이 내리는데 대낮에 갑자기 하늘이 깜깜해지면 공포감조차 든다.

또한 빈부의 격차가 심해서 부자들은 경비가 삼엄한 고급 주택단지 안의 넓은 주택이나 시내의 고층 콘도미니엄에서 여러 명의 사람을 부리며 산다. 시내에 있는 백화점이나 고급 호텔들은 화려하다. 인터콘티넨탈, 맨더린, 페닌슐라 등 고급 호텔 체인이 다 들어와 있다.

스페인은 식민정책의 일환으로 남자들의 교육을 통제하여 여자들이 똑똑하고 남자들은 무능해도 흉이 아니다. 미국의 식민정책1898~1946년은 사람들을 노는데 길들여 들은 이야기 스포츠와 노래에 있어서 수준이 대단하다. 80년대 초에는 택시를 타고 운전기사가 필자가 한국인인 걸 알아보면 의례 필리핀에서도 유명했던 당시 농구선수 신동파선수 이야기를 먼저 꺼내곤 했다. 웬만한 음식점, 바, 호텔에는 자체 밴드나 가수들이 있는데 영어 노래의 발음도 좋고 감성도 뛰어나다. 지금도 인뗄콘 Intercontinental 호텔의 「Night & Shadow」 밴드가 부르던 「New York, New York」이나 페닌슐라 호텔 로비 2층에서 여자 가수가 열창하던 「Don't Cry For Me Argentina」가 그리워 질 때가 있다.

필리핀은 휴양지로서도 매력적인 나라이다. 여기에 우리와 선조가 같을지도 모르는 사람들의 이야기가 있으니 그리 먼 나라가 아닐 수도 있다. 1801년, 필리핀에 표류했던 신안의 홍어 장수 문순득에 관한 이야기가 『표해록』이라는 기록으로 남아 있다.

다음 여행지는 일본인, 아니 뒤에 자세한 설명을 붙이겠지만 정확히 표현하면 일본에 거류하던 중국에서 이주한 재일당인 在日唐人 과 화교들의 활동지였던 베트남의 호이안과 태국의 아유티야다.

호이안 _{베트남} , 아유티야

호이안을 방문한 것은 겨울이었다. 개인 답사 계획을 세우다 대신 선택한 여행패키지는 '호이안 Hội An, 會安' 방문에 적당했다. 아쉽게도 3박4일의 일정 중 호이안 방문은 하루 뿐이긴 했지만 그렇다고 해서 나머지 일정이 전혀 무의미한 것은 아니었다. 세계 6대 해변 중 하나로 길이가 60km에 달하는 다낭의 미케비치도 구경하고 총 길이가 5.8km에 이르는 바나산 케이블카도 구경거리였다. 다낭은 베트남의 세 번째 큰 도시라고 하는데 곳곳에서 신축공사가 벌어지고 있었다. 대부분 중국 자본이라 한다. 여기도 화교의 영향력이 큰 모양이다. 한국과 베트남은 1992년에야 국교가 재수교되는 바람에 필자가 한참 해외여행을 왕성하게 하던 시절에는 방문하지 못하고 세월이 흐른 뒤에야 호치민시 _{구 사이공}를 방문할 수 있었다. 사람들이 부지

런해 보이는 것 말고는 기후와 환경이 여느 동남아시아 국가들과 비슷하다는게 첫 인상이었다. 베트남 사람들이 부지런하다는 데에는 다른 견해도 있다.

일본교 日本橋

호이안은 다낭에서 약 30km 남쪽에 있다. 다낭에서 호이안으로 가는 도중 월남전에 참전한 청룡부대 주둔지 옆을 통과했다. 버스에서 내려 일본인 마을을 지났다. 이윽고 중국인 마을을 넘자 꼭 보고 싶었던 '일본교 日本橋'가 있었다. 건축양식은 중국식이다. 다리 건너 시작되는 중국인 마을은 규모에 있어서 일본인 마을을 압도한다. 골목이 투본강을 따라 평행으로 서너개 길게 뻗어있고 전통주택들이 어깨를 부비며 늘어서 있는데 지금은 다양한 상점들이 들어서 있다. 마을 한 가운데 화교공동체에서 운영하는 복건회관 福建會館, Hoi Quan Phuc Kien 이 있으며 그 규모가 크다. 호이안도 중국과 일본의 해민들이 만났던 곳이다. 고려시대까지는 한반도에서도 사람들이 이곳을 방문했으리라 생각된다.

호이안은 1세기 경에 이미 동남아시아에서 가장 규모가 큰 항구였다. 투본강의 어귀에 예전 항구가 있었다. 이 항구는 지리적 여건으로 인하여 16세기 말부터 17세기 초까지 베트남의 '바다의 실크로드'라고 불리던 중요한 국제 무역 항구였고, 중국 여러 성 省 출신의 화교 및 일본인, 네덜란드인 등 서구 상인 그리고 인도인들이 드나들며 마을을 형성하여 정착하였던 곳이다. 그래서 이 마을에는 서구적이면서도 동양적인 풍경이 자리잡기 시작했다. 거기에 화교들이 호이안에 정착해 살기 시작하면서 '동화적'인 색다른 분위기가 형성됐다. 화교를 중심으로 한 무역이 번성하던 당시에 이 마을은 베트남어로 하이포라고 불렸고 이는 '바닷가 마을'이라는 뜻이었다. 하이포는 '일본교'를 가로질러 마을이 나뉘었다. 하나는 일본인이 거주하던 곳이다. 1600년 전후 무역이 번성했을 당시 호이안에는 일본인들이 특히 많이 드나들었고 그래서 일본인 마을까지 따로 생겨났다. 전성기에는 1,000명이 넘는 일본인이 거주했을 정도로 마을 규모가 커졌다. 하지만 에도시대 주인선 무역이 막을 내리고 1635년 쇄국정책이 시행되면서 1639년 일본인 수가 점차 줄어들었고 일본인 마을 역시 자연스럽게 사라졌다. 그 일본교는 일본인에 의하여 지어졌는데 독특하게도 구조물이 다리를 덮고 있고, 다리의 한쪽으로는 사찰이 연결되는 구조를 가진 다리이다.

호이안에는 전통적인 동남아시아 무역항의 모습이 완벽하게 보존되어 있다. 오랜 시간 국제 무역의 중심으로서 여러 문화가 융합된 놀라운 사례이다. 건물은 전통적인 건축 양식에 따라 지어졌으며 좁은 골목길을 따라 일렬로 늘어서 있다. 전통적인 생활방식, 종교, 관습, 요리법 등이 그대로 보존되어 있으며 지금도 해마다 많은 축제가 개최되고 있다. 안타깝게도 호이안을 방문하는 날은 비가 내려 아름답다는 호이안 등불 축제를 볼 수 없었다.

옛 마을은 투본강의 북쪽 제방 위에 건설되었는데 강줄기를 따라 동서 방향으로 큰 도로가 나 있고, 강과 나란히 놓인 작은 도로가 3개 더 있다. 이 도로들은 다른 도로나 골목과 직각으로 교차한다. 호이안 고대 도시 구역에는 가옥 점포 겸용, 탑이나 사원, 공동체 건물과 사당 같은 종교 기념물, 페리용 부두와 시장 등이 있다. 호이안의 건축물이 대부분 목조 건물이라는 것은 상당히 흥미로운 부분이다. 목조 건축에는 베트남의 전통적인 디자인과 무역을 위해 정착하여 자신들의 고유한 디자인으로 집과 회합장소 건물을 꾸민 중국과 일본의 건축 양식이 어우러져 있다. 전형적인 가옥은 복도 설계를 따르고 있는데 집, 뜰, 집이 순서대로 나타난다. 섬세한 목조 다리가 있는데 일본 문화의 유산으로 다리 위에는 탑이 있다. 유적의 완충지역 내에는 베트남, 일본, 중국 양식의 고대 묘가 많이 있다.

호이안 골목길에 있는 한 카페에 앉아 커피 한 잔을 앞에 놓고 잠시 휴식을 취한다. 베트남 여행에서 놓치지 말아야 할 것이 연유가 듬뿍 들어간 베트남식 커피다. 프랑스가 식민지배를 하고 남겨놓은 선물이랄까? 베트남에 가면 길거리든 분위기 좋은 카페든 어디서나 쉽게 커피를 맛볼 수 있다. 브라질 다음으로 세계 2위의 커피 생산국인 베트남의 커피는 현지에서 맛볼 때 진가를 알 수 있다. 블랙, 밀크커피 등 종류가 많다. '핀 Phin'이라는 쭈그러진 알루미늄 드리퍼를 연유가 든 잔 위에 올리고 내린 커피를 마시는데 맛이 무척 진하고 달달하다. 호치민시 사이공에서는 묵던 호텔 옆의 '응위엔'이라는 커피 체인점에서 마셨는데 진하고 달콤한 커피가 인상적이었다. 우리나라에서 수입하는 커피의 40%가 베트남 커피이다. 참고로 베트남의 가장 흔한 성씨는 응우엔 Nguyen 인데 쯔놈 한자 표기는 완 阮 이다. 40%의 베트남인이 이 성씨를 가지고 있으니 우리 김, 이, 박씨를 합쳐 놓은 만큼이 되는 셈이다.

조선은 해금정책을 견고하게 유지하였기 때문에 일반인이 해외에 배를 타고 간다는 것은 유일하게 사람이 살던 제주도와 육지 사이를 항

일본교

해중 표류를 하게 되거나 조선 밖에서 외국배에 타는 일 밖에 없었다. 1225년 고려에 망명하여 화산 이씨의 시조가 된 베트남 리 왕조의 왕자 이용상, 1597년 북경에서 이수광과 교우한 풍극관의 이야기도 있지만 여기서는 조선과 '호이안'이 관련 된 다른 두 가지 이야기를 소개한다.

조선과 '호이안'

첫 번째 이야기

정동유가 쓴 『주영편』에 의하면 17세기 조선 숙종 때, 조선인 24명이 베트남에 표류하여 호이안 앞에 있는 '꾸라오 짬' 섬에 머문 것으로 기록하고 있다.

1687년 8월 제주 진무鎭撫 김대황 일행 24명은 화북진 항구에서 배를 띄운다. 제주 목사 직책을 교대할 때 진상하는 말 3필을 실은 배였다. 9월 초 바람의 형세가 좋아지자 바다로 나갔지만 추자도 앞바다에 도착했을 때 바람이 동북풍으로 변하더니 크게 비가 내렸다. 육지를 향해 가려고 해도, 제주로 돌아가려해도 도무지 제어할 길이 없었다. 바다에서 길을 헤맨지 한달여, 10월 초 섬 하나가 눈에 들어왔다. 제주 사람들은 그곳에서 풀어헤친 머리에 맨발인 이들을 만났다. 그들의 말은 도무지 알아들을 수 없었다. 그곳은 안남국安南國, 베트남 회안會安, 호이안 땅이었다. 이들은 당시 베트남 지배자인 응웬 푹 떤 왕을 알현하였다. 제주로 돌아갈 날을 기약없이 기다리던 표류인들에게 찾아온 것이 중국 상인들이었는데 표류인을 싣고 조선으로 가는 대가로 쌀 600포를 주기로 한다. 표류인들은 제주로 돌아오기 위해 1688년 7월 회안항에서 배를 띄워 광서, 광동, 복건, 절강 등을 거치며 4개월간의 항해 끝에 영파에 있는 보타산 항구에 도착한다. 그곳에서 배를 타고 10일만에 마침내 제주도 대정현에 다다른다. 24명 중 21명만이 생존하여 1년 만에 귀국했다. 중국 상인들은 해로를 이용해 조선에 들어왔으므로 조선의 해금정책 위반으로 결국 서울로 압송돼 쌀 대신 은銀을 받고 청나라로 돌아갈 때도 배를 두고 육로로 돌아가야만 했다.

두 번째 이야기

『최척전』이라는 소설에도 안남이 등장한다. 남원에 사는 최척과 옥영은 서로 사랑하게 되는데 임진왜란으로 인해 갑자기 최척이 징집되어 전장에 나가게 되자, 옥영의 부모는 다른 사람을 사위로 맞으려 한다. 이 사실을 안 최척은 진중에서 돌아와 옥영과 혼인을 하고 몽석을 낳는다. 정유재란으로 남원이 함락되자 옥영은 왜병의 포로가 되어 끌려가고 최척은 중국으로 건너가며, 나머지 가족은 조선에 남는다. 여러 해가 지난 뒤 최척은 안남 베트남으로 장사하러 다니다가 우연히 왜국의 상선을 따라 안남에 온 아내 옥영과 재회한다. 옥영은 최척을 따라 중국으로 돌아와 결혼생활을 계속하며 둘째 아들 몽선을 낳는다. 몽선이 장성하여 중국인 진위경의 딸 홍도를 아내로 맞게 된다. 이듬해 최척은 명군으로 출전하였다가 후금 청군의 포로가 되는데, 조선에서 출전 명의 요청으로 했다가 역시 후금 군의 포로가 된 맏아들 몽석을 극적으로 만나게 된다. 부자는 함께 수용소를 탈출하여 고향으로 향하던 중 몽선의 장인 진위경을 만나고, 옥영 역시 몽선, 홍도와 더불어 천신만고 끝에 고국으로 돌아오면서 일가가 다시 해후하여 단란한 삶을 누리게 된다는 당시 소설 치고는 국제적인 무대에서 펼쳐지는 이야기다.

호이안 항구는 지속적으로 확대를 거듭하였는데 16세기 후반부터 18세기 초까지 특히 번성하였다. 17세기에 기독교가 베트남에 들어오게 된 것도 호이안을 통해서였다. 다낭에는 큰 성당이 있다. 성당 안에 있는 베트남 신부님 동상이 있는데 성씨가 김씨였던 것으로 기억한다.

16세기에 왜구문제로 인해 일본과 중국간 무역마찰은 극에 달했다. 명나라는 정상적인 상인이든 해적상이든 일본과의 무역을 금지하고 일본배의 입항을 금지시켰다. 그 기간에 일본은 궁전생활에 쓰일 고품질의 중국 비단과 군대 물자가 절실하게 필요했다. 중국과 직접교역이 금지되어 물품 공급의 어려움이 가중되자 일본상인들은 대안을 찾아 중국상인들에게 중립적인 무역장소였던 남쪽의 베트남 항구로 향했다. 이는 호이안이 17세기 수십 년간 번영하게 된 이유를 말해준다.

베트남 남쪽을 일컬어 코친차이나Cochinchina 라고 하는데 어원은 Cochi In China 즉, 중국의 코치라는 뜻이다. '코치'는 베트남을 뜻하는 교지 交趾 의 광동어 발음이다. 광동어에서는 '끼오 찌' 라고 읽고 서양인들은 '꼬찌'라 하여 베트남 일대를 '꼬찌'라고 부른 것이 이 명칭의 유래이다.

에도막부 초기 쇄국 직전인 1604~1635년에 베트남을 방문한 막부의 공식 무역허가장을 가지고 있는 주인선 朱印船 은 최소 124척에 이른다고 한다. 매년 1~3월엔 남쪽으로 항해하기에 적당한 북동풍이 불어서 은과 동을 실은 일본의 화물선들이 베트남 내항에 도착한다. 또한 일본 동전도 많이 수출되었다. 호이안에는 일본에서 유입되는 많은 물품을 관리하기 위해 일본 타운에 지방관청이 설치되었다.

주로 광동성과 복건성 출신인 중국상인들도 근처에 위치하였다. 그들은 서로 공개시장에서 물건을 교환했다. 일본인들은 중국이나 베트남산 비단 원단, 설탕, 자기, 백단白檀을 좋아했다. 17세기 초에 호이안에 살던 보리는 무역에 대한 이익에 대한 글에서 '이 백단은 은화 5파운드의 가치가 있고, 16파운드가 넘지 않는데 일본에 가면 200파운드에 이른다'라고 기록했다. 상단은 남동무역풍이 부는 7~8월에 일본을 향해 떠났다.

아유티야

어느 해였다. 방콕에 2주간 출장 중이었는데 주말을 이용해 혼자 태국의 구 수도인 아유티야를 기차로 여행해 보기로 한다. 방콕 중앙역인 와람퐁역에서 완행 기차표를 끊고 시골역처럼 빛바랜 플랫폼에서 열차에 오른다. 덥고 습한 나라답게 좌석이 나무로 되어 있었던 것 같다. 기차 안은 광주리에 무언가를 가득 담아 이고지고 올라온 시골 아저씨들과 아낙네들로 만원이다. 살아있는 닭을 여러 마리 묶어서 탄 사람도 있다. 짐이 없는 총각, 처녀들도 보인다. 어느 정도 출발했을까 갑자기 천둥번개가 치며 창문을 통해 소나기가 들이치자 사람들은 일제히 객실 창밖의 나무로 된 덮개를 내린다. 실내가 깜깜하게 어두워진다. 1시간반 쯤 지났을까 기차가 조그만 시골역인 아유티야에 정차한다. 기차역에서 유적지를 가려면 '톡톡이'를 타고 다리를 건너든지 아니면 동네 나룻배를 타고 차오프라야강의 지류인

파삭강을 건너야한다. 동네 사람들의 뒤를 쫓아 나룻배에 오른다. 강을 건너자 요금소가 있고 대여섯살 밖에 안되어 보이는 어린 소녀가 요금을 받고 있다. 얼마냐고 물었더니 손가락을 하나 들어 보인다. 우리돈으로 백원 동전에 해당하는 돈을 냈더니 조그만 손을 저으며 아니란다. 설마하고 십원 동전을 조심스레 냈더니 얼른 받는다. 필자는 지금도 그때 그 어린 소녀의 순진무구한 얼굴이 가끔 생각난다.

세월이 흐른 후 파트너와 함께 여기를 한 번 더 방문하게 되는데 이번에는 아유티야 현지 공장의 책임자로 있던 가까운 지인의 배려로 자가용에 기사까지 딸린 초호화 여행이었다. 차오프라야강에서 유람선도 타고 유럽식, 중국식으로 지어진 왕의 별장 건물들과 정원도 구경하였다.

아유티야는 1767년 버어마미얀마에 의해 침공받기 전까지 417년간 아유티야 왕국의 수도였다. 태국인들이 남쪽으로 이주한 후 우통왕에 의해 1350년 세워진 도시다. 아유티야는 태국의 두 번째 통일왕국으로 아유티야는 우리나라로 보면 '경주'와 같은 곳이다.

33대에 걸친 왕들이 기거했으며, 태국인들과 서양인들간에 처음으로 접촉이 이루어진 곳이기도 하다. 그 이후로 차오프라야강이 사이암만에서부터 이 도시까지 배가 다닐 수 있는 항로가 됐다. 최초로 방문한 외국인들은 포르투갈 상인들과 선교사들이었다. 그들 뒤를 이어 네덜란드인들과 프랑스, 영국인들이 오게 됐다.

그러나 그들이 오고난 후 얼마 되지 않아 아유티야는 중국과 일본인들은 비단, 차, 도자기를, 아랍인들과 인도인들은 후추, 향료, 향나무를, 사이암인들은 양철, 쌀, 장뇌, 빈랑나무 열매를 특히 인도의 왕과 귀족들은 코끼리를 파는 주된 무역항이 됐다. 어떤 포르투갈 모험가가 아유티야를 '세계 무역의 중심지'라고 묘사한 적이 있다. 300년 전에는 100만 규모 도시로 유럽의 파리나 런던보다 더 큰 도시였을 것이다. 400여 개의 사원과 55km의 포장도로, 19개의 성곽을 가진 도시로서 아마도 세계에서 가장 큰 도시였을런지도 모른다.

그 도시의 화려한 궁정들과 사원들을 연결시켜주는 하천에서는 보석으로 장식된 배들이 네덜란드, 영국, 중국, 일본, 프랑스로부터 온 범선들 사이로 유유히 떠 다니고 있었다. 아유티야의 하류층 주민들은 옷은 잘 입고 있지 않았지만, 풍족히 먹고 건강하며 양탄자나 쿠션 그리고 은으로 된 향료단지와 도자기로 된 가재도구를 갖춰 놓고 살고 있었다. 그 도시를 방문했던 유럽인들에게는 서양에서 보는 누더기를 걸치고 굶주림에 시달리는 소작농들의 모습과는 다른 대조적인 모습을 보았으리라. 방문객들은 또한 아유티야에서 수백 년 동안 세계의 다른 지역에서는 찾아볼 수 없던 종교적, 인종적 화해를 보았을 것이다.

아유티야의 전성기 때에는 캄보디아 왕족들, 영국 선원들, 프랑스 사제들, 페르시아의 상인들, 세계 방방곡곡에서 찾아온 탐험가들과 상인들로 붐비고 있었다. 1350~1767년에 번성했던 도시이지만, 우리나라의 경우 무역활동이 약화된 고려말부터 해금 鎖國정책을 채택한 조선시대의 근대 이전에는 이곳을 방문하지는 않았을 것이다.

반면 이 시기에 동남아시아에는 주인선 무역을 통해 많은 일본인들이 거주하고 있었다. 특히 아유티야에는 1,500명 가량되는 일본인들이 거주하고 있었는데, 이들이 거주하고 있는 지역은 태국어로 '일본인 마을' 즉 '방 이푼'이라고 불렸다. 이들은 화교나 포르투갈인들과 마찬가지로 자신들만의 집단촌락을 이루며 대장장이 일이나 상업교역 등에 종사했다.

당시 아유티야 왕국은 버어마 미얀마 로부터 군사적 압박을 당하고 있었는데, 전국시대에 실전 경험이 풍부한 일본 무사들과 주군을 잃은 낭인, 멸망한 가문의 무사들이 용병으로 유입되게 되었는데 이중에 야마다 나가마사 山田長政, 1590~1630 라는 인물은 많은 기록이 남아있다. 그는 '방 이푼'의 지도자가 되었으며 고위 귀족칭호인 '쿤'에까지 오르게 된다.

아유티야 공업단지에는 이제는 한국기업들도 많지만 원래는 일본기업들이 대부분이었다. 태국도 일본처럼 형식상 왕국이기 때문에 피차 국가간에 친밀감이 있는 듯하다. 필자가 일본에 근무하던 2010년대의 어느 해 이 공단이 홍수로 기능이 거의 마비되었을 때 이곳에 진출한 고객기업들의 비상자금 지원을 위해 직원들이 현지 직원들과 연락을 취하며 밤새워 일하던 기억이 난다. 일찌기「동남아시아에 진출한 일본인들이 누구인가?」에 대하여 김성호씨의 견해를 인용한다.

"도요토미 히데요시는 조선 침략을 개시한 1592년을 기하여 동시에 주인선 무역을 시작했다. 1592년부터 1634년까지 43년 동안 매년 운행되었으며 무역 이윤이 크기 때문에 경쟁이 있었지만 관에서 이를 제한했다. 예전에 외국에 가는 것은 견당사의 배를 이용하는 정도였는데 주인선 무역은 당조선 唐造船 을 이용하여 무역 목적으로 바다를 건너는 것으로 1592년부터 시작하여 광남, 간보체 캄보디아, 동경 하노이, 육곤 말레이 반도, 테니 말레이 반도, 동령, 여송 비율빈, 아미항 월남, 섬라국 태국 등에 이른다. 대단한 동남아시아 진출이다.

그런데 조선 침략에 동원되는 16만 명의 병력을 수송하는 수병의 병력도 9,200명이 달할 정도로 엄청난 규모로 배 한 척이라도 아쉬운 그때 도대체 어떤 선박이 주인선으로 할애되었단 말인가. 이는 해적 진 장령에 의해 가신단과 영주 및 대상들에게 분산시켰던 '망명중국해민' 들의 '당선 唐船'이 동원되었던 것으로 보지 않을 수 없다. 일본선은 작아서 대해를 갈 수 없어 백금 팔십량으로 당선을 구입한다. 선박을 스스로 만들지 못하여 배의 건조는 모두 민청 복건성 조선소에서 만든다. 선박도 없는데 항해술이 개발되었을 리가 없고 1592년이라는 시점에서 이제까지 단 한 번도 왕래해 본 적이 없는 동남아시아 전역을 대상으로 하여 갑자기 주인선 무역이 전개되었을 리도 없다. 원양항해란 항로와 항해술을 배우고 선박을 구입한다고 해서 단 1년 만에 갑자기 할 수 있는 것이 결코 아니고 생명을 건 오랜 모험과 경험이 축적되어야 비로소 가능한 것이다. 망명해민들은 망명해 오기 이전부터 조상 대대로 동남아시아와 무역을 해오던 바다의 베테랑들이었다. 그래서 막부정권의 통상허가가 나자마자 곧 자신들이 타고 온 당선으로 이전에 익숙하게 항해했던 동남아시아까지의 진출이 가능했던 것이다. 도요토미 히데요시는 망명해민들을 그들의 조국인 조선 침략에 동원하지 않고 주인장을 발부하여 이들의 관심을 해외로 돌린 셈이다. 이들은 가신단과 영주 및 대상에 속해 있었으므로 그들에게 무역의 이익을 주어 전비 부담을 보상한 셈도 된다. 결국 중국에서 중국 해운을 담당했던 우리 해민들이 일본으로 망명하여 일본 해운을 대행한 셈이 된다. 그들 스스로 낯선 다른 나라의 육지에 정착하기 보다 바다를 선호했을지도 모를 일이다."

후기 중국왜구들은 명나라 침공을 위한 후방기지로서 북규슈 일대에 정착하였지만 1625년이 되면 이미 민복건, 월절강동, 오절강서의 삼오인三吳人으로서 일본으로 이주한 무리가 많았다. 참고로 '오吳'는 일본식 발음이 '구레'로 우리말 겨레와 같은 뜻이라 한다. 이들이 일본인과 혼인하여 사는 곳을 당시 唐市라 하였는데 이것이 일본 화교의 기원이다. 나가사키에는 흥복사의 삼강방三江幇, 절강, 강남, 강서, 복제사의 천장방泉長幇, 복건 천주, 장주, 숭복사의 복주방福州幇, 복건 복주, 성복사의 광동방廣東幇, 광동 등의 화교집단이 생겨난다. 나가사키 여행시 필자가 방문했던 절들이 그들의 향민 집합소 역할을 했고 당인거류지唐人屋敷, 도우진야시키에 머물던 당무역상들과 재일화교들 사이에 거래가 활발했던 것이다.

필자는 일본고대사 연구 중에 나오는 구레吳족과 우리민족의 친연성에 대한 관심으로 히로시마현의 구레시吳市를 방문한 적이 있다. 구레시는 일본 히로시마 현의 남서부에 위치하고 세토 내해에 접한 기후가 온화한 임해 도시이다. 지형적으로 천연의 양항으로 옛날에는 무라카미 수군일본내 해적의 일파의 근거지였고, 제2차 세계대전이 끝날 때까지 해군 중심지 역할을 했던 일본제국 해군의 거점이었다. 일본제국의 전함야마토호 등들이 이곳에서 제작되었고 현재도 해상자위대 본부가 있다. 일본 산업 부흥기에는 우리나라 울산처럼 조선업의 중심지였다. 구레시 방문시 해사역사과학관, 해상자위대 구레사료관 등 해군에 관한 박물관을 방문했다. 구레吳족이 처음 터를 잡았던 이곳이 바다와 해적의 전통을 어떻게든 이어온 셈이다.

이제야 필자가 나가사키의 당인거류 유적지에 남아있는 마조 사당을 방문했을 때 바람도 없는데 휘장이 펄럭이며 필자를 환영하는 듯한 신비스런 일이 일어났는지 이해할 듯하다. 필자가 일본 도쿄 서쪽 야마나시山梨 의 적석총을 찾았을 때는 천오백 년 만에 조상묘를 찾아온 것 같은 느낌이었는데 나가사키에서는 오백 년 만에 찾아온 동족 후예를 환영하는 신호를 보낸 것인지도 모를 일이다.

다음 여행지는 네덜란드의 식민지였던 인도네시아의 바타비아자카르타 이다.

인도네시아 바타비아 쟈카르타

　　　　　　여름이었다. 십여 년 전에 와 보고 이번
두 번째 온 쟈카르타는 엄청나게 변해 있었다. 가장 큰 변화가 여기 저
기 들어선 현대식 쇼핑몰들이었다. 주택값도 치솟아 쟈카르타 주변에
어머니가 물려준 땅을 가지고 있던 중국계 인도네시아인 친구는 그 땅
에 조금씩 주택을 신축 분양하여 이제는 제법 사업가 티를 내고 있었
다. 순다니스 음식점에서 만나 점심식사를 하는 내내 그 친구는 가지고
있는 두 개의 핸드폰으로 걸려오는 전화를 받기에 바빴다. 이번 방문에
는 인도네시아 음식에 빠져보기도 했다. 기본적으로 달착지근한 맛에
온갖 향신료가 어울어진 음식을 다양하게 맛보고 싶어 여러 가지 요리
를 한꺼번에 시켜 값은 저렴 반씩 만 먹어 보는 호사를 누려보기도 했다.

잘란 수라바야

주말에 호텔 안내Concierge에 문의하여 찾아간 '잘란 수라바야'는 인도네시아의 수도인 쟈카르타의 최대의 골동품 거리이다. 거리 양 옆으로 중고품, 앤티크 가구 등을 파는 가게들이 줄지어 서있다. 여기에는 일본산 청화백자에 VoC네덜란드 동인도회사 마크가 찍힌 이마리 자기들이 흔하다. 350년 정도된 자기들인데 싼 값에 팔리고 있는 것을 보면 유통량이 많아 희귀성이 떨어지는 모양이다. 여기서는 이마리 자기 중 색상이 화려한 대형자기를 특별히 아리타 자기라 부르는데 이것은 물건도 귀하지만 값도 비싸다. 청화백자 접시와 술병에 관심을 보이자 이웃 가게에서 자기들도 좋은 물건이 있다고 하나씩 들고 달려든다. 아무리 저렴해도 들고 갈 수 있을 만큼만 산다.

조선 도공이 만든 자기는 중국 자기를 대신해 유럽으로 수출되며 '도자기의 길Ceramic Road'이 만들어진다. 네덜란드 상관이 있는 나가사키長崎 항에서 도자기를 실은 배는 인도네시아 쟈카르타를 거쳐 인도의 콜카타, 아프리카 희망봉을 돌아 네덜란드 암스테르담에 도착해 유럽 각지로 팔려 나갔다. 동서양을 잇는 '도자기의 길'은 비록 일본 나가사키에서 시작됐으나 그 연원은 조선백자이다. 일본은 도자기의 유럽 수출로 부를 축적하게 된다. 16세기에 독자적으로 발전한 조선백자가 일본자기로 발전하는 기반이 아리타에서 시작되었던 것이다.

바타비아Batavia

다음 날은 쟈카르타 북부 코타지역에 있는 네덜란드의 첫 번째 해외 식민지인 바타비아Batavia 유적지를 방문한다. 묵고 있는 호텔에서 택시로 삼십 분 거리인데 교통 체증으로 한 시간 이상이 걸린 것 같다. 예전에 도시를 둘러쌓던 담 또는 성벽이 부분적으로 남아있고 파따힐라 광장을 중심으로 순다 끌라빠 항구 사이의 운하를 따라 식민지시대의 고색창연古色蒼然한 건물 유적과 함께 음식점, 바, 상점들이 늘어서 있어 400년 전 과거로 돌아간 느낌을 주는 곳이다. 쟈바섬 서부의 북안北岸에 위치하는 이곳은 1619년 네덜란드가 이 땅을 점령하여 견고한 요새要塞인 바타비아성城을 쌓아 네덜란드 동인도회사의 아시아 본거지가 되었다. 이후 식민지시대를 거치며 바타비아로 불린다. 1652년 우리나라 제주도에 표류한 하멜이 출발했던 곳이 바로 이 바타비아다. 그는 1666년 간신히 조선을 탈출, 나가사키를 통하여 본국으로 돌아간 후 『난선 제주도 난파기』 또는 『1653년 바타비아발 일본행 스페르베르호의 불행한 항해일지』 라는 『하멜 표류기』를 썼던 것이다.

주인선朱印船시대의 일본인들은 이곳을 쟈가다라咬𠺕吧라고 불렀다. 일본에서는 감자를 쟈가이모라고 부르는데 이곳을 통해 일본에 들어 왔다고 '쟈가'를 앞에 붙인다고 한다. 17세기 말 경이 되면 바타비아는 이미 80년의 역사를 지니게 되고 성벽으로 둘러 쌓여진 지역 안에 포탑砲塔을 갖춘 정청이 있고 성벽 밖에는 차이나타운과 많은 창고도 건축되고 가로에는 소규모 테라스하우스가 무수히 늘어서고 운하와 주장酒場도 있었다.

광장 주변에 있는 낮고 오래된 건물들은 사람이 살 수 있는 건물이 몇 안될 정도로 쇠락해있다. 무성한 나무가지들이 퇴색된 건물의 떨어져 나간 나무판 벽을 타고 올라가는 모습이 나름 세월의 풍파를 보여

주는 독특한 분위기를 연출한다. 관광객들과 신혼부부, 모델들이 건물을 배경으로 사진촬영을 하고 있다.

네덜란드 동인도회사 VoC

네덜란드 상인들의 활동이 시작되는 1595년부터 처음 25년 동안 네덜란드는 영국 그리고 이슬람 반텐왕국과 경쟁을 했다. 1602년에 네덜란드 정부는 아시아 무역에 있어 네덜란드 동인도회사 Vereenigde Oost~Indische Compagnie, VOC에 독점권을 부여했다. 1603년 반탐에 최초의 무역사무소가 만들어졌다. 1610년에 바타비아 맞은편에 VoC가 관리하는 '회사 도시'가 만들어져 유럽과 몰루카제도 사이의 향료 무역을 시작한다.

쟈카르타는 14세기에 이미 양질의 후추를 비롯한 각종 향신료가 거래되는 무역항으로 해양 실크로드의 중요한 해항도시로 자리를 굳혔다. 16세기 초에 순다 끌라빠 Sunda Kelapa로 불리던 자바 서북부의 이 해안도시는 깔리만딴 보르네오섬, 수마트라, 술라웨시 등의 섬 사이에 향신료를 비롯하여 금, 농산물, 설탕, 땅콩 등을 거래하는 무역의 중심지를 이루었다. 16세기 초에 향신료 무역을 점유하기 위해 찾아온 포루투갈의 지배를 받다가 1527년 토착왕국에 의하여 인도네시아인의 수중으로 돌아왔다. 포르투칼과의 전쟁에서 승리하고 순다 끌라빠를 탈환했다는 기념으로 이 지역을 승리의 도시 '자야까르타'라 명명하였다 자야까르타의 자야는 '승리', 까르따는 '번영'이라는 뜻. 그 후 자야까르타는 17세기 초 몰루카 지역의 항구를 통해 들어온 네덜란드인 들의 손에 넘어가면서 '바타비아'로 명칭이 바뀌었다.

바타비아는 각종 향신료와 열대작물을 교역하는 항구였는데 이들 작물의 생산지를 직접 지배하고자 하는 네덜란드의 야심으로 인해 인도네시아 내지 內地를 식민화하는 전초기지가 되었다. 네덜란드는 수도 암스테르담을 본떠 바타비아 건설을 추진, 현재 쟈카르타 시내의 북쪽 옛 성채 지역인 꼬따 지역에 남아있게 된 것이다.

파따힐라 광장

파따힐라 광장은 시민들의 광장으로 주말에는 항상 붐빈다. 마술하는 사람, 묘기를 부리는 사람, 악기를 연주하는 사람들 주변에 구경꾼들이 몰려 있다. 식민지시절 파따힐라 광장은 고문장소이며 공개처형이 행해졌던 곳이기도 하다. 고문 받다가 죽은 사람도 많았다고 한다. 인도네시아인 여자 동료의 기억을 통해 공포의 장소라는 것을 알게 되었다.

지금도 흔적이 남아있는 동인도회사 조선소는 선박수리를 하는 건물이었는데 주변에 VoC마크가 달려 있는 동인도회사의 창고건물이 아직 남아있다. 주변에는 고호의 작품에 나오는 네덜란드식 도개교 다리 중간이 양쪽으로 들려지는 개폐식 다리 도 있다.

순다 끌라빠

순다 끌라빠는 쟈카르타의 모태가 된 항구로 지금도 전통 범선인 '피니시 Pinisi'가 줄지어 있어 장관을 이루고 있다. 피니시 Pinisi 는 술라웨시 섬 지역에서 전통적으로 건조, 이용되던 범선의 일종으로 술라웨시 섬 남부에서 건조되었고, 마카사르 등지에서 활발히 이용되었다. 피니시는 1600년 전후 네덜란드 동인도회사가 이 지역에 가져온 피나스 Pinas 를 본따 처음으로 만들어졌다고 전해진다. 초기의 피니시는 라틴 돛을 사용했을 것으로 추측된다.

항구에 정박되어 있는 피니시 배가 있어 선원에게 올라가서 구경 좀 해도 되겠냐고 물었더니 올라오라한다. 부두와 배 사이는 사람이 올라가 배로 건너가도록 두개의 목재를 걸쳐 놓았는데 배의 높이도 만만치 않아 막상 목재 외나무 다리의 중간 쯤을 건너다 바다를 내려다 보니 섬뜩한 생각이 든다. 그 사이 몸의 균형감각이 떨어진 것을 생각치 못했던 것이다. 선장은 배에 대한 자부심이 대단하다. 이 배만이 인근 해역의 파도를 헤치고 운행할 수 있다는 것이다. 갑판이 가운데가 볼록하게 되어 물이 짐칸으로 들어오지 않게 설계되어 있다. 배 맨 뒤쪽에 바다를 향해 구멍 하나가 뻥 뚫어진 화장실 칸도 보여 주었다. 이 배는 950톤 급으로 셀레웨시에서만 나는 아란우드 현지어 카유우린 목재로 만들어졌다. 전장 90미터, 폭 30미터로 3백만 루피아, 우리돈으로 약 3억원 정도로서 현지인이 느끼기에는 30억원 정도의 가격이라 한다.

순다 클라파항은 아직도 옛날 배가 드나드는 항구다. 셀레베스섬의 마카사르항에서 오는 배만 여기로 온다고 한다. 셀레웨시의 부기스, 마카사족은 옛날부터 인도네시아 제일의 세일러로 알려져 왔다. 피니시 배도 셀레베스섬의 주도인 마카사르 남쪽의 불루꿈바 조선소에서 만들어진다고 한다.

바타비아 요새 Fort

항구 주위에서 역사책의 바타비아 전경

도에 나오는 바닷가 요새 Fort, 즉 바타비아 성의 위치를 물어도 아는 사람이 없다. 관광지도에도 표시되어 있지 않다. 주변을 살펴보니 한 쪽에 작은 사무실이 보이는데 영어가 가능한 전문 관광가이드라고 쓰여 있다. 성채를 보려 한다니까 위치는 안다며 주택가의 '길 아닌 길'로 가야 한다고 한다. 바타비아 요새 방문은 자신이 가이드한 지 20년 만에 처음 들어 본단다. 가이드비가 생각보다 비싸 타협을 했다. 나이는 들었지만 제법 날쌘 가이드를 따라 나선다.

해안가에서 육지 쪽으로 한참을 벗어난 후 서민들이 살고 있는 허름한 주택들의 앞뒤 마당을 양해를 구하며 무수히 통과하니 마침내 어느집 뒷마당에 벽돌로 지어진 3~4미터 높이의 성벽이 나타난다. 벽돌들도 세월의 영향으로 많이 부식되었고 나뭇가지들이 성벽을 덮고 있는데 분홍색 벽돌로 만들어진 성벽과 중간에 서있는 망루들은 한폭의 그림이다. 성벽에 문이 있어 성벽 바깥쪽도 보았다. 비록 식민지의 유산이지만 복구해서 관광자원으로 활용했으면 하는 생각을 했다.

인도네시아 마카사르 Kota Makassar

항구에서 본 피니시선이 건조되었다는 마카사르로 갈 수 있는 국내선 비행기표를 알아 보았는데 유감스럽게도 외국인이 국내선 비행기표를 구입하려면 사전에 며칠의 시간이 필요하다는 것이다. 잠시 귀국일을 미루고 방문하려는 생각을 해보지만, 결국 포기하고 다음을 기약한다.

마카사르 우중 판당는 향신료와 선박들을 위한 역사적 항구로 동쪽 인도네시아에서 가장 큰 도시이다. 14세기 이후 마카사르는 이미 번성

피니시선

하여 중국, 인도, 캄보디아에서 온 선박들이 비단, 도자기, 차를 정향과 육두구로 교환했다. 16세기에 유럽인들이 향신료 스파이스 제도 반다해의 몰루카 제도로 가는 항해 경로를 발견했을 때 스페인과 포르투갈은 마카사르를 유럽에 향신료를 출하하기 전에 귀중한 향료를 저장하는 항구로 만들었다. 술라웨시섬의 남부 반도인 이곳은 이미 항해술이 뛰어나고 보트 건설 기술로 알려진 부기스, 마카사르 및 만다르고 소수 민족들이 무역, 어업, 쌀 재배뿐만 아니라 문학, 예술을 갖춘 강력한 왕국들을 만들고 있었다. 용감한 부기스족의 얘기는 말라카 이야기에서 좀 더 하기로 한다.

1667년, 네덜란드 상인들은 다른 유럽인을 금지시키고 이 항구에 그들의 거점을 만들기 위해 포르투갈 및 스페인을 마카사르에서 몰아내는데 성공했다. 네덜란드에 의해 지배되는 것을 거부한 많은 마카사르의 귀족들은 이곳를 떠나 칼리만탄, 리아우 제도 및 말레이시아에 이주 정착했다.

몰루카 말루쿠 제도

지난 날 인도네시아가 열강의 각축지가 된 것은 향료 때문이었다. 먼 옛날부터 인류는 음식에 풍미를 더하고 병을 치료하기 위해 향료를 사용해 왔다. 술라웨시 동쪽에 위치한 말루쿠 제도는 정향과 육두구의 산지로 유명하다. 이곳을 차지하려던 포르투갈과 네덜란드는 향료 전쟁을 벌였고 그 결과로 인도네시아는 350여 년 동안 네덜란드의 식민지가 되었다. 인도네시아의 역사를 바꾸어 놓은 향료섬인 북부 말루쿠의 테르나테 섬은 육두구의 고향이다. 이곳에서 정향과 육두구를 재배할 수 있었던 데는 화산섬의 비옥한 토지라는 환경이 있었기 때문이다.

16~17세기는 아시아, 유럽 관계사에 있어 가히 향료시대라고 부를 만하다. 포르투갈 사람들이 당시 중국해와 인도양 사이의 무역에 있어 가장 중요한 중계무역항이었던 말라카를 점령 1511년 한 것이나, 스페인 사람들이 태평양을 가로질러 필리핀에 상륙 1521년 한 것은 모두 향료 때문이었다. 영국과 네덜란드가 동인도회사를 세우고 아시아로 무역선단을 파견한 것도 같은 맥락이다.

향료무역은 많은 비용과 희생이 따르는 사업이었다. 향료 구입에 필요한 자금 외에도 훌륭한 대포가 장착된 배와 능력 있고 경험 풍부한 선장과 선원들을 확보해야 했다. 16세기 말에서 17세기 초 사이에 세 번에 걸쳐 동인도로 파견된 약 1천2백명의 영국 선원들 가운데 무려 8백 명이 항해 도중 괴혈병, 장티푸스 등으로 죽은 예를 보면 알 수 있다. 풍랑과 암초를 만나 배가 침몰하기도 한다. 또 향료를 싣고 오던 배가 적대관계에 있는 국가의 무장 범선을 만나 약탈당하고 심지어 잔인한 학살극이 일어나기도 한다. 배가 향료를 가득 싣고 무사히 돌아오면 선장과 선원들은 고향의 항구에서 영웅이 됐고, 항해에 자금을 댄 상인들은 떼돈을 벌었다. 당시의 상황을 잘 표현해 준 소설 Faction, 역사적 사실에 근거한 소설 이 있어 소개한다.

『향료전쟁 Nathaniel's Nutmeg 』

향료는 육두구 nutmeg, 후추와 정향, 육두구의 껍질인 메이스, 계피 등을 포함한다. 후추와 계피는 인도가 원산

171

바타비아 요새 유적

지이지만, 육두구와 정향은 향료제도라고 불린 동부 인도네시아의 말루쿠 제도가 원산지이다. 그 중 육두구가 많이 생산된 곳은 반다제도다. 육두구는 당시 유럽 사회에서 육류의 방부제와 음식의 조미료로 애용됐는데, 엘리자베스 1세 여왕시절 런던의 한 외과의사가 흑사병에 육두구만이 유일한 치료제라고 주장한 이후 사람들이 앞다퉈 찾는 물품이 됐다. 때문에 육두구는 한때 금보다 더욱 비싸게 거래되기도 했다.

영국인 저자 가일스 밀턴의 『향료전쟁』은 유럽인들 간의 치열한 경쟁, 유럽인들과 아시아 군주들 사이의 만남, 항해 중 선상에서의 삶과 죽음도 리얼하게 묘사했다. 유럽인들은 향료제도에 진출해 요새를 건설하고 군사를 주둔시키며 섬의 추장을 회유 혹은 협박해 향료를 독점하기 위해 애쓴다. 향료제도에 대한 정치적, 경제적 지배를 추구하는 그들의 모습에 대한 묘사는 당대의 다양한 여행기들을 바탕으로 서술하기 때문에 생생하다.

육두구는 인도네시아가 원산지로 기존에는 아라비아, 베네치아 또는 인도, 포르투갈을 통해 소량만 유럽에 전해졌다. 원산지가 밝혀지지 않았던 것이 큰 이유였는데 대양진출이 가속화되면서 인도네시아 지방의 반다제도 몰루카 제도가 원산지임을 알게 된 영국과 네덜란드는 이 섬들의 독점권을 두고 치열한 싸움을 벌인다.

육두구의 값어치는 앞에서 언급했지만 특히 작은 주머니에 담긴 육두구 향료 주머니는 그 하나만으로 커다란 집을 사고 평생을 호위호식할 수 있었다고 하니 당시 부의 집중화 현상이 극심했다는 것을 느낄 수 있다. 육두구를 운송하는 배의 선원들은 육두구를 주머니에 한줌만 숨겨 나와도 일약 부자가 되어 버릴 정도로 가치가 어마어마해 동인도회사 및 무역 선주들이 앞다투어 동남아로 배를 보내고, 투자자가 장기 투자를 했던 것도 무리가 아닐 것이다. 오죽하면 배 10척을 보내어 그 중 한 척 만이라도 육두구 및 기타 향료, 인도의 다마크스 직물 등을 배한가득 싣고 돌아오면 손실액의 수십 배를 벌어들일 수 있을 만큼 중세 모험무역의 정점을 차지하는 교역품이었던 것이다.

몰루카제도에 대한 관심은 영국과 네덜란드 모두 비슷하였다. 시작은 영국이 빨랐으나 동남아시아의 주도권은 서서히 네덜란드로 넘어간다. 영국은 네덜란드와의 수십 년에 걸친 양국간 전투에서 한 번도 이긴 적이 없다. 일방적으로 밀린 끝에 영국은 자신의 영지로 유일하게 문서상으로만 인정받은 온 섬이 육두구 나무로 가득 찬 최대 생산지인 런섬과 네덜란드가 지배하고 있던 미국의 맨하탄 섬을 맞교환하며 기나긴 향료전쟁을 마치게 된다. 동남아에서의 열세로 영국은 신대륙으로 관심을 돌린 것이다.

차이나타운

요새를 비롯한 주요 유적의 답사를 끝내자 가이드는 바타비아 지역을 둘러싸며 가로막고 있는 긴 성벽의 한쪽에 위태롭게 걸쳐 있는 사다리를 오르자고 한다. 사다리를 타고 성벽의 꼭대기에 올라 좁디좁은 길 아닌 길을 한참 동안 걷는다. 한 쪽은 허름한 빈민가 풍의 주택이 계속된다. 성벽 길을 내려와 서도 빈민가 한가운데를 걷는데 삶의 치열한 현장이다.

네덜란드 사람들이 성벽을 쳐 놓은 바타비아꼬따 지역 너머에 중국인들이 모여 살았던 차이나타운, 바로 「글로독 Glodok 」이다. 바타비아

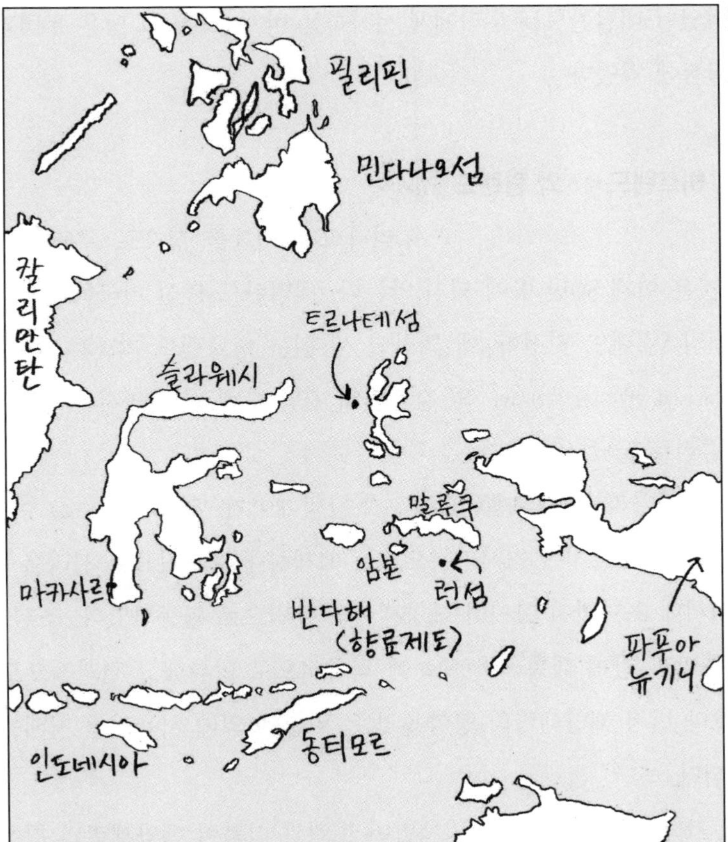
필리핀
민다나오섬
칼리만탄
트르나테섬
술라웨시
말루쿠
암본
런섬
마카사르
반다해
(향료제도)
파푸아
뉴기니
인도네시아
동티모르
오스트레일리아

향료제도

의 차이나타운과 인도네시아 화교 이야기는 다음 이야기에서 계속한다. 17세기에 세계에서 가장 강력한 국가였던 네덜란드, 작지만 강한 나라였던 네덜란드는 우리에게 시사하는 바가 크다. 그 답은 무역과 해양활동에 있었다.

허트랜드 대륙 와 림랜드 연안지역

우리나라가 세계를 상대로 무역을 시작한 것은 이제 50년 밖에 되지 않는다. 네덜란드 출신 미국학자 스파이크맨의 『림랜드 지정학』에 의하면 세계는 「허트랜드대륙세력」와 「림랜드Rim land, 연안지역, 해양세력」의 갈등인데 지난 오백 년의 역사는 해양세력의 승리로 끝났다고 한다.

우리나라는 우리민족의 30%가 남방계이기 때문에 아마 그 이전부터 일지도 모르지만 역사기록으로는 백제시대를 시작으로 신라를 거쳐 고려시대 초기까지 아시아 해양세력의 주역으로 활동하였다. 조선시대의 출발과 함께 대륙세력명나라에 적극적으로 합류했고 결과적으로 우리보다 먼저 해양세력의 영향을 받은 일본에 의해 치욕적인 지배를 받게 된다.

그 후 필사적인 자체 경제발전 노력과 더불어 해양세력의 최종 결집체인 미국과의 동맹으로 우리나라는 역사에 유래가 없는 번영을 누리고 있다. 그러는 사이 우리는 이미 현재화現在化 되어 있는 중국대륙세력 과 미국해양세력 사이의 갈등을 체감하고 있다. 사드고고도 미사일 방어체계, Terminal High Altitude Area Defense, THAAD 설치 결정에 따른 '외교적' 파장이 한 예이다. 화교 이야기와 더불어 림랜드 지정학에 대해서도 다음 이야기에서 설명을 덧붙이기로 한다.

바타비아 카페

바타비아 첫 방문 시 눈여겨 두었던 바타비아 카페를 방문해 저녁식사를 하기로 한다. 평일 저녁이라 손님이 많지 않았다. 데이트 중인 듯한 젊은 인도네시아 커플이 조용히 식사 중인데 모습이 소박하면서도 품위가 있다. 소설에 등장시키고 싶은 현지인의 모델을 찾았다는 느낌이 들었다. 준 소현의 무대는 당연히 바타비아를 포함시켜야 한다.

파따힐라 광장 부근에는 1600년대 초부터 네덜란드 정부가 지은 오래된 건물이 많이 남아 있는데 그 중 하나가 200년 역사를 간직한 「바타비아 카페 Cafe Batavia」이다. 이 카페는 1800년 전반기에 총독 거주지로 설립되었는데 거주지뿐만 아니라 창고와 사무실, 예술 갤러리 등 다양한 목적으로 사용되었다. 전체가 자바 티크 나무로 지어진 2층의 그랜드 살롱 Grand Salon 이 식당으로 사용되고 있다. 유리창과 격자 모양의 키 큰 창문은 카페를 더욱 우아하고 클래식하게 만들고 있다. 2층한 쪽의 처칠 바는 뉴스위크지가 「The World Best Bar」로 선정하기도 했다.

시간의 흔적을 보여주는 건물과 카페의 바닥, 넓은 클래식풍의 식당에 앉아 있으면 대항해시대의 상상이 저절로 떠오른다. 바타비아의 밤은 깊어가고 광장에는 불꽃놀이를 하는지 소란하다. 이제 인도네시아에서 일어났던 화교에 관련된 사건에 대해 알아본다.

화교, 대항해시대

　　　　　　자카르타를 방문했던 1999년, 시내에서 연일 데모가 계속되고 있었다. 어느 날 필자가 출장갔던 회사의 본사 건물에 폭탄이 설치 Bomb Threat 되어 전 직원에게 소개령이 내려졌다는 긴급 메시지가 받았다. 근무하던 포톡 인다 Pondok Indah 사무실에서 시내 호텔로 돌아가는 길이 데모대에 의해 막혔다는 소식까지 들려왔다. 이제 공포감까지 들기 시작했다. 우여곡절 끝에 개인적 친분이 있던 인도네시아 직원이 아는 군장성을 통해 군용 짚차를 준비하여 장교의 호위를 받으며 호텔로 돌아왔다. 결국 중간에 일정을 취소하고 특별히 고용된 전문 보디가드와 함께 공항 출입국 관리소 안까지 동행하여 출국해야 했다. 당시 데모는 호주대사관 주변에서 일어났는데 동티모르의 독립을 지지하는 호주에 대한 항의 데모였다. 호텔 창문 너머로 까맣게 몰려있는 데모 군중이 보이기도 했다.

그러나 정작 우리 일행이 불안해하고 특히 일부 여성 팀원들이 패닉에 빠졌던 것은 불과 한 해 전인 1998년 5월에 있었던 인도네시아 화교 집단 학살사건 때문이었다. 당시 쟈카르타에서 사건에 휘말렸던 한국인 친구들의 경험담도 공포를 더하게 했다. 현지인의 눈으로 중국인과 한국인을 구별하기 힘들다. 구별한다 한들 대우가 달라질 형편도 아니었기에 무조건 피하고 보아야 했는데 한 친구는 의외의 장소인 골프장 클럽하우스로 피신하여 무사했다고 한다. 한편 사업을 하던 다른 친구는 마침 구입한 지 얼마 안된 새 차로 해외출장에서 돌아오는 길에 고속도로에서 야구방망이를 든 십여 명의 폭도와 마주쳐 맞서 싸우다가 차는 완파되고 겨우 목숨만 부지할 정도로 구타를 당하고 근처의 알고 지내던 군장성 집으로 피신하여 간신히 목숨을 구했다는 얘기였다. 그 친구는 해병대 출신에 태권도 유단자였다.

역사는 되풀이 되는 것인가 보다. 화교 학살사건은 지난 이야기에서 다루었던 마닐라에서도 여러 차례 있었고, 인도네시아에서도 1740년에 이미 벌어졌었다.

한 가지 변하지 않는 사실은 마닐라 화교 학살사건 때나 1740년과 1998년의 인도네시아 화교 학살사건 때에도 중국 본토의 정부는 화교 보호를 위한 어떤 조치도 취하지 않았다는 사실이다. 다시 말하면 역사적으로 중국은 화교를 자국민으로 취급하지 않았을 뿐더러 오히려 이이제이 오랑캐로 하여금 오랑캐를 제압하는 전략 의 대상으로 보는 태도를 견지했다는 것이다. 구체적으로 사건들을 살펴본다.

차이나타운

　　　　　　네덜란드 사람들이 담장 성벽을 쳐 놓은 바타비아 꼬따지역 너머에 중국인들이 모여 살았던 차이나타운이 바로 글로독 Glodok이라는 설명을 하였다. 네덜란드 식민지시절에 중국인들이 일자리를 찾아 이곳에 오고 네덜란드가 일본과 중국간의 중계무역을 하는 바람에 중국인이 유입되어 차이나타운이 생긴 것이다.

바타비아 화교 학살사건 1740년

　　　　　　1740년에 바타비아에서 화교들이 학살당한 사건으로 총 만여 명의 화교들이 살해당하고 600~3,000명 정도의 화교 만이 살아 남았을 것으로 추정한다. 1740년 네덜란드 총독부가 설탕 가격을 낮추자 화교들 사이에서 불만이 고조되었고, 제당소 화교 노동자를 중심으로 폭동이 일어나 50명의 네덜란드 군인이 죽자 총독부는 중국인들로부터 무기를 압수하고 중국인 거류지인 차이나타운에 야간 통행금지 명령을 내린다. 이 때 인도네시아인 사이에 화교에 대한 루머가 퍼지면서 인도네시아인들이 바타비아의 화교촌을 불태우고 여기에 네덜란드군이 화교촌에 대포를 쏘는 사건이 발생했다. 이를 계기로 화교 학살은 바타비아 전역으로 퍼졌나갔다. 총독은 루머가 사실무근임을 확인해 주었지만 일부 주민들은 총독이 학살의 중지를 강력히 명령할 때까지 화교들을 살해했다. 당시 중국의 청왕조에서는 어떤 보호조치나 항의가 없었다.

인도네시아 화교 학살사건 1998년

아시아 금융위기IMF 직후인 1998년 인도네시아가 경제적인 어려움을 겪고 있을 때 일어난 학살사건으로 학살대상은 화교였다. 학살사건이 일어난 당시 인도네시아 내 화교의 인구비는 5%였지만 경제력에서는 85%를 차지하고 있었다.

1998년 5월 대학생들이 정부의 부정부패를 규탄하며 시위하던 중 중상자가 발생했다. 며칠 후 진압군의 발포로 학생 6명이 사망했다. 다음날 쟈카르타 전역이 통제 불가능 상태에 빠졌다. 시위는 폭동으로 발전하여 상가가 불타고 사망자가 속출했는데, 이때도 역시 화교들이 사건에 휘말렸다. 우리가 기억하듯 1992년의 LA흑인폭동 때에도 비슷한 일이 벌어졌다. 흑인들은 백인이 미운데 막상 덤비지는 못하겠고, 가진 건 있지만 힘이 약한 한인들을 약탈했다. 당시 한인타운의 파괴는 극심했다.

LA에서처럼 인도네시아에서도 학생들의 정권 규탄 시위가 화교 배척 시위로 슬며시 바뀐 것이다. 화교 2,000명 이상이 비참하게 학살당하고 화교들의 집은 불태워지고 '화교의 씨를 말려라'는 구호를 외치는 미친 군중들에게 중국인들이 끌려 나와 필설로 설명하기도 망설여질 정도로 참혹하게 죽임을 당했다.

세계가 야만적인 행동을 폭로하고 보도했다. 해외 화교들은 중국 정부가 적극 나설 것을 요구했다. 그러나 당시 등소평을 이은 국가 주석인 장쩌민江澤民, 1989~2004년 은 '인도네시아에서 발생한 사건은 인도네시아 내정이기에 중국 언론에 보도하지 말 것이며 중국 정부도 간섭하지 말라'고 지시했다. 중국 국내 언론들은 이 소식을 봉쇄했다. 이 처사는 전 세계 화교들에게 큰 상처를 주었다. 화교 국가인 대만은 5대의 군용 수송기가 명령을 대기했으며, 해군은 인도네시아 발리섬 수역에서 화교들을 귀국시킬 준비를 했다. 대만 외교부는 강력하게 항의했다. 싱가포르는 선박을 동원해 화교의 탈출을 도와주었다. 또다시 화교는 중국 정부의 관심이나 보호 밖에 방치되었다.

중국 화교

중국의 이민은 원에 의한 남송 멸망 1279 년, 원 말기 주원장에 의한 해상세력인 방장세력과의 전쟁 및 명초의 해금정책 기간이 지나면서 본격화되었다고 본다. 당唐 대에 해외 교역이 발전하며 평화적으로 시작되었으며 「화교 華僑 」란 단어는 청말 무렵부터 사용되기 시작하였다. 물론 조선과 항해 기술의 진보를 바탕으로 하고 있다.

제 1기 화교는 12세기 남송 시절 시작하여 16세기 후반기 명대 해금정책 개방 1567년 까지의 약 400~500년 간이다. 화교의 대량 출현이 나타나고 대다수의 화교들이 인도네시아와 싱가폴, 베트남, 태국, 필리핀 등지의 교통무역의 중심으로 이주하였으며 그 수는 약 10만이 넘는다.

제 2기 화교는 앞선 제1기 이후부터 1840년 아편전쟁이 일어나기까지의 약 300년 간이다. 서양에 의한 아시아 식민지화로 인해 늘어난 노동력 수요의 증가에 따라 화교가 대량증가하였다. 또한 화교들이 각국에서 사회경제의 기초를 정립하는 시기이다. 이 시기에 동쪽으로는 일본, 서쪽으로는 인도 동부해안, 남쪽으로는 인도네시아, 북쪽으로는 러시아에 이르기까지 약 100만 명 이상 화교가 증가하였다.

　　이미 소개하였듯이 제 1기 화교를 중국 대륙의 연안지역에 거주하던 백제 이주 유민의 해금정책을 피한 해외진출로 보는 가설 _{김성호 박사} 이 있다.

　　백제 멸망 이후, 중국 대륙에 살던 백제 _{대륙백제} 유민들은 명나라를 개국한 주원장이 이전 왕조들과 달리 명나라 지배 안에 백제유민들이 살던 연안지역을 명조의 통제 하에 강제 편입하려 하자, 목숨을 걸고 300여 년간 싸우다가 대부분 고려, 조선, 일본, 필리핀, 대만, 인도차이나 반도 등으로 흩어지게 되었다. 우리가 흔히 화교로 알고 있는 이들이 사실은 중국 대륙의 중국인들이 아니라 바로 명나라의 해금정책 _{海禁政策} 에 대항하여 싸우다 피신나간 사람들이고 대부분 백제유민들의 후손이었다는 가설이다.

　　전 세계에 현존하는 화교의 수는 2014년 통계를 기준으로 약 4천만 명으로 집계된다. 이 중 동남아에만 3천만 명 이상이 거주중이다. 이들은 특히 동남아시아 경제분야에서 강한 영향력을 행사하고 있다.

중국 개혁개방과 화교 자본

　　　　　　　　　중국 개혁개방 이후 중국에 유입된 외국자본 가운데 70% 이상이 화교 자본이었다. 중국 상무부의 보고서에 따르면 1978년 등소평 주석 _{덩샤오핑} 이 개혁개방 정책을 추진한 이후 2006년 말까지 전체 외국인 투자금액 6,885억 달러 가운데 화상 기업의 투자액이 4,593억 달러에 달했다. 전체 외국인 투자액의 67%에 해당하는 규모이다. 개혁개방 초기 광동성과 푸젠성의 경제특구 지역에 한정됐던 화상 기업들의 대 중국 투자는 1984년의 광저우, 텐진 등 14개 연해도시 개방과 1990년의 상하이 푸동개발 정책을 기점으로 장쑤성에 이르는 동남연해 지역까지 확대된다. 이후 중국내 지역 균형 발전 정책이 본격적으로 추진되면서 화교 자본의 투자는 중국 전역으로 확산된다. 지난 자료이기는 하나 화교 자본을 요약하면 다음과 같다.

- **3~4조 달러 규모** 당시 대한민국 GDP 1.3조 달러
- **서비스, 금융업 집중**
- **아시아 1,000대 상장사 중 517개가 화교 기업**
- **세계 3대 경제 세력** 미국, 유럽 순

한국과 화교 자본 간의 관계는 미미하다. 우리나라의 경제개발 시기에는 오히려 화교 자본을 배척하려는 기류가 강했다. 우리나라는 그 후 새만금 개발에 중국과 화교 자본 유치 계획을 2008년부터 세운 바 있다. 중국 자본을 끌어들이는 한편 동남아의 화교 출신 기업인들과 관계를 강화한다는 전략이었다. 그러나 새만금 개발을 위한 화교 자본 투자 성과가 지금까지 전무한 상태이다. 상지대 박장재교수는 '화교 자본과 전략적 제휴를 하는 것이 한국 경제가 새로운 도약을 위한 기틀을 마련하는 대안이라는 분석이 나온다'며 '경제강국으로 부상하고 있는 중국에 접근하는 데 화교 자본을 유용한 연결 창구로 활용할 수 있다'고 강조한다. 훌륭한 아이디어인데 그 실행을 위한 효과적인 접근에는 역사에서 답을 찾아 봄이 어떨까 생각한다.

중세 화교와 해적들에 관한 해양세력의 이야기를 전개하다보면 서

서히 등장하는 것이 서양세력이다. 그리고 궁극적으로 서양에 의한 동양의 지배이다. 이 과정은 어떻게 진행되었고 어떤 교훈을 얻을 수 있는지 생각해 보기로 한다.

대항해 시대 Era das Grandes Navegações

다음에 전개하는 세계사의 변화에 관한 이야기는 주경철 박사의 저서 『대항해 시대』에 기반을 두고 있다. 근대 초까지 세계의 중심에 아시아가 있었다. 아시아는 해상 무역이 이미 이루어지고 있었고 해상 교역망이 상당히 발달했었으며 정치, 군사 세력이 분산되어 문화적으로 세계 어느 지역보다 다양한 곳이었다. 바다에서는 각지의 상인들이 자유롭게 왕래할 수 있었고 이방인들을 배척하지 않는 분위기였다. 「정화의 원정 1405~1434년」은 중국 해상 팽창의 정점이었다. 명초의 이 원정이 서양의 대항해시대를 여는 기반을 제공했고 유럽의 르네상스의 도화선이 되었다는 가설은 마지막 이야기에서 소개하기로 한다. 물론 이 원정에 지대한 영향을 준 한韓민족의 역할도 소개한다. 참고서적 : 개빈 맨지스 저 『1421』, 『1434』, 김성호 저 『중국진출백제인의 해상활동 천오백 년』, 서현우 저 『바다의 한국사』

정화의 대선단은 세계 최대 규모였으나 북쪽의 유목 민족 세력의 위협과 내륙 각지에서 일어난 농민 봉기, 정권을 장악하여 해상 팽창을 주도했던 환관세력의 몰락 때문에 해양 진출은 중단된다. 이후 유교 이데올로기를 기반으로 한 관료들은 강력한 해금정책을 폈다. 중국의 이 결정은 세계사를 바꾸어 놓았다. 아시아의 바다로 진출한 유럽 세력이 패권을 놓고 다투는 사이 중국은 쇄국을 하며 중국 내의 해양세력을 핍박하였고 결과는 400여 년 후 아편전쟁의 비극으로 이어진다. 개인적인 견해로 서양 세력이 동양 세력을 역전한 것은 제2차 아편전쟁을 통해 영국의 승리를 끌어낸 1860년으로 본다. 다시 말하면 세계사에서 서양의 절대적 우위가 시작된 것은 불과 150여 년 밖에 되지 않는다는 뜻이다. 그 전에는 항상 서양은 동양에서 무엇인가를 사들여야했고 서양은 그 대가로 남미에서 은과 동을 채굴하여야했으며 인도에서 아편을 재배해야 했다.

정화의 원정이 중단 된 15세기 후반부터 18세기 중반까지 유럽의 배들이 세계를 돌아다니며 항로를 개척하고 탐험과 무역을 했다. 근대 해양 세계의 팽창은 세계사를 바꾸어 놓았다. 세계의 여러 지역들은 바다를 통해 통합적인 체제 하에 들어갔고, 각 나라들은 전 지구적 변화에 적응해야 했다. 중국의 '해상 후퇴'와 유럽의 '해상 팽창'으로 근대사의 결정적인 구조적 전환기였다. 해상 팽창의 주역이었던 포르투갈, 스페인, 네덜란드, 영국의 제국 확장과 식민지개척이 시작된 후 해상 진출의 도구였던 선박, 선원, 해적을 통해 폭력이 자행되었고 한편 화폐와 귀금속의 세계적 유통을 통해 세계 경제 체제가 이루어졌다. 기독교 문화는 그 선의에도 불구하고 수많은 지역의 사람들과 충돌을 일으켜 결국 이러한 갈등이 수많은 희생으로 이어졌다.

아메리카 대륙의 작물이었던 감자, 고구마, 옥수수 등은 전 세계 각지로 퍼지게 되어 식량난에 허덕이던 많은 사람들을 구원해주었고 중국의 경우 이러한 작물들을 대량으로 재배하여 인구가 폭발적으로 늘어났다. 인도 지역의 작물이었던 사탕수수는 카리브해와 남아메리카 등지에서 재배되기 시작하면서 생산량이 대규모로 증가했다. 사탕수수는 인력이 엄청나게 필요한 작물이기 때문에 아프리카에서 수많은 흑인 노예들이 잡혀오게 되었다.

15세기 이후 '비교적 고립되어 발전해왔던 각 문명권들이 외부 세계를 향해 해상 팽창을 시도'했고, 바다를 통해 여러 지역들이 교류하면서 '전 지구적인 해상 네트워크'가 구축되었다. 이 네트워크는 수평적인 교류를 확대하기보다 갈등과 지배를 통해 '세계의 수직적인 구조'를 형성했다. 유럽은 해상 팽창을 통해 세계로 영향력을 확대해 나갔고, 근대 세계는 유럽을 중심으로 재편되었다. 유럽이 15~18세기의 3세기동안 '강력한 활동'을 펼쳤고 19~20세기에 '제국주의적인 지배자'가 되었다.

유럽 해양 활동의 특징은 국가가 관여하고 있었다는 것이다. 포르투갈의 아시아 사업은 군주 자본주의 성격을 띠고 있었으며, 국왕의 계정으로 사업하는 무역이 이루어졌다. 유럽에서 국가와 자본의 결합은 근대적인 주식회사의 초기 형태가 지닌 특징이었는데, 네덜란드 동인도회사 VoC 와 영국 동인도회사 EIC 는 단순한 무역회사가 아니라 국가의 기능을 일부 대신하는 권력체였다. 이들은 해안 지역에 거점 도시들을 만들어 사업을 독점하고 이익을 취했으며, 국가는 이들의 독점권을 인정했다. 그리고 이 과정에는 폭력이 수반되었다. 반면 화교들은 해외에 중국인 공동체를 형성했지만, 중국 정부로서 국가의 보호를 받아야 할 중국인의 일부가 아니었고 오히려 배척을 당하는 이민족이었다. 국가의 보호가 없는 화교들은 국가와 결합한 유럽 상인들에게 밀릴 수밖에 없었다.

15세기 이후 세계의 모든 것이 다시 짜였고, 이 과정에서 세계는

'유럽의 규칙', '유럽의 생각', '유럽의 가치'와 '유럽의 방법' 등을 받아들이게 되었다.

니콜라스 스파이크먼 미국 정치학자

'림랜드Rim Land, 대양과 대륙을 잇는 연안 지역를 제패하는 자는 유라시아를 제패하고, 유라시아를 제패하는 자는 세계의 운명을 제패한다'

다음에 전개하는 이야기는 몇 군데 인터넷에 게재된 인상 깊었던 글에서 가져온 것들이나 출처를 다시 찾기 어려워 가능한한 필자의 견해로 윤색해 보려고 노력한 글이다.

대한민국 미래 과제의 하나로 거론되고 있는 것이 동북아 물류의 중심, 즉 동북아 허브를 구축하는 것이다. 한반도는 대양과 대륙을 잇는 림랜드연안지역, Rim Land 로서 조건을 갖추고 있기 때문에 이 동북아 허브 구상은 일견 가능성이 있는 프로젝트로 보인다. 물론 남북한이 우선 연결되어 한반도를 유라시아 대륙과 육지로 연결하는 것이 선결과제이기는 하다. 큰 의미로서의 림랜드는 영국을 이은 해양세력을 대표하는 미국을 말한다. 그리고 미국 군사전략의 핵심인 일본, 대만, 필리핀에서 호주 북부해안까지의 섬으로 이루어진 지역, 즉 '동아시아 지중해' 봉쇄작전의 중점지역을 말한다. 미국의 입장에서 보면 빠른 속도로 부상하고 있는 새로운 대륙세력인 중국에 효과적인 군사 대응을 위해 우호관계를 맺어야할 지역이기도 하다.

대항해시대를 통해 형성된 근대사회에서 세계의 지배자들은 대양을 지배하였다. 즉 바다를 지배하는 세력이 곧 세계를 지배하였다. 그

로부터 500년이 지난 지금 세계화로 하나가 된 세계를 지배하기 위해서는 물류시스템을 지배하는 것이 중요한 과제로 부각되었다. 이런 이유 때문에 세계는 이제 대양과 대륙을 이어주는 림랜드를 지배하는 세력이 주도권을 차지하게 된다는 것이 림랜드 이론이다. 참고 서적은 『平和の地政学』으로 스파이크만 저 『The Geography of the Peace』의 일어 번역서이다.

자크 아탈리 Jacques Attali가 『미래의 물결』에서 정리하고 있는 것처럼 고대로부터 세계의 경제는 거점을 중심으로 발전하였다. 그런데 그 거점들, 즉 브루게에서 시작하여 베네치아, 앤트워프, 제노바, 암스테르담, 런던, 보스턴, 뉴욕, 로스앤젤레스 등은 해양문화의 연관을 가지고 있는 도시들이었다. 즉 도시 자체의 생산적 기반과 항구를 통한 물류 시스템의 통합이 가능한 지역들이었다. 이런 관점에서 볼 때 고대로부터 현대에 이르기까지 해양과 대륙을 잇는 연결고리는 언제나 중요했다. 태평양과 대륙을 잇는 림랜드로서 한반도를 생각해 볼 수 있는 것이다. 세계 경제의 중심 거점으로서 부상하기 위해 대양과 대륙을 연결하는 것의 지정학적 가치를 제대로 알아야함과 동시에 새로운 국제관계 이데올로기의 올바른 정립을 위해 역사에 대한 성찰이 필요해 보인다.

근대의 세계화는 '폭력의 세계화'였다. 유럽의 세계지배 과정에서 나타난 폭력은 남북아메리카와 아프리카, 아시아의 근대 역사에서 뚜렷한 흔적을 남겼다. 남미의 경우 브라질은 포르투갈의 상인들에 의해 무참히 약탈당했다. 스페인과 포르투갈의 진출은 중세에 찬란히 꽃을 피웠던 마야와 잉카 문명과 같은 고대 문명들을 멸절시켰다. 콜럼버스가 대륙에 진입한 이래 아메리카 문명은 철저하게 파괴되고 정복당했다. 대다수의 선주민들이 목숨을 잃거나 자유를 잃었다. 그리고 중국은 영국의 폭력 앞에 무너졌고 우리나라는 일본의 폭력 앞에 무릎을 꿇었다. '식민지 지배의 정당성' 주장에 맞서 '선주민들의 권리'를 옹호한 스페인의 소크라테스로 알려진 '라스카사스 Las Casas' 신부는 다음과 같은 논지의 비판을 제기하였다.

'이 무고한 사람들에게 잔혹한 행위를 저지른 당신들은 모두 하나님께 죄를 지은 겁니다. 이 사람들은 인간이 아닙니까? 그들 역시 이성적인 영혼을 가지지 않았습니까? 당신들은 도대체 무슨 권리로 이 사람들을 가혹한 노예상태에 묶어두는 것입니까? 자기 땅에서 평화롭게 살아가던 이 사람들에게 무슨 권리로 전쟁을 벌인 것입니까?'

근대문명을 만들어낸 폭력성은 현대사회에 들어서서 군사력 우위 경쟁과 더불어 글로벌 시장경제 시스템에도 존재하고 있다. 이 새로운 폭력, 즉 글로벌 금융 경제력이 한 국가의 운명에 치명적인 영향을 미칠 수 있는 시대에 우리는 어떤 역사를 써 나가야 할 것인가? 또한 어떻게 해야 강대국들이 폭력성과 패권주의에 의존할 수 없는 세계사를 만들 수 있게 할 수 있을까? 항상 그래왔듯이 시대를 이끌어갈 새로운 인문학이 필요한 듯 싶다.

책 소개, 『숲의 서사시』

근대사의 전개를 실감나게 느낄 수 있는

책을 한 권 소개한다. 간단한 질문을 하나 떠올려 보자. 한때 세계의 무역선 2만척 중 1만 5천척이 네덜란드 소유의 배라고 하였다. 근대의 배는 나무로 건조되었다. 배의 규모가 커질 수록 더 크고 더 많은 목재가 필요했을 것이다. 네덜란드는 이 목재를 어떻게 공급하였을까? 다음 책에 답이 있다. 존 펄린 저『숲의 서사시 A Forest Journey』숲을 따라가는 세계사 여행. 다음 이야기는 말레이지아의 말라카다.

말라카 Malacca

　　　　싱가포르를 가게 되면 말라카를 꼭 들러 보고 싶었다. 말레이지아의 쿠알라룸푸르와 페낭 그리고 동말레이지아의 코타키나바루는 관광 상품이 있지만 말라카는 그렇게 알려져 있지 않은 곳이다.

　시내 터미널을 떠난 버스는 마침 우리가 첫 손님이라 전면이 운전석에 가리지 않는 윗쪽 맨 앞자리에 앉아 출발한다. 싱가포르 쪽 체크포인트를 지나 말레이시아와 연결하는 서쪽 다리를 넘으니 말레이지아 체크포인트다. 여기서부터 말레이지아 안내인이 버스에 동승하고 중간에 잠깐 휴게실에 들르는 것을 포함하여 세 시간 반을 남북고속도로인 세컨드 링크 익스프레스웨이를 달린다. 어느덧 말라카 교외에 당도했는지 빨간색 건물들과 좁은 골목들이 눈에 들어오기 시작한다.

말라카는 아시아에서 가톨릭 세례를 받은 첫 번째 도시이며, 400년간의 식민지배 속에서도 독특한 문화를 꽃피운 생명력의 땅이다. 말레이시아 사람들에게는 최초의 왕조가 탄생한 곳이라 더욱 의미가 크다. 말라카가 유명해지기 시작한 건 2008년 유네스코 세계문화유산으로 지정되면서부터다. 말레이, 포르투갈, 네덜란드, 영국의 흔적이 한 덩어리를 이룬 도시는 전 세계적으로도 유례를 찾기 힘들 것이다. 여기에 이주 중국인들이 말레이 사람들과 결혼해 낳은 '페라나칸'들의 문화까지 더해져 이색적이다.

말라카의 역사

말라카왕국은 1400년경부터 1511년까지 말레이반도에 말라카를 중심으로 번영한 왕국을 말한다. 말라카의 창건자인 '파라메스바라'는 수마트라의 왕자로, 자바인의 공격을 받고 해상으로 탈출하여 처음 정착한 곳이 테마섹 Temasek 섬이었다. 거기서 사자를 보았다고 하여 이 지역을 싱가뿌라 Singapura 라고 불렀는데 현재의 싱가포르이다. 1402년 말라카로 이동하였고 이곳은 곧 동서의 문물과 상인들로 넘쳐 났으며 중계무역의 수익을 바탕으로 말라카왕국은 번창했다. 1424년 아들이 왕위를 세습했다. 말라카왕국은 중국과의 우호적 관계를 유지했는데 중국과 사신을 교환했고, 명나라 정화鄭和의 남해원정 당시 말라카 왕실은 그를 극진히 대접했다. 명나라 항 리포 Hang Li Po 공주가 결혼하기 위해 올 때 500명의 중국 사신들도 함께 말라카를 방문하기도 했다. 말라카왕국은 1470년경에 전성기를 맞았고 제국帝國 형태로 발전되어 태국 남부와 말라카 Malacca , 조호르 Johor 를 포함하는 전 말레이 반도와 말라카 해협을 사이에 두고 마주 보는 수마트라 중동부 대부분의 지역을 완벽하게 왕국의 영향하에 두었다.

말라카왕국을 구성한 종족은 플라유족으로 순종적이고 적응력이 강하여 어느 지역에서나 어떤 문화적 배경을 가진 왕국과의 교섭도 잘 소화해 내었다. 말라카왕국은 이슬람교를 수용함에 따라 말레이반도와 자바섬을 아우르는 범 이슬람 문화권을 형성하게 되었다. 말라카왕국의 세력 확장은 북쪽으로 태국의 아유티야 왕국을 위협할 정도였다.

말라카왕국은 '오랑 라웃 Orang laut'이라고 칭하는 해상 주민들을 적절히 활용하여 해적들의 위협으로부터 국제 교역상들의 안전을 보장하는데 주력했다. 외국 상인들의 상품을 보호하기 위한 노력을 기울여 교역 기반시설 확충에 충실했으며, 교역 활동에 관련되는 법 규정과 행정 체계를 매우 정교하면서 효율적으로 구성했다. 세계 각국에서 온 교역상들로 붐비던 국제 도시 말라카에는 상인뿐만 아니라 노동자, 기술자, 종교인, 중개업자 등이 각국에서 몰려들었다. 당시 말라카에서는 40여 개의 외국어가 동시에 사용되었다고 한다.

각 민족은 유사한 출신 지역별로 묶여져 해당 민족 출신 지도자에 의해서 관리되었다. 이들 관리자들을 '샤반다르 Syahbandar'라고 하는데 인도인 두명과 자바인, 중국인 각 한 명 등 보통 네 명의 샤반다르로 구성되었다. 인도인 집단은 두 개로 나누어져 하나는 인도 북서부 출신들로서 동남아시아의 해상무역에 가장 적극적이었던 구자라티 Gujarati 사람들이 별개의 집단을 형성하고 그 다음에는 인도 북동부의 뱅갈 및 남부에서 온 사람들과 버어마의 페구, 아체 부근의 파사이 Pasai 등으로부터 온 교역상들이 집단을 형성했다. 또한 자바, 팔렘방, 보르네오, 말루쿠, 필리핀 등에서 온 사람들도 있으며, 중국, 참파 베트남, 류구, 일본 등에서 온 상인 그룹이 있었다. 국왕 아래 븐다하라 수상가 실질적인 업무를 수행하는 체제였다. 15세기 중반에 븐다하라를 지냈던 뚠 페락 Tun Perak 정권 때에는 말라카왕국의 최전성기가 이루어졌다. 말레이 반도를 장악하여 태국과 맞서는 세력으로 성장했고, 향료 무역을 독점하면서 비약적인 발전을 보였다.

말라카왕국은 향료 무역을 통제하면서 커다란 국익을 얻을 수 있었다. 또한 중국 세력과 우호적인 관계를 유지함으로써 아유티야 왕국의 공세로부터 보호받을 수 있었으며, 명 明 을 상대로 잦은 외교사절단을 보내고 맞이하는 방식으로 국교를 맺었다. 명사 明史 에는 1405년에 명나라의 태감 太監 정화 鄭和 가 이끄는 서양 방문 해상사절 선단이 말라카왕국을 방문하였고, 1410년에는 말라카의 국왕 '파라메시바라'가 손수 처자 및 신하 540여 명을 거느리고 명나라의 수도 남경 南京 을 찾아왔다는 기록이 있다.

포르투갈인들은 1510년 인도의 고아 Goa 를 점령해 아시아 진출의 발판을 마련했다. 1511년 말라카왕국과 포르투갈 간의 전쟁이 시작되었다. 말라카는 포르투갈의 공격에 맞서 두 달 가량 버티다가 항복하고 만다.

포르투갈 상인들은 인도네시아 군도를 따라 동쪽으로 이동하여 필리핀을 우회해 일본까지 들어갔다. 일본에서 이들 포르투갈인은 총기 銃器 를 제작하는 기술을 전수하여 조총 鳥銃 이라는 신식무기를 전달했고, 일본은 이 무기를 앞세워 1592년 임진왜란 壬辰倭亂 을 도발하여 조선에 엄청난 인명 및 재산 피해를 입혔다. 유럽 세력의 동남아시아 식민지개척이 이 시기에서부터 활성화되었던 것이다. 이러한 사실에서 비추어 볼 때 1511년 포르투갈의 말라카왕국 점령은 동아시아 역사에 분기점 分岐點 을 마련한 사건이라고 평가할 수 있다.

포르투갈 해군의 침공을 피해 말라카왕국의 왕족들은 말레이 반도 각지로 흩어져 그 후 해상 교역의 중심지로서의 주도권을 두고 포르투갈령 말라카와 경쟁했다. 싱가포르 북단에 있던 '조호르'는 네덜란드와 협조해 포르투갈령 말라카를 적극 견제하면서 새로운 교역 도시로 성장했다. 이슬람 교도들은 수마트라 북단의 '아체'를 교역의 중심지로 하였고, 1558년에 전함 3백여 척과 1만5천여 명의 전투병력으로 말라카를 공격한다. 17세기에 들어 조호르가 네덜란드와 협조하면서 교역 도시로 등장했다. 네덜란드는 1641년 조호르의 도움을 받아 말라카를 점령했다.

다음 세기는 부기스 Bugis 족의 활동이 두드러졌다. 바타비아 이야기에서 잠깐 소개하였지만 부기스는 마카사르 일대에 살다가 말레이 반도로 이동한 민족이다. 부기스 민족은 인도네시아 동부 슬라웨시 Slawesi 에 살고 있던 사람들로서, 예부터 동남아시아 각지에서 해상 활동이 두드러져 '바다의 유목 민족'이라고도 불린다. 그들은 뛰어난 항해술을 보유하고 있었으며, 유능한 교역자들이었고, 무엇보다도 용맹스러운 전사들이었다. 그들은 마침내 조호르를 접수하였다.

부기스 세력은 싱가포르 앞 바다에 있는 인도네시아 빈탄섬의 '리아우'를 거점으로 하였다. 부기스의 집권 기간에 벵골, 인도, 유럽, 중국, 시암 태국, 말레이 군도 등 전 세계의 무역상들이 리아우강 어귀에 모여들었다. 인도에서는 아편과 의류, 중국에서는 비단과 도자기, 필리핀에서는 금과 은, 유럽에서는 화약과 무기, 말레이 지역에서는 향신료 등의 상품이 유입되어 리아우의 무역소는 대성황을 이루었으며, 리아우에서 생산되는 주요 상품인 빈랑고檳榔膏 또한 활발하게 수출되었다. 조호르는 네덜란드 동인도회사東印度會社에 지원을 요청하였고, 이에 응한 네덜란드군의 적극적인 공세로 1784년 힘겹게 리아우를 정복하고 부기스 민족을 축출하였다.

정리하면, 말라카왕국은 건국 백여 년 만인 1511년 포르투갈에 의해 멸망했고, 뒤이어 1641년 네덜란드, 1795년부터는 말라카를 포함한 말레이시아 전역이 영국의 지배를 받았다.

말라카의 유적

다음날 아침 호텔에서 택시를 렌트하여 본격적인 관광 겸 답사에 나선다. 우선 말라카 해협이 보고 싶어 바닷가에 있는 이슬람 사원으로 간다. 사원의 하얀 둥근 지붕 너머로 해협이 펼쳐져 있다. 해협은 가장 폭이 좁은 곳은 4km 밖에 되지 않는다. 이 해협이야말로 동서양을 잇던 또 지금도 잇고 있는 중요한 바닷길로 지난 오백여 년 동안 서양의 세력이 이 바닷길을 타고 동양으로 넘어왔다. 바다를 향해 가슴을 활짝 펴고 바닷바람을 맞아 본다.

기사에게 다음 코스로 중국인 묘지로 가자고 하니 이상한 모양이다. 일반 관광객들이라면 세인트폴 성당이 있는 언덕과 네덜란드 광장으로 득달같이 달려갈텐데 관광객들이 잘 찾지 않는 곳부터 들리기 때문일게다. 공동묘지가 있는 곳은 큰 야산 또는 언덕인데 무덤들이 오래돼 보이는 게 조상묘들이 모셔져 있는 듯 싶다. 입구에는 사당이 하나 있다. 언덕을 잠시 거닐어 본다. 이 무덤들은 각자 어떤 사연을 가지고 있을까? 혹시 여기에 우리와 가까운 사람들이 묻혀있는 것은 아닐까? 구상하고 있는 소설에서는 준소현이 심양에 있을 때 지원해 주던 상인이 반청복명 세력과 연결되어 청조의 추격을 받게 되자 준을 사모하던 딸과 함께 말라카로 이주하여 거상이 되고 준은 세력을 키우기 위해 아시아를 여행하던 중 말라카에서 이 소녀와 극적으로 재회한다는 스토리를 담아보려 한다. 시내로 들어오기 전에 소규모 포르투갈 성을 둘러보았다. 우리나라 강화도에 있는 진 보다는 작아 보이고 거의 돈대 규모의 작은 성인데 낮은 산이지만 아래쪽을 내려다보는 급경사 위에 있는 성이라 방어능력이 뛰어났다는 안내판이 있다.

에이 파모사 A' Famosa

　　　　　　시내 중심가로 들어와 포르투갈의 유적지를 살펴본다. 말라카를 점령한 포르투갈 사람들은 안전한 거주지 겸 요새 「에이 파모사 A' Famosa」를 지었는데 지금은 그 형체가 거의 남아있지 않다. 뒤이은 네덜란드와 영국의 포화 속에 살아남은 것은 성문 Porta de Santiago 과 성당 St. Paul Chruch 한 채뿐이다. 성문을 지나 계단을 오르면 언덕 위로 벽채만 남은 세인트폴 성당이 보인다. 이 성당은 가톨릭을 처음 포교한 성 자비에르와 관련된 일화로 유명하다. 자비에르는 말레이반도와 일본, 중국을 오가며 가톨릭을 알리는데 힘쓰다 1552년 중국 광저우에서 사망했다. 일본 히라도에서 본 자비에르 신부를 여기에서 다시 보게 되었다. 언덕과 허물어진 성당의 고색창연한 벽과 하얀 자비에르 신부의 대리석상의 앙상블이 멋지다. 에이 파모사 요새는 전체적

에이 파모사 성문 유적

으로 붉고, 거칠게 풍화된 듯 보이고 가까이서 보면 마치 녹이 슨 것도 같은데, 철 성분이 함유된 홍토 벽돌로 만들어서 그렇다. 이 벽돌은 캄보디아 앙코르와트에 쓰인 것과 같은 종류로 수백 년이 지나도 변화가 없을 정도로 단단하다.

스태이더스 The Stadthuys

세인트폴 성당이 있는 언덕을 넘어 요새 반대편 아래쪽으로 내려가면 붉은 벽이 멀리서도 눈에 띄는 「스태이더스 The Stadthuys」빌딩이 있다. 원래 네덜란드 총독의 공관이었던 곳인데, 현재는 말라카 민족박물관이자 말라카의 랜드마크로 사랑 받고 있다. 스태이더스와 맞붙어 있는 크라이스트 처치는 말레이시아에서 가장 오래된 교회로 18세기 세워졌다. 거대한 대들보와 시계탑에서 네덜란드 분위기를 물씬 느낄 수 있다. 파트너는 의자에 앉아 잠시 기도를 드린다. 이 교회 앞이 유명한 네덜란드 광장이다. 광장 옆에는 강이 흐르는데 강가에 아름다운 카페들이 많다.

말라카 리버크루즈

다음 날은 말라카 리버크루즈 Melaka River Cruise 를 하기로 한다. 네덜란드 광장에서 좀 떨어진 곳에 승선장이 있다. 배는 마치 운하처럼 잘 다듬어진 강을 거슬러 올라가는데 배를 타는게 시원할 뿐더러 강 주변의 풍경이 볼 만하다. 옛날 유적들이 보이고 강변을 따라 늘어선 카페와 모양이 다른 다리들 그리고 강가에 서있는 성당은 한 폭의 그림이다. 상류 어디 쯤에서 배는 다시 돌아온다.

존커 스트리트 Jonker Street

하선 후 강변의 카페와 연결되는 존커 스트리트 Jonker Street 와 히런 스트리트 Heeren Street 를 걸어본다. 존커 스트리트에는 골동품점과 작은 미술관, 특색 있는 식당들이 많다. 더위를 식히려고 '1673'이라는 카페에 들렀는데 안내하는 아저씨가 수다쟁이다. '이슬라믹 제네럴 쩡호'를 자랑스러운듯 계속 얘기하는데 누군지 감이 잡히질 않는다. 카페 뒷마당에 있는 자물쇠로 잠겨있는 품위있는 집으로 안내하더니 같은 말을 되풀이한다. 한참 지나고서야 생각이 났다. 그 사람은 남해 원정 길에 말라카에 머물렀던 명나라의 정화를 말함이었다. 여기가 정화가 머물렀던 집이라는 것이다. 600년 전의 역사가 필자에게 와 닿는 순간이었다.

정화 鄭和, 1371~1434년 의 원정

주원장이 원나라의 세력하에 있던 윈난성을 공격할 때, 소년이었던 정화는 붙잡혀 환관이 되어 당시 연왕 燕王 이었으며, 후에 영락제가 된 주체 朱棣 에게 보내진다. 주체가 제위를 찬탈한 정난의 변 靖難의 變 때 정화는 공적을 세워 영락제로부터 정 鄭 씨란 성을 하사받고 환관의 최고위직인 태감이 되었다. 정화가 이슬람교도 출신이었던 것은 나중에 영락제가 대원정을 준비할 때 그 지휘관으로 선택한 이유 중 하나가 되었다

명나라 제3대 군주인 영락제 주체 재위 1402~1424년 는 조선의 태종 이방원 재위 1400~1418년 에 비견되는 인물이다. 영락제는 이방원이 왕자시

절 사신으로 남경에 가던 길에 북경에서 면대한 인물이다. 이방원은 첫 인상이 주체가 그릇이 큰 위인이라 느꼈다고 한다. 야심이 가득찬 주체의 눈꼬리가 북경지역을 통치하는 연왕으로 만족할 위인이 아니라고 생각했다. 주체 역시 이방원이 야인으로 머물러 있을 인물이 아니라고 생각하며 왕세자로 불렀다 한다. 동상이몽이 아니라 이상동몽異牀同夢 이었던가?

주체朱棣는 주원장의 넷째 아들로서 조카 견문제를 퇴위시키고 스스로 황위에 올라 영락제가 된다. 그는 아버지 주원장의 고려출신 둘째 부인에게서 낳은 아들이라는 설이 있다. 자신의 세력기반이었던 북경으로 수도를 옮기고 오늘의 자금성을 완공한다. 이 공사에 필요한 물자를 조달하기 위해 항주에서 북경까지 운하를 증설 완성하며 만리장성을 개수한다. 그리고 자신의 믿을 만한 부하였던 이슬람교도 정화로 하여금 대선단을 이끌고 남해 원정에 나서게 한다. 그러나 1421년 자금성 완공 후 반년도 안되어 성이 벼락으로 대화재가 나면서 영락제의 시대가 저물기 시작한다.

1405년부터 1433년까지 모두 일곱 차례에 걸쳐 원정에 나선 정화 함대. 영국 해군 출신인 가빈 맨지스는 그의 함대가 여러 분대로 나뉘어져 세계를 탐험했을 것이라는 가정하에 본격적 연구를 했다. 비록 명의 해금정책으로 정화 관련 자료들은 폐기되었지만, 세계 곳곳에는 비석, 난파선의 잔해, 유물, 다른 대륙 원산지의 동식물 전파, 현지 원주민의 유전자와 전승 등에 정화 원정의 증거가 남아 있다고 주장한다. 역사학계에서는 정화 함대가 아프리카 동부까지 진출한 것은 인정한다. 그러나 맨지스는 정화 함대가 홍보, 주만, 주문, 양경 제독 지휘하에 4개의 소선단으로 나뉘어 2년여에 걸쳐 전 세계를 샅샅이 조사하여 지도를 남겼다고 주장한다. 홍보 洪保 는 남아메리카의 동부 해안, 남극, 호주와 뉴질랜드를, 주만 周滿 은 남북 아메리카의 서해안과 환태평양 지역의 나라들을, 주문 周聞 은 북아메리카의 동부, 그린란드 그리고 북극해를 마지막으로 양경 楊慶 은 인도양 주변 나라들을 탐사했다는 것이다. 이들이 남긴 기록물은 여러 경로를 통해 포르투갈의 항해왕자 엔리케 Infante D. Henrique 에게 들어가고, 정확한 정보를 손에 넣은 엔리케는 자신있게 해양 진출을 후원했다는 것이다. 그러나 역사는 엔리케, 디아스, 다 가마, 콜럼버스, 마젤란, 쿡 등의 업적만을 기억한다. 저자의 표현에 따르면 포르투갈은 단지 '거인의 어깨 위에서' 세상을 내려다보는 혜택을 누렸을 뿐이라는 것이다.

가빈 맨지스가 『책 책명, 1421 』에서 중요하게 언급하는 조선 朝鮮 의 강리도는 1402년 조선에서 제작된 대형 세계 지도로 「역대제왕혼일강리도 歷代帝王混一疆理圖 」가 본명이다. 현재까지 동양에서 발견된 현존하는 세계지도 중 가장 오래된 最古 지도이다. 지도에는 아프리카 대륙 한가운데에의 사하라사막과 고비사막이 검은색으로 커다랗게 표시되어 있으며, 지중해는 매우 잘 그려져 있다. 1488년 바르톨로뮤 디아스가 희망봉에 닿고 1498년 바스코 다 가마가 인도 항로의 개척으로 포르투갈 해상 제국의 기초를 다지게 될 때보다 훨씬 이전에 만들어진 아프리카 지도가 들어있다.

그 당시 지도를 만들었던 조선 초기의 학자들은 고려의 활발했던 해상활동에 힘입어 서유럽과 아프리카에 대해서도 지리적인 지식을 갖고 있었다. 이 지도를 제작한 경위에 대해 권근은 원나라의 이택민이 만든 「성교광피도 聲敎廣被圖」와 청준의 「역대제왕혼일강리도」의 두 지도를 바탕으로 만들었다고 설명하고 있다. 지도상 바다에 검은 줄의 파도 무늬를 그린 것은 고려 중기에 제작한 고려의 청동거울에 나타난 고려의 범선이 큰 바다를 항해하는 광경을 생동감 있게 표현한 고려 때부터 사용했던 바다의 표현 방법이라고 볼 수 있다. 이 지도는 영락제에게 보내졌고 1402년 정화의 원정 1405년에 사용되었을 것으로 생각된다.

중국 사원까지 둘러보고 나니 주변에는 매주 금토일 저녁 6시부터 시작되는 벼룩시장이 막 열리고 있다. 존커 워크 스트리트 바로 옆 골목이 히런 스트리트다. 저렴한 호텔과 예쁜 네덜란드풍 건물이 많다. 네덜란드어로 '존커'는 하인을, '히런'은 주인을 뜻한다. 존커 거리는 히런 거리의 부자들을 위해 일하던 사람들이 살던 곳이라고 한다.

말레이시아 화교

말레이시아 화교의 주류는 19세기 말부터 20세기 중반까지 영국 식민지시대에 주석광산이나 고무농장 노동자 쿨리로 왔거나, 아편전쟁 이후에 척박한 중국 현실을 피해 이주해 온 남부 해안지방 중국인, 즉 제 2기 또는 후기 화교이다.

30년 지기 말레이지아 친구인 옹은 자기 성인 옹씨의 내력을 설명해 준 적이 있다. 말레이지아로 무작정 이민 온 선대 할아버지에게 영국인 출입국 관리인이 영어로 이름을 물었는데 '무슨 말인지 모르겠다'는 뜻으로 계속 '옹, 옹' 했더니 관리가 이름을 옹 Ong으로 써넣었다는 것이다. 말레이시아는 인구의 25% 가량이 화교이다. 이들은 대부분 화교 전용 학교를 다니면서 화교들끼리 결혼하고 중국어를 사용하는 등

거의 다른 사회를 이루고 있다고 해도 과언이 아니다. 말레이시아 정부는 '말레이인의 말레이시아' 정책을 견지하며 화교차별정책을 쓰고 있다. 화교에 대한 반감으로 말레이시아는 인구의 75%가 화교이고 말레이시아에서 제일 잘 나갔던 싱가포르주를 1965년에 말레이시아 연방에서 쫓아냈다.

페라나칸

페라나칸Peranakan은 중국과 말레이의 혼합 문화와 인종을 얘기한다. 이 외에도 포르투갈, 네덜란드, 영국, 태국, 인도, 인도네시아 문화가 조금씩 가미되었다. 페라나칸 남자는 '바바', 여자는 '논야'라고 부른다. 싱가포르 수상이었던 이광요도 페라나칸이다.

논야 요리는 페낭, 말라카, 인도네시아, 싱가포르에 정착하여 현지의 말레이 사람과 결혼한 중국인 이민자들의 후손인 페라나칸에서 기원한다. 중요한 사회적 지위를 가진 여성에 대한 존경과 애정이 담긴 단어로 쓰였던 말레이 옛말인 '논야Nonya'를 의미하기도 한다.

페라나칸 요리법의 독특한 맛은 아주 일정한 질감과 농도로 조합한 향신료를 절구에서 갈아 만드는 페이스트인 '렘파rempah' 덕분이다. 페라나칸 또는 논야 음식은 칠리, 마른 새우 페이스트인 벨라찬과 코코넛 밀크를 조리시 중요한 재료로 사용한다. 중화 요리 재료와 중화 요리 후라이팬인 웍을 사용한 요리 기법을 말레이와 인도네시아 사람들이 사용하는 향신료와 접목하여 톡 쏘면서 향이 좋고 매콤한 요리를 만들어낸 것이다.

다음 여행지는 『아시아 바다의 역사기행』의 제일 중요한 목적지로 화교와 중국해적의 고향인 중국의 영파, 주산군도와 하문이다.

동남아시아의 중국해적

광동 출신의 해적 임봉 林鳳, 영어로 Limahong이 루손 근처에서 스페인 해군과 전투를 벌인 후 마닐라를 공격한 사건은 이미 기술하였다. 즉, 1573년에 3,000명의 중국 해적이 루손섬으로 건너간다. 이들은 이곳으로 피난하여 자신들의 왕국을 세우고자 스페인과 전쟁을 시작한다. 그 당시 명나라는 해적을 소탕하기 위하여 4만 명의 군사와 135척의 배를 징집한 때이다.

임봉은 마닐라를 공격하다 실패하자 중국으로 향하는 무역선 두 척을 납치했다. 그들로부터 마닐라의 방어에 허점이 있다는 정보를 얻고 또 명나라가 이웃나라에 쳐들어 가면서까지 전쟁할 의사가 없다는 것을 알게 되었다. 마닐라를 장악하면 명의 간섭을 받지않는 자신의 해상왕국을 건설할 수 있을 것이라는 계획으로 공격을 감행하지만 성공하지 못하고 마닐라 북부에 세력을 형성하게 된다.

동남아시아의 바다에는 임봉과 같은 중국 해적들이 많았는데 가장 대표적인 인물이 진조의 陳祖義, 1407년 사망다. 진조의는 광동 조주 출신 해적 두목으로 명나라 4대 황제인 홍희제 시절 1424-1525년에 가문이 남양으로 이주했다. 말라카에서 10여 년 동안 해적 활동을 해서 전성기에는 1만 명이 넘고 전선이 100여 척이었다고 한다. 일본, 대만, 남해, 인도양 등에서 활동했고 약탈한 배가 1만여 척, 공략한 연해의 도시가 50여 곳에 달할 정도였다고 한다.

이로 인해 홍무제는 50만 량의 백은을 현상금으로 걸고 체포하려 하자 팔렘방으로 달아났으며, 마나자무리 수하에서 대장 노릇을 하다가 마나자무리가 죽자 해적들을 소집해 스스로 팔렘방의 왕이 되었다.

1406년에 아들인 사량을 보내 명나라 조정에 입조하게 했으며, 명나라 조정에 공물을 바치면서도 해상에서 해적질을 해서 조공 사절로 왕래하는 자들을 고통스럽게 했다. 1407년에 정화가 서양으로부터 돌아오면서 사람을 보내 위로했는데, 진조의는 거짓으로 항복한 뒤 몰래 겁탈을 도모했다. 그러나 이 사실이 정화에게 알려지면서 진조의는 정화를 습격했다가 오히려 5천여 명이 죽고 생포되었으며, 9월에 명나라 조정으로 끌려가 영락제와 각국의 사신이 보는 앞에서 처형되어 효수되었다.

아시아의 네델란드

1600년대에 동남아시아의 바다를 석권한 세력은 네델란드다. 뿐만 아니라 그당시 100년 동안은 서양에서는 가장 부강한 나라였다. 16세기에는 향료 무역을 경영한 포르투갈인이 몰루카 제도를 중심으로 활약했으나, 16세기 말 네델란드 상인이 자바 섬의 반탐에 상관을 열고 개척의 기초를 이룩했다. 1600년 영국 동인도회사가 설립되자 이에 자극받은 네델란드 정부는

1602년 네덜란드 동인도회사를 설립하여 동양무역의 독점권을 주었다. 네덜란드 동인도회사는 바타비아_{쟈카르타}에 총독의 정청을 두어 포르투갈, 영국 세력을 쫓아내고, 17세기에는 동양무역에 우월적 지위를 확립하여 당시 세계 최대의 무역회사로 성장하였다.

네델란드는 일본 무역을 사실상 독점하여 당시 국제 결제 수단이었던 은_{일본 시마네 이와미 은광 생산}의 수입원을 마련하였고, 이를 바탕으로 동양 국가들 간의 국제 무역 또한 장악하였다. 로마 가톨릭을 전도하는 스페인과 포르투갈과는 달리, 개신교를 믿는 네덜란드는 선교활동을 하지 않았다. 따라서 기독교를 탄압하던 에도막부는 네덜란드를 유일한 거래상대로 여겼다.

필자에게 네덜란드 출신의 동료가 있었는데 그의 말에 의하면 지금도 네델란드인들은 보통 6개국어 정도의 외국어를 한다고 한다.

화교의 현재

동남아시아에는 거대한 화교 공동체가 존재한다. 중국에서 비교적 가까워 수백 년 전부터 이민이 시작되었다. 교육 수준이 현지인들보다 월등히 높고, 인구의 5~20%까지 차지하기 때문에 그 나라의 경제 주도권을 잡는 경우도 많다. 동남아시아 대부분의 나라가 화교는 잘 살고 나머지는 못 산다라고 말할 수 있을 정도로 부의 편중이 심하다. 1인당 GDP를 기준으로 동남아시아 주요 국가들의 순위를 매기면 싱가포르, 말레이시아, 태국, 인도네시아, 필리핀 순이 되는데, 각각 화교 혹은 중국계 비율이 약70%, 25%, 14%, 4%, 1.5% 정도로 1인당 소득 순위와 일치한다.

말레이시아는 인구의 25% 가량이 화교인 중국계 말레이시아인이다. 이들은 대부분 화교 전용학교를 다니면서, 화교들끼리 결혼하고 중국어를 사용하는 등 거의 다른 사회를 이루고 있다고 해도 과언이 아니다. 다만 최근에는 어느 정도 민족 간 폐쇄성이 줄어들어 중국계와 말레이계, 인도계의 통혼이 증가하고 있고 정부에서 말레이계 우대 정책을 줄이며, 말레이족이든 중국계든 인도계든 모두 말레이시아 국민이라고 생각하고, '말레이시아족'이라는 단어까지도 나오고 있다.

인도네시아는 말레이시아와는 대조적으로 독립 이래로 중국어 사용을 제한하는 정책을 펴면서 현재 중국계 인도네시아인들은 대부분 중국어를 못하고 인니어가 모국어이며, 성도 중국어에서 변형된 형태로 변했다. 소수의 화교에게 경제적 이권이 집중되어 있기 때문에 부유한 화교와 경제적으로 낙후된 현지인 사이의 갈등이 커서 유혈사태도 발생한 바 있다.

필리핀의 경제권 역시 대부분 화교가 쥐고 있다. 필리핀의 화교 역사는 의외로 깊어서 중세까지 올라간다. 스페인 당국과의 갈등으로 인한 학살이 여러 번 일어나기도 했지만 필리핀에 어느 정도 문화적으로 동화된 화교들이 명맥을 이어 나가면서 경제권 유지에 성공했다. SM 그룹, 졸리비

같은 기업들이나 가문들은 십중팔구 화교 내지 화교와의 혼혈 집안이 차지하고 있다. 정계 진출도 활발하여 두테르테가 중국계이고, 아키노, 페르난디도 마르코스, 글로리아 아로요, 마누엘 케손 등도 중국계이거나 중국계 혼혈이다. 그러나 화교 및 화교 혼혈 집안들은 스스로 중국인이라는 자각이 별로 없다. 필리핀이 화교의 영향력이 상당함에도 불구하고 차이나타운이 거의 없는 것은 이러한 이유다.

태국은 인구의 14% 이상이 화교이며 중국계와의 혼혈까지 합하면 40%에 달하는데, 이들 역시 경제권을 쥐고 있다. 화교는 태국에 완전히 동화되어 중국어를 못하고 태국어를 모어로 사용한다. 태국인들의 조상이 원래 중국 남서부쓰촨성, 원난성, 구이저우성, 광서 장족자치구 등 에 살던 사람들이었기에 남중국인들과 인종적, 문화적으로 차이가 그리 크지는 않다.

베트남의 경우에는 중국과 가깝고 오랫동안 중국의 통치를 받으면서 중국인들이 늘어났지만 시간이 지나며 이들 대부분은 베트남 민족인 킨족 Kinh, 馱京 또는 비엣족馱越, Vietnamese people 에 동화되었다. 베트남에 동화되지 않은 화교들도 수십만 가량 주거하고 있었는데 이들은 1980년대에 중국으로 추방되거나 보트피플이 되는 등 고난의 세월을 보내다가 베트남과 중국간의 관계가 정상화되면서 추방된 화교들의 상당수가 귀환한다. 그러나 중국이 베트남에 압박을 가하면서 중국에 대한 베트남의 반감이 커지고 있고 태국과 말레이시아, 필리핀, 인도네시아처럼 화교들이 경제권을 장악할 우려 때문에 베트남 일각에서 이들을 좋지않게 보는 시선이 많다.

필자에게는 오래된 화교 친구들이 제법 있다. 직장 초년 시절 다니던 직장의 아시아지역 연수원에서 몇 달씩 같이 지내며 사귄 친구들이다. 싱가포르, 말레이시아, 인도네시아, 필리핀과 태국 친구들로 대부분 기독교식 영어 이름을 가지고 있다.

III

중국

중국 영파와 주산군도

　　　　　　본서 『아시아 바다의 역사기행』의 중요
한 목적지인 닝보 영파, 寧波와 영파 앞 바다에 있는 주산 舟山군도이다. 특
히 주산군도는 삼국시대 이전부터 명대 초까지 한 韓민족의 해상영토가
있었던 것으로 알려진 곳이다. 이번 여행에는 중국의 동해안을 따라 닝
보에서 샤먼까지 가는 기차 여행이 포함되어 있어 대륙백제와 경계하
고 있었다는 옛날 월주 越州지역을 둘러볼 기회도 함께 가질 계획이다.
참고로 월국의 중심지는 영파에서 항주 쪽으로 차로 1시간여 걸리는
사오잉 紹興이었다.

　　처음 여행계획을 짤 때에는 상해로 가서 닝보로 가는 기차행을 생
각했는데, 우리나라 청주에서 닝보로 직접 가는 비행기가 있어 청주에
서 출발하기로 했다. 청주공항을 떠난 비행기는 중국 관광객으로 가득

찼고 한국 사람은 필자와 파트너 그리고 2~3명의 건장한 한국 남자들 뿐이었다. 한국인이 눈에 띄지 않는 것은 필자의 방문 시기가 닝보 寧波 의 식당에서 일하던 북한 여성 종업원 12명과 남성 지배인 1명이 집단 탈출해 한국에 들어온 사건이 발생한 후 몇 달 지나지 않아서 일지도 모른다. 이른 아침 운전으로 인해 기내에서 졸고 있는 데 파트너가 아래 쪽으로 섬들이 보인다고 한다. 다도해처럼 섬이 많다고 한다. 비행기가 이번 여행의 목적지 중 하나인 주산군도 위를 날고 있는 중인 게다. 비행기는 곧 영파 리쉬 국제공항에 도착한다. 규모가 청주공항 비슷한 중규모 공항이다.

닝보와 주산군도는 지금까지 여러번 언급되었다. 심청전의 무대, 장보고의 남부 해상 본부, 신라 상인들에 의해 세워진 불긍거관음원, 남송 때 고려 벽란도의 상대항, 백제계 오오우치 가문에 의한 닝보의 난, 중국왜구의 발생지, 해적왕 왕직의 본거지, 정성공의 남경 공략시 기착지였다. 또한 동진 말기에는 한때 반란군의 거점이 되기도 했는데 그 이야기는 다음과 같다.

동진 중화족의 망명정권의 마지막 시기가 시작될 무렵 수도 건강, 현 남경 동쪽과 동남 쪽에 근거지를 둔 주술사 손은이 이끄는 해적 및 대중 군사집단이 일어났다. 이 움직임은 380년부터 시작하여 지역 농민과 사족들의 동조를 받고 있었다. 그들은 한나라를 멸망시켰던 황건적과 다르지 않은 준종교적이고 준군사적인 집단을 형성하였다. 수도를 습격하려다 실패하자 손은은 군대와 함께 영파 앞 바다에 있는 '주산군도'로 달아나 그곳을 거점으로 양자강 하류에서 광서지역에 이르는 육지지역을 노략질하였다. 399년 그가 회계군 절강성 영파 북쪽 샤오싱시 일대을 점령하자 대중들은 반란을 일으켜 지방관을 죽이고 손은의 '장생군'에 합류하였다. 장생군의 규모는 며칠 사이에 수십만 명으로 늘어났다. 손은은 수도로 진군해 갔다. 지구전이 계속되었는데 손은은 기습공격으로 정부군을 패퇴시킨 후 곧바로 군대를 해안가의 섬으로 물러나게 함으로써 정부군의 반격을 성공적으로 피했다. 401년 손은은 대규모 군대와 누각전선을 이끌고 회계에 나타나 양자강을 거슬러 올라왔다. 손은은 수도 바로 근처에서 정부군과 만나 싸웠으나 다시 패배하여 자신의 섬으로 돌아갔다.

닝보 寧波 는 고대로부터 황해의 대표적 물류 중심지였고, 장보고시기의 역사에도 등장하는 항구 도시이다. 중국 현대사의 주요 인물인 장제스 장개석 의 고향이기도 하다. 상해와 영파는 아편전쟁 후 영국이 청국과 맺은 남경조약 1842년 으로 동시에 개방된 항구이다. 영파는 양자강에 가까운 주산 舟山 열도를 탐을 낸 영국정부의 관심을 끌었으나 영국의 아편 상인들이 마카오와 가까운 홍콩 섬을 선택하고 영국은 결국 양자강을 통해 운하를 이용할 수 있는 당시 작은 항구였던 상해를 선호하는 바람에 영파는 개항 후 상해의 뒷전에 서게 된다.

공항에서 택시로 강북 江北, 장뻬이 구 남단에 있는 세 개의 강이 만나는 삼강구 근처의 호텔까지 30분이 채 안 걸린 것 같다. 호텔은 가격에 비해 훌륭하다. 서울에서 닝보~샤먼간 기차표를 예약하지 못했기 때문에 일정에 대한 걱정이 있어 우선 기차표를 예약해야 한다. 이 호텔은 마침 층마다 견습생이 안내를 하고 있어 우리 층에 있는 견습생에게 닝보역 가는 법을 물어 본다. 호텔 앞 버스 정류장에서 견습생 훼이 費

가 알려준대로 닝보 기차역火车站, 후어처쨘으로 가는 버스를 탄다. 버스비는 2원340원이다. 중국에서 火車후오처는 기차이고 气車치처는 버스이고 出租車추츠처는 택시이다. 서양문물에 대해 일본이 만들어붙인 한자 이름을 기피하여 중국이 만든 한자 명칭이다. 종점에서 내리니 기차역은 규모가 상당하다. 예상외로 어렵지 않게 닝보~샤먼간 왕복 기차표를 구입하였다. 편도 소요시간이 5시간30분이다. 1등석을 끊었는데 왕복 576원98,000원으로 국내선 항공료와 비슷하다.

예약을 마치고 호텔로 돌아와 주산군도의 보타도에 가는 방법을 훼이에게 물어 보았으나 확실한 답이 나오질 않는다. 인터넷에서 읽었던 방문기에 따라 시내 어느 강가에 있는 부두에서 배를 타고 가는 것으로 되어 있는데 훼이는 여기저기 물어 보더니 버스를 타고 가야한다는 것이다. 선입견이라는게 이렇게 무서운 것인가? 좀체 설명이 들어오질 않아 실랑이를 하고 있는데 마침 지나가던 다른 손님이 우리의 대화를 듣고 배는 더 이상 안다니고 코치를 타고 가야 한다면서 훼이에게 설명을 해준다. 치처난쨘气车南站, South of a car, 우리식으로 얘기하면 남부 고속버스 터미널에서 버스를 타야 한다는 것이다. 버스를 타고 션지아먼沈家門이라는 곳에서 내려 다시 차를 바꿔타고 보타도에 들어간다는 것이다. 보타도는 섬인데 마지막에 어디서 배를 타는지 설명이 없어 석연치 않았지만 일단 오늘 다른 방문계획이 있는지라 말을 끊고 밖으로 나온다.

천일각天一閣

남은 시간을 이용해 역에서 멀지않은 곳

에 있는 닝보의 대표적인 관광지인 천일각 天一閣에 들린다. 천일각은 중국에 현존하는 가장 오래된 개인 도서보관소이다. 아시아에서는 가장 오래된 도서관이며 세계에서 가장 오래된 3대 개인도서관으로 꼽힌다. 명나라 시대에 판친 范欽, 범흠에 의해 지어졌으며 무려 7만여 권의 서적을 보관했다고 한다. 지금의 천일각은 전시실과 아름다운 정원들이 합쳐져 있다. 수많은 장서를 보면서 불현듯 중국의 힘은 인문학에서 나오는 것이 아닐까하는 생각이 떠올랐다.

　필자는 한동안 중국의 힘에 대하여 생각해왔다. 중국이 강한 이유는 무엇일까? 이 의문은 중국에 대한 존경심에서 나온 것이 아니다. 우리민족의 역사를 공부하다보니 역사적으로 한민족의 주된 위협세력은 중국이었고 중국을 이해해야 그 위협에 대처할 수 있다고 생각하여 시작한 것이다. 중국과 북방민족은 역사적으로 한 韓민족의 위협 세력이었다. 동이족의 국가였던 상 殷나라의 상대세력은 중국의 중화족이 세운 주나라였고 부여와 고조선의 상대세력은 연나라였으며 고구려의 상대세력은 북방민족인 선비족의 후연을 거쳐 중국의 수나라와 당나라였다. 참고로 역사적인 중국 국가들의 이름은 외 홀로자고 북방민족의 국명은 두 자가 보통이다. 북방민족의 국가라도 중국화하면 국명을 외자로 바꾸었다. 백제와 통일신라의 상대세력은 북위와 당나라였다. 발해의 상대세력은 당나라와 요 거란나라였으며 고려의 상대세력은 몽고와 원나라였다. 고려는 명나라와 갈등을 빚었으며 조선은 명나라에 사대 事大를 하기로 하였다. 조선은 새로운 상대세력으로 등장한 일본을 의식하지 못하고 있다가 예상치 못한 공격을 받고 사대하던 명의 후원을 받기는 한다. 후기 조선의 상대세력은 여진족의 만주 후금와 청나라였다. 조선 말의 상대세력은 일본이었다. 이제 북방민족은 몽골처럼 약화되거나 거의 모든 민족이 중국에 흡수되어 한민족의 '역사적인' 주적은 과거의 역사적인 적대국가들을 다 포함한 중국이 된 셈이다. 물론 일본이 있고 지금은 적대감이 일본에 쏠려있는데 장대한 역사를 거슬러보면 더 큰 위협은 중국이었다는 얘기를 하는 것이다. 중국의 강점과 약점을 이해해야 우리의 주적 상대세력에 대처할 수 있다는 생각에서 '중국의 힘'에 대하여 생각해온 것이다.

이 의문에 대한 필자의 첫 번째 답은 중국의 접근법인 '큰 관점에서 비슷한 것은 흡수하고 사소한 차이는 포용한다'는 「구대동존소이 求大同存小異」 원칙에서 찾았다. 역사학자인 이덕일 교수에게도 사석에서 같은 질문을 하였는데 비슷한 답을 얻었던 기억이 있다. 천일각을 방문한 후 두 번째 답을 인문학의 힘에서 찾은 것 같다. 힘에 의해 중국 대륙을 통치하지 못한 대신 글에 의해 장악했다는 뜻이다. 중국의 주체세력을 정복했거나 그들과 대치했던 모든 세력에 대해 그들은 글로써 예외없이 철저한 복수를 했다. 글로 자신과 조상을 미화하는데는 가장 뛰어난 능력을 가졌다는 말이다.

호텔로 돌아와 쉬고 있는데 노크 소리가 나 문을 열어보니 견습생 훼이費다. 우리가 나간 사이 보타도에 가는 방법을 알아놓고 근무시간이 끝났는데도 우리가 돌아오길 기다렸던 모양이다. 젊은 사람의 친절에 감사함을 느꼈다.

일반인이 믿기 어려운 닝보와 절강성 월주의 한민족에 관련된 역사 이야기를 시작하기 전에 에피타이저로 다음 이야기가 어떨까한다. 사실이 아니고 지어낸 이야기라는 설도 있다.

'역사는 제대로 아시고 독립운동을 하시는가요?' 장개석이 이시영 임시정부 전 부통령에게 한 질문인데 중경 重慶 으로 후퇴한 장개석 蔣介石 총통이 함께 피난 온 상해임시정부 일행을 위로하며 연 초대 만찬에서 자기 고향 양자강 남쪽 절강성 이 옛 백제 땅이었다는 사실을 밝히면서 우의를 다졌다는 일화가 있다. 장 총통은 일제의 침략에 대항하는 동지적 입장에서 이런 역사인식을 말했다고 할 수 있으나 동석하여 이런 이야기를 들은 김구 주석은 충격과 함께 자괴심을 갖지 않을 수 없었다고 뒷날 술회한 바 있다고 한다.

장개석의 고향은 양자강 揚子江 남쪽 절강성 浙江省 닝보이므로 옛 백제는 양자강 이남지역까지 지배했다는 이야기가 된다. 중국의 식자층은 양자강 유역이 전통적으로 동이족의 영역임을 알고 있었다. 장개석은 이러한 역사적 사실을 알고 있어서 임정의 인사들에게 한 말인데 오늘날의 역사교과서에는 이런 기록이 없을 뿐 아니라 김구 주석이 듣고 배웠던 당시의 역사책에도 이런 기록이 없었던 것이다. 이는 모화와 사대주의의 조선시대 역사관 아래서 중국을 대국으로 칭하며 중국에 거스르는 역사나 문화를 언급하지 않은 결과일 것이다. 일제의 식민사관이 이를 공고히 했을 가능성도 있다. 이는 우리의 역사기록이 제대로 되어 있지 않았을 뿐만 아니라 왜곡되었음을 반증해 주는 예증이다. 역사는 언젠가 바르게 밝혀지게 마련이다.

주산군도

다음날 아침 훼이가 알려준대로 택시기사에게 닝보 남부고속터미널, 닝보치처난짠宁波气车南站 으로 가자고 한다. 어제 갔던 기차역의 반대편이었다. 선지아먼沈家門 행 고속버스표를 구매하여 좀 기다리다 버스에 오른다. 만석이다. 2시간 정도 소요된다고 한다. 도시고속도로를 타고 닝보 시내를 한참을 나가니 섬을 잇는 대교 위로 들어간다. 두 번째 긴 다리를 지나 섬 사이의 다리 몇 개를 더 지나니 드디어 제일 큰 섬인 주산도로 들어선다.

주산군도는 1,390개의 섬과 3,306개의 암초로 이루어져있다. 그 중 103개의 섬에만 사람이 살고 큰 섬들은 대개 군도의 남쪽 부분에 모여있다. 『당회요 제사잡록819년』에 다음과 같은 기사가 있다.

명주영과 망해진영파항, 현재명 진해 에서 굽어보이는 앞 바다주산군도 를 명주에 편입시키려 하지만 이 일대 주민신라인과 일본인 들이 문서에 근거하여 불복하니 황제가 이를 허락하였다. 즉 주산군도는 당의 영토가 아닌 독립된 지역으로 남게 된다. 여기 등장하는 일본인은 일본열도에 자리잡았던 백제인으로 보는 것이 필자의 소견이다.

주산군도의 규모와 위치에 관한 정보다. 해양 영토를 포함한 면적은 20,800㎢이고 육지 면적만은 1,440㎢이다. 제주도의 면적이 1,833.2㎢이니 이보다 좀 좁다. 아프리카 동쪽, 마다가스카르섬 북쪽 인도양상의 세이셸공화국은 155개의 섬으로 이루어져 있고 육지 면적은 455㎢에 불과하나 해양 영토를 포함하면 엄청난 면적이다. 세이셸공화국의 예나 싱가포르719㎢ 를 보면 주산군도의 규모로도 독립된 해상국가로 유지되었을 가능성을 볼 수 있다.

주산군도가 중국 대륙에 근접20km 해 있는 도서이고 한반도에서

신라초(新羅礁) 지도

상당히 떨어져 600km 있는 도서인데 어떻게 한민족의 영역일 가능성이 있을까하는 의문에는 현재 대만 소유의 금문도가 중국 샤먼의 코 앞 1.8km에 있다는 것을 상기해 봄이 어떨까 한다. 가까이서 예를 찾으면 부산에서 50km 거리에 있는 대마도와 북한 땅과 지척에 있는 백령도를 생각해도 좋을 것이다. 결국 근접 국가가 '관리할 능력이나 관리할 의사가 강력하지 않았던' 주산군도의 경우 충분히 가능한 일이었을 것이다. 우리가 대마도를 잃어버린 이유와 같다.

주산군도 지역은 중국 대륙의 남부에 근거하여 수립된 명조가 들어서면서 비로서 중국의 통치 범위 안에 들어가게 되고 이로 인해 이곳에 원래 주거하던 해민들의 반발 독립 운동로 해적이 양산되기 시작한 것이다.

주산군도 신도심 조성계획

주산시로 들어선 버스의 창밖으로 보이는 풍경은 예상 밖이었다. 국제적인 호텔들도 보이고 높게 솟은 아파트와 콘도미니엄들도 근사하다. 필자는 이러한 번화한 풍경이 보타도에 참배하기 위해 몰려드는 돈 많은 화교들을 수용하기 위해 세워진 시설이거니 생각했다. 그러나 나중에 알게 된 중국의 주산 개발계획에 필자는 뒷통수를 한 대 얻어맞은 느낌이었다. 대륙세력인 중국이 주산군도라는 옛 한韓민족의 해상 요지에 해양도시를 건설하려 한다는 것 때문이었다. 이런 계획은 중국의 장점분야가 아니기 때문에 우선은 부정적인 생각이 든다. 차라리 화교들에게 독립공간으로 제공하면 성공 가능성이 훨씬 커지리라 생각도 해본다.

주산 신도심은 국가 해양경제 강화의 전략지역 중 하나로 싱가폴, 홍콩과 같은 세계 1류 항구도시를 목표로 한다. 2011년 중국은 정식으로 주산군도 신도심 조성계획을 비준하여, 주산은 상하이 푸동, 톈진 등에 이어 국가급 신도심이 되었다. 첫 해양경제를 주제로 한 국가급 신도심이다. 1990년대 이후, 주산은 대륙과 섬을 연결하는 사업을 시작하여 현재 20개의 다리가 있다. 1999년 첫 대교인 잠항대교가 정식 개통되고, 마지막으로 금당金塘 대교26,540m 를 완공, '주산 해양대교' 공사가 20년이 걸려 2009년 말에 정식 개통되었다. 이 공사에는 약 10조원의 공사비가 투입되었다. 이 교량 공사가 완공된 이후 주산군도를 다니던 뱃편이 없어진 모양이다.

주산군도에 관한 역사가설

앞에 소개한 『당회요 잡사잡록』의 기록을 기반으로 만들어진 김성호씨의 가설과 이에 대한 필자의 견해를 소개한다.

369년, 근초고왕의 백제군이 군동의 고해진 들녘에 집결하고, 백제에 투항을 거부하고 끝까지 저항하고 있는 마한의 마지막 부족국가 침미다례枕彌多禮는 결사항전을 벌였다. 침미다례는 백제군의 기세를 막아내지 못하고 무너지고 말았다. 마한의 최후 기록은 우리나라 역사서에는 없고 일본서기에만 기록되어 있다. 이문열의 소설 『대륙의 한』에 일본서기에 근거한 것으로 보이는 근초고왕의 마한정벌 과정이 들어있다. BC 4세기 출현한 것으로 보이는 마한은 부족국가의 형태였는데 여러 부족들이 웅거하며 작은 형태의 소독립국을 유지했으며 그 수가 54개에 달했다고 한다. 영토확장에 나선 백제는 마한의 부족국가들을 차례로 무너뜨리는데 369년에 마지막으로 '침미다례'를 무너뜨린 것이다. 침미다례 사람들은 한반도 서남해의 섬들과 제주도로 피신했고 이들 중 일부는 원래 심^침미다례인이 살고 있던 항주만의 주산군도에 있었던 주호국이라는 영토 _{식민지}로 이도_도주했던 것으로 유추된다.

후한서, 동이열전, 한전에 나오는 역사기록이다. '마한의 서쪽 바다에 있는 섬 위에 주호국_{州胡國}이 있다. 배를 타고 오가면서 한_韓나라 안에서 물건을 사고 판다.

주산군도는 마한의 서쪽 바다 가운데 있는 큰 섬인데 두 나라는 황해를 사이에 두고 떨어져 있기 때문에 주호국 사람들의 말이 삼한 사람들과 다른 것도 자연스럽다. 또 주산군도는 발해만 일대의 섬들과는 달리 백제의 발길이 닿지 않았기 때문에 주산군도 사람들은 얼마동안 백제의 간섭을 받지 않고 독립을 누릴 수 있었다. 이 모든 조건이 중국 기록에 나오는 '주호'와 맞아 떨어진다. 결국 기록에 나오는 '주호국_{주호}'은 주산군도에 있던 나라라는 추론이 가능하다.

침미다례 사람들은 원래 신라 사람들과 함께 식민지를 만들었는데, 침미다례 사람들이 먼저 와서 주산군도 일대를 장악하고 신라 사람들은 아직 중국의 행정권이 제대로 미치지 못했던 절강성 연안에 자리잡았던 것이 된다.

김성호씨는 침미다례인 대신 '396년 고구려 광개토대왕의 침략으로 멸망한 아산만과 공주 일대에 자리했던 비류 백제인들이 먼저 와서 주산군도 일대를 장악함에 따라 신라인들은 아직 중국의 행정권이 제대로 미치지 못했던 절강성 연안에 자리잡았던 것으로 추정한다「_{중국진}

'비류 백제인'이나 '침미다례인'의 이동에 관한 가설은 두 가설 사이의 연대가 30년 밖에 차이가 나지 않고 두 집단 모두 한반도에 뿌리내렸던 한민족임에는 다름이 없다. 참고로 비류 백제란 역사에 기록되어 있는 백제 온조 백제와 나란히 비류에 의한 또 다른 백제가 존재했다는 가설상의 세력으로 이들은 396년 고구려 광개토대왕의 주요 공격목표가 되어 멸망 후 일본열도로 도피해 왜국 응신왕을 세웠다는 가설에 등장하는 정치세력집단이다.

660년에 본국인 백제는 멸망하지만 주산군도의 백제인은 계속해서 독립을 유지한다. 시간이 흘러 역사기록상 주산군도에 일시 설치736년되었던 옹산현은 763년에 폐지된다. 그 후 북송에 의해 창국현이 설치된 것은 1073년으로 그 사이 350년의 기간에는 중국 영토가 아니었기 때문에 이 지역에 관한 역사기록이 존재하지 않는다. 당시 이곳을 왕래한 아랍인들의 지리서를 살펴보면 주산군도를 백제의 후속국인 신라로 표시했음을 알 수 있다.

이를 재구성해보면 다음과 같다. 주산군도는 마한 침미다례인의 원 거주지이자 도피처로 독립적인 주거 및 활동 공간이었고 역사는 이곳을 주호국이라 불렀다. 신라는 중국 남쪽 대륙의 바닷가에 자리잡았다. 한반도의 침미다례가 백제에 멸망하며 마한 침미다례인의 거주지의 일부였던 주산군도로의 이주가 있었고, 그 후 세월이 지나 침미다례인의 행적을 알게 된 백제에 의해 추적되어 백제는 주산군도도 점령한다. 여기서 더 나아가 백제는 중국 대륙의 연안으로 진출하여 대륙의 연안에 있던 신라의 지역까지 점령하며 대륙백제를 건설한다.

이는 필자의 독자적인 가설로 이제까지 대륙백제의 존재에 대한 의견은 있었지만 어떤 경로로 대륙백제가 만들어졌는지에 대한 가설은 없었다. 필자는 침미다례를 매개로 한 대륙백제의 성립가설을 만들어 본 것이다.

백제 멸망 후 대륙백제도 자연히 사라지지만 주산군도는 후속국인 신라의 영지가 되어 당나라 시절에도 계속 독립을 유지하여 당시 아라비아 상인들에게는 신라로 알려진다.

1073년 북송 시절에 창국현으로 명명되었으나 창국昌國이란 말 자체가 독립국을 암시하고 임명된 관리도 하위직이라서 통치자가 아니라 감시원으로 생각되기 때문에 이 지역은 송나라로부터도 독립을 유지하고 있던 것으로 보인다. 현을 붙인 것은 중국사에 아주 흔하게 나타나는 후대에 만들어진 역사의 합리화로 여겨진다.

마침내 1369년 주원장의 명은 주산군도를 공격하여 1389년 창국현을 폐지하였고 거주민들의 항쟁은 청조 초1660대 중반까지 이어진다. 그 과정에서 백제, 신라 유민들이 보트 피플이 되어 고려고려말 왜구로, 조선으로조선시대 초 왜구, 일본으로해적. 唐人 그리고 동남아로화교 흩어지게 된다.

심가문 沈家門

고속버스는 어느덧 션지아먼에 도착한다. 이곳에 도착하고서야 션지아먼의 의미를 깨달았다. 심沈 씨 가문家門의 본거지란 뜻이었다. 근처의 우호문화공원友好文化公園에 심청의 동상이 서 있다고 한다. 예전에 이 지역에서는 한자를 발음기호로 사용하

는 이두가 사용되었을 것이므로 심 㳂 이 혹시 침미다례의 침 枕 에서 온
게 아닐까도 생각해 본다.

보타도 普陀島

셴지아먼에서 다시 셔틀버스를 타고 다
리를 건너 주가첨 朱家尖, 쥬지아디엔 에 도착하니 보타도 보타산 普陀島, 普陀山,
Putuoshan 으로 가는 부두가 있다. 인산인해다. 놀라운 것은 두 시간 온
고속버스비는 55원인데 보트 승선비 25원에 섬 입장료가 160원 27,000
원 이다. 배가 가는 동안 섬 한쪽 끝에 서 있는 대형 관음상인 남해관음
이 보인다. 섬에 들어가서도 버스비, 향초비 사찰 입장료 를 계속 내야한다.
날씨가 너무 더워 꼭 가보고 싶었던 불긍거관음원과 멀리 보이던 남해
해수관음상만 방문하기로 한다.

불긍거관음원 不肯去观音院

중국 북송의 문신 서긍은 『고려도경』이라는 사행보고서를 남겼다.
뒷부분에 바닷길이라는 제목으로 항해과정에서 일어난 일을 집중적으
로 적어 놓았는데 그 가운데 관음사라는 절을 소개하면서 이런 기록을
남겼다.

'보타섬 돌다리에 오르면 양나라 502~557년 때 세운 보타원전에 영
험스런 관음상이 있다. 옛날 신라 상인이 중국 오대산에서 불상을 새겨
가지고 와서 귀국하려 하자 바다에 암초가 나타나서 갈 수가 없었다.
이에 불상을 암초에 올려놓고 보타원전에 봉안한 후에야 선박의 왕래
가 가능해졌으며 복을 빌면 감응이 없지 않다.'

명의 왜 정벌비

불긍거관음원(不肯去观音院)

동중국해를 주름잡던 신라 상인들이 관음상을 신라로 옮기려다 관음상이 가려고 하지 않았다라는 뜻으로 불긍거 不肯去 라는 이름이 만들어졌다.

관음원은 바닷가 암초 바윗뜰 위에 자리하고 있었다. 주변 바닷가에 정자와 돌다리가 있고 관음원 아랫쪽과 내려가면 파도 치는 조음동 潮音洞 으로 가는 계단이 조성되어 있다. 일견 관음원의 건물이 새롭고 산뜻하여 증수한 지 얼마 되지 않아 보인다. 관음원 안의 관세음보살상은 익히 들어온대로 우리나라 사찰에서 흔히 볼 수 있는 미소를 띠고 있다. 중국, 일본을 비롯한 이웃나라의 관음상이나 불상에서 느끼던 이질감이 전혀 없었다. 이 관음보살상의 이야기가 필자를 주산군도까지 오게 했고 주산군도에 있던 한민족 해상독립지역에 대하여 생각하게 만든 계기가 되었다. 바다를 굽어보는 남해관음 입상을 보러 올라가며 언덕길에서 내려다 보는 관음원이 한눈에 내려다 보였다. 바다에서 바로 바닷가 암초로 관음상을 옮겼다는 대목이 실감나는 순간이었다.

파트너는 향초비 사찰 입장료인데 향과 초를 사야하는 비용으로 오인 도 내기 싫고 더위에 언덕길을 올라가는 것도 어렵다고 하여 중간에서 쉬기로 하고 필자 혼자 남해관음으로 향한다. 여기서 내려다 보이는 바닷가 암초의 이름이 지금도 구글지도에 「신라초 新罗礁」라고 씌어있다. 옛날 배들이 한반도로 가기 위해 풍신 風信 을 기다리며 대기하던 곳이다.

보타도와 청해진이 있었던 완도에는 일치하는 지명이 여러 개가 있다. 양양 낙산사도 보타도와 매우 비슷한 구조로 이루어져 있다. 낙산사의 관음굴과 보타산의 조음동은 밀려오고 밀려가는 바닷물 소리를 들으면서 관음보살을 만나는 곳이다. 낙산사에 의상대라는 정자가 있듯, 보타산에는 담담정 澹澹亭이란 정자가 서 있다. 관음원 근처에서 명의 가정 1522~1567년간 어느 해 이곳에서 왜 倭를 몰아냈다는 바위에 새겨진 글을 보았다.

보타도 안에는 화교들이 중건한 보제사, 법우사, 혜제사의 세 사찰이 있는데 날씨와 시간 관계상 방문하지 않고 귀로를 서둘렀다. 화교들의 중국 투자가 허용되자 제일 먼저 한 것이 보타도의 절들을 재건한 것이었다는 점은 화교의 뿌리에 대해 많은 시사를 하여준다.

침미다례, 신라, 백제, 통일 후 신라, 해적, 중국 왜구, 당인, 왜구, 화교의 역사가 다 같이 묻혀있는 섬이다. 주인공인 준 소현도 소설 속에서 이 지역의 인물들과 동업을 추진할 것이다.

다음 여행지는 정성공의 도시 샤먼과 그가 건설한 동녕국 東寧國, 또는 정씨왕국 鄭氏王國이 있던 대만이다.

샤먼 廈門. 하문

　　　　　　이른 아침에 출발하는 기차라 아침식사
를 못한 채 일찍 호텔을 나선다. 닝보역에서 아침 7시30분에 출발하는
특급열차인데도 불구하고 샤먼에는 오후 1시에 도착 예정이다. 호텔을
출발하기 전에 어제 보타도까지 길안내를 친절하게 해준 훼이에게 몇
자의 감사편지를 남긴다. 다음날 저녁 늦게 닝보에 돌아와 그 다음날
아침에 공항으로 가야하기 때문에 볼 기회가 없을 듯해서다. 닝보의 젊
은이들도 한류의 영향으로 한국에 대한 환상을 가지고 있는 듯하다. 훼
이도 돈을 모아서 한국에 관광 올 계획이란다. 필자의 서투른 중국어와
훼이의 그저 알아들을 만한 영어와 파트너의 시도때도 없이 튀어나오
는 일본어로 이루어진 대화가 쉽지 않았지만 훼이의 친구들까지 모두
동원해 알려준 보타도까지의 길안내 덕에 한 두번의 당황스런 해프닝

이 있었지만 무사히 다녀온 셈이다.

처음 상해를 방문했을 때도 느낀 바 있었는데 첫인상이기는 했지만 상해 사람들은 얼굴이 동그랗게 생긴게 필자가 이제까지 알던 중국 사람과 사뭇 다르다는 것을 느꼈다. 닝보에서도 지나다니는 사람들의 얼굴을 유심히 관찰해 보았는데 한국사람과 거의 구별이 가지 않을 정도로 똑같은 사람들이 자주 보았다. 이제까지 외국인들이 필자를 처음 보고 십중팔구 먼저 중국인이냐고 물으면 기분이 좋지않아 한국인은 몽골리안으로 중국인과 인종이 다르다는 것을 강조하여 설명해 주곤 했는데 이제 생각을 좀 바꿔야할 것 같다. 그 이유는 우리에게도 삼분의 일은 일부 동남지역 중국인과 같이 남방민족의 피가 흐른다는 것이다.

상해와 닝보를 비롯한 절강지역에서는 우吳어를 쓴다. 오늘 방문할 샤먼지역에서 사용되는 언어인 민난어閩南语는 주로 푸젠성과 타이완에서 쓰인다. '민閩'은 푸젠福建을 일컫는 말이다. 맨더린관화과 마찬가지로 성조가 존재한다. 언어가 사용되는 지리적 위치에 따라 푸젠에서는 장주어, 천주어, 하문어, 푸젠 밖에서는 대부분 푸젠복건과 저장절강의 이민으로 이루어진 대만의 대만어가 있다. 민난어 발음이 우리말과 비슷한 데가 많다는 글을 읽은 기억이 있다.

더 남쪽인 광동과 광서지역에서 사용하는 광동어캔톤, 즉 월粵방언과 한국어의 한자 독음은 상당히 비슷하다고 한다. 절강성과 복건성 지역에 있던 월나라가 패망하자 월나라 사람들이 남쪽으로 이주하여 지금의 광동 등지에 모여 살게 되면서 발달하여 동남아 화교들 대부분이 사용한다. 아시다시피 중국 사서에 의하면 월나라는 오나라와 더불어 소위 대륙백제와 경계를 맞대고 있던 지역이다. 광동어는 고대 중국어의 발음이 크게 변하지 않고 내려온 일종의 중국어의 원형이라고 한다. 글자도 간체가 아닌 우리와 같은 번체를 쓰고, 굴리는 발음이 있는 보통화와는 달리 광동어는 한 글자 한 글자 끊어서 발음이 되고, 노래한다는 느낌이 들 정도로 억양이 독특하여 우리말로 읽는 한자 독음과 유사하다. 예를 들어 숫자의 경우 얏이, 이얼, 삼싼, 세이스, 음우, 록리우, 찻치, 빠빠, 까우지우, 섭시우이다. 파랑색의 작은 글자는 보통화 발음이다.

드디어 기차가 출발한다. 실내는 KTX와 별반 다르지 않다. 이상하게도 2등석은 자리가 많이 비었는데 1등석은 만석이다. 아침을 먹지 못했는데 차내에서 도시락을 팔지 않는다. 뜨거운 물이 나오는 곳이 있어 컵면을 데워 먹는다. 점심을 거를 것 같아 식당칸을 갔는데 과자와 조그만 컵탕만 있다. 정차역이 많고 속도는 200km/h다. 그래서인지 830km 거리를 5시간 반이 걸리는 모양이다.

기차는 중국의 동해안을 따라 남하한다. 태주台州, 타이저우, 온주溫州, 원저우, 복정福鼎, 푸딩, 영덕宁德, 닝더, 복주福州, 푸저우, 보전莆田, 푸톈, 천주泉州, 취안저우 그리고 샤먼이다. 창밖에 보이는 풍경은 우리나라와 크게 다르지 않다. 도시로 들어서면 건설중인 아파트가 많은 게 눈에 뜨인다. 여기는 골격만 만들어 아파트를 분양하기 때문에 분양이 덜된 아파트 건물은 얼핏보면 폐허처럼 보이기도 한다. 구글지도를 보면서 큰 도시들을 지나는데 한결같이 큰 강과 굴곡진 해변으로 둘러싸인 천혜의 항구를 지난다. 역사상 천주, 복주, 온주와 태주가 돌아가며 주요 항구 역할을 한데는 그 이유가 있었던 것이다.

기차는 드디어 종점인 샤먼북역 廈門北站 에 도착하여 택시를 탔는데 호텔까지 끝도 없이 달린다. 요금이 50원을 넘어가니 큰 다리가 나오고 그제야 샤먼섬으로 들어가는 모양이다. 샤먼의 중심지는 하문도라는 둥그런 섬 안에 위치하는데 필자가 내린 샤먼북역이라는 기차역은 섬 밖이라는 사실을 간과한 것이다. 삼십분 이상 걸려 요금이 85원 14,500원 이 되어서야 호텔에 도착했다. 여기서는 큰 금액이다.

샤먼 Xiàmén 은 일찍이 下門으로 쓰였고 주룽강의 하구에 위치하기 때문에 붙여진 이름으로 보인다. 개항 이후 국제적으로 민난어 발음과 비슷한 아모이 Amoy 란 이름으로 알려지게 되었고, 한자 이름을 廈門으로 바꿨다. 명조 때인 1378년에 샤먼성이 축조되고, 샤먼이라는 이름이 생겼다. 정성공이 1650년에 명나라를 생각한다는 의미의 사명주 思明州 라고 이름지은 적도 있다.

1841년 아편전쟁으로 영국군에 점령되었으며 1842년 개항을 한다. 1862년 영국의 조계, 1902년 구랑위 섬 공동조계가 설치되었다.

샤먼은 역사적으로 대만의 아버지로 칭송 받는 정성공의 도시다. 그 정성공의 아버지 정지룡은 중국 4대 해적 가운데 한 명이다. 청이 북경을 점령하고 3년 후 정지룡은 청에 투항했지만 소위 '금수저' 아들로 태학에서 정규 교육까지 받은 정성공은 군신유의 君臣有義, 임금과 신하 사이에는 의로움이 있어야 한다 의 유교 도리를 따라 사라질 운명이었던 명조에 충성을 맹세한다. 조선은 병자호란 후 명이 망하는 것을 보고서도 명조에 대한 사대와 임진란시의 은혜를 잊지 않고 명조에 대한 충성을 가슴에 새긴다. 중화가 망하지 않고 조선으로 옮겨왔다는 소중화 小中華 사상까지 만들어낸 조선의 사대부와 같은 입장을 견지한 셈이다.

이 대목에서 시대를 변화를 감지했던 소현과 시대의 변화를 거부했던 정성공이 만났더라면 서로에게 필요한 의견을 교환할 수 있었을 것이라고 생각했던 것이다.

정성공 鄭成功

정성공鄭成功, 1624~1662년은 명 황실의 성씨인 주朱를 사성받았으므로 '국성야國姓爺'라는 별칭으로도 널리 불렸다. 유럽인들은 콕싱아 Koxinga 라고 불렀고 일본에서는 '고쿠센야'라는 이름으로 알려졌는데 '국성야'의 민남어식 발음인 Kok~sèng~iâ에서 유래한다.

그의 아버지 정지룡鄭芝龍은 18세에 숙부의 상선을 타고 마카오, 바타비아, 마닐라를 다니면서 무역에 종사했는데 일본에 체류할 때 히라도에서 다가와田川의 딸과 결혼하여 정성공을 낳았고 아명을 후쿠마쓰福松, 중국명은 삼森이라고 지었다. 정지룡은 이단李旦이라는 무역상과 교역을 했는데 이단이 죽은 후 경쟁하던 해적과 다른 상단을 몰아내고 최강의 해상세력으로 성장하였고, 명의 유화정책으로 푸젠성의 지방 장관에 임명되었다. 정지룡은 푸젠으로 아들 정성공을 불러들여 15세에 태학에 들어가게 한다. 1633년 금문 거로만에서 정지룡이 지휘하는 수군이 네덜란드 동인도회사의 함대를 포위하고 해권쟁탈전을 벌여 승리한다. 이후 네덜란드인들은 중국해상에서의 통상을 포기하고 민상의 해상패권시대를 연다.

1644년 명이 멸망하고, 난징이 함락되자 정지룡은 푸저우에서 복명 운동을 전개하다 변절하여 청에 의탁하나 정성공은 태학에서 배운 바대로 명에 충성하고 청에 저항하는 길을 택하고 1647년에 부친의 업을 계승한다. 그는 산오상과 해오상의 양대조직으로 해상을 개척하는데 절강의 항주 중심의 산오상, 금목수화토의 5상으로 비단과 자기 무역을 하고 하문 중심의 해오상, 인의예지신의 5상단으로 아시아 무역을 전개한다. 1650년 정성공은 샤먼섬과 진먼섬을 근거지로 삼아 취안저우, 광동, 저장의 연해를 공격하기도 하였다. 에도막부, 류구왕국, 타이완, 베트남안남 교지, 시암, 루손 등을 연결하는 남해 무역과 바다 통행세로 군비를 유지하였다.

남경 공격

10년 동안 독자적인 세력을 기른 정성공은 남명의 수도였던 남경 탈환을 위해 공격을 결정한다. 1657년 샤먼에 집결한 15만 정성공의 군은 난징을 공략하기 위해 출정하였고, 푸젠성에서 저장성을 거쳐 온주 남쪽의 시안瑞安을 공격하였다. 그러나 상해 남쪽의 양산洋山에 도착했을 때 태풍으로 인해 선박과 병사들의 절반을 상실하고 후퇴하였다. 1659년 다시 남경난징 공략을 시도하여 양자강을 거슬러 올라가 남경을 포위하여 승리를 눈앞에 두었으나 남경을 보존하여 탈환하겠다는 잘못된 판단으로 한 달 동안 항복을 기다리던 중 청만주군의 기습으로 난징 공략에 실패하였다. 이 때 정성공의 선단은 샤먼에서 닝보까지 필자가 여행한 해안의 바닷길을 따라 이동한 후 상해에서 양자강으로 들어갔으리라. 이것만도 대규모 선단에게는 긴 여정이었을 것이다.

청나라는 정성공의 재침공을 원천 봉쇄하기 위해 광주에서 산동까지의 해안 주민들을 50km 이상 내륙 지방으로 강제 이주시키고 선박을 불태워 없애 버리는 상식을 벗어날 정도로 강한 해금정책으로 바다를 봉쇄하였다. 정성공은 목표를 타이완 섬으로 바꾸어 2만5천의 군사로 타이난 부근의 프로방시아 요새를 함락시키고, 네덜란드 동인도회사의 지원군도 격파하며 네덜란드군을 타이완에서 몰아냈다. 타이완 점령 후 정성공은 원주민들과의 융화 정책을 실시하며 내정을 정비하다가 1662년 39세의 나이로 죽었다.

정성공 기념관이 있는 구랑위 鼓浪嶼, Gulangyu 라는 섬으로 가기 위해 호텔에서 안내해 준 선착장을 찾아간다. 웬만한 공항 수준의 건물에 단체 관광객이 넘쳐 나는데 문제가 생겼다. 거의 2시간 후인 오후 5시10분 출발하는 여객선 밖에 없다는 것이다. 주어진 시간은 오늘과 내일뿐인데 내일은 닝보로 돌아가는 일정이다. 때문에 늦은 시간이지만 당일 방문을 결정한다. 배는 섬까지 5분 밖에 걸리지 않는다고 했는데 20분 정도 걸린것 같다. 그 때까지도 무엇이 잘못 되었는지 알지 못했다.

구랑위는 아편전쟁 이후 샤먼이 개방되고 1902년에 청淸 나라와 열강국가 사이에 공공조계 公共租界 협정이 체결됨에 따라 섬 전체가 외국인에게 개방되었다고 한다. 이 때문에 구랑위는 일찍이 서양의 문물이 들어와 아기자기한 골목들과 외국 영사관으로 쓰였던 서양식 건축물들이 많이 있다. 현재도 2만 명의 상주인구가 있고 한때 섬 안에 있는 호화주택의 절반은 화교들이 소유했다고 한다.

시간의 제약상 우선 정성공 기념관을 목표로 하고 골목길을 올라가기 시작한다. 저녁인데도 날씨는 무더워 땀이 비오듯 한다. 해가 어슴푸레 지고 있다. 언덕길은 다 올라온 듯 한데 목표 지점은 오리무중이다. 해가 완전히 지기 전에 구랑위와 샤먼의 전경을 구경할 수 있다는 일광암日光巖에 올라서 바라보는 전경은 샤먼 여행의 백미였다. 사진을 마음껏 찍고 내려오는데 벌써 어두어져 내려오는 길에 있다는 바다의 여신 '마조의 사당'은 들르지 못하고 서둘러 내려온다. 우여곡절 끝에 정성공 기념관에 도착했는데 문이 닫혀 있다. 오후 5시30분에 폐장이니 어쨌든 늦은 셈이었다.

돌아가는 배편을 걱정했으나 의외로 쉽게 승선한다. 시간은 5분도 걸리지 않아 도착한 곳이 구 선착장이다. 호텔에서 안내받은 여객터미널은 새로 지어진 곳이었던 것이다. 일시에 밀려나온 관광객 때문에 결국 추가 요금의 택시를 타고 호텔로 돌아왔다.

정성공에 대한 현대의 평가는 정치적 목적에 따라 나라마다 다르다. 정성공은 대만에서는 국부이다. 그에 관한 역사 드라마도 많이 제작, 방영되었다. 대만 독립의 아버지로 칭송받고 있다. 중국은 정성공이 청조에 저항한 일은 가리고 서양세력을 이긴 점을 부상시켜 서양을 이긴 상징적 인물로 만들었다. 구랑위의 정성공 기념관도 이런 정치적 목적하에 구상된 것이다. 일본이 정성공을 부각시키는 이유는 우선 어머니가 일본인이라는 점이고 대륙이 대만을 통합하는 것을 원치 않는 일본은 정성공이 대만을 독립시킨 것을 부각한다.

정성공 동상

다음 날 유명 관광지를 둘러볼 요량으로 관광정보를 찾아보니 구랑위와 더불어 맨 먼저 나오는 곳이 객가토루와 숙장화원이다. 객가토루客家土樓는 객가족들이 살던 원형으로 된 전통가옥인데 영화에서도 소개된 적이 있어 가보고 싶었으나 먼거리다. 객가족에 관해서는 다음 대만 이야기에서 소개하기로 한다. 일본에 거주할 때 유명한 정원들을 일부러 찾아다니기도 하여서 여기다 싶은 생각에 좀더 알아보니 아뿔싸 숙장화원은 구랑위 섬에 있는게 아닌가? 설명은 다음과 같았다.

숙장화원 菽庄花园, 수좡화위안

　　　　　　　　　　숙장화원은 타이완台湾의 부호 린얼자林尔嘉가 건립한 정원이다. 린얼자는 타이베이臺北의 임가화원林家花園에서 살다가 일본이 침략하자 푸젠성 구랑섬으로 돌아왔다. 린얼자는 임가화원을 그리워하며 구랑섬에 정원을 축조하여 1913년에 완공하였다. 정원은 바다를 마주보고 일광암日光岩을 등진 곳에 배치되어 있다. 도월정渡月亭은 바다풍경을 감상하기에 좋은 곳으로 보름날 밤이면 달빛이 파도와 어우러져 아름다운 바다 풍경을 빚어낸다고 한다. 1955년 공원으로 헌납되었으며, 중국에서 유일한 피아노박물관이다.

설명만으로 아쉽지만 다음을 기약하고 호텔 근처의 남호공원南湖公園에 들렀다가 백로주 공원이 있는 큰 호수 건너편의 유명하다는 커피거리로 가기로 한다. 이른 점심까지 마치고 돌아오는 길에 택시기사에게 실수로 남호공원 대신에 호남공원 동문으로 가자고 했더니 기사가 말을 똑바로 하라고 벽력같이 소리를 질러댄다. 호텔 주소를 내밀었더니 운전하면서 간판을 볼 수 없으니 알아서 찾아가란다. 언젠가 쿠바 방문시 국가공영상점에서 고객이 물건을 사든말든 성가신듯 했던 종업원들의 태도를 보고 놀란 적이 있기 때문에 이번엔 크게 놀라지 않았다. 전날 보타도를 다녀오면서도 매표창구에서 승객을 대하는 매표원의 고함소리도 대단했었고 기차역 매표소 직원의 태도도 오늘 만난 택시기사의 태도와 크게 다를 바 없이 친절과는 거리가 멀었다. 우리나라도 옛날 장에서 쥐약을 팔던 약장수가 '사든지 말든지 맘대로 하시우'라고 하면서 장사를 했다는 이야기를 들은 적이 있다. 안사면 당신만 손해라고 협박 아닌 협박을 하며 약을 팔던 시절이 우리에게도 있었던 것이다.

대만

이번 여행에서는 대만을 방문하지 않았으나 샤먼에서 가깝고 서로 인연이 많은 지역이기 때문에 이번 이야기에 포함하기로 한다. 대만은 언제 방문해도 긴장이 되지 않는 편안한 나라다. 다만 한가지 오해를 가지고 있었는데 그것은 장개석과 함께 넘어 온 적은 수의 대륙인이 대만의 '원주민'을 통치하고 있다는 것이었다. 이번 기회에 그 오해가 풀렸다.

타이완 섬에서 살아온 한족의 후손을 본성인本省人 또는 본도인本島人이라고 부른다. 이들 대부분은 명, 청대를 전후하여 대륙에서 대만으로 이주했는데, 주로 푸젠성福建省에서 거주하던 사람들, 그리고 이들과 동화된 대만 원주민의 후손들을 가리킨다. 본성인은 민남어 계열의 대만어를 모어로 하고 있고 대만에 거주하는 인구의 약 80%를 차지한다. 본성인들의 비율은 타이난, 가오슝 등 대만 남부가 더 높은데, 이전에는 대만의 중심지가 섬의 남부였기 때문이다. 이에 반해 외성인 外省人은 1945년 이후 대만으로 건너간 중국 대륙인들이나 1949년 국공 내전 패배로 피난한 중국 대륙인들을 뜻한다. 이들은 주로 섬 남부보다는 북부에 정착하게 된다.

예전에 대만을 방문하면 TV에 한자 자막이 나오는 것을 보고 대만의 언어가 중국 보통화 또는 맨더린과 다르다는 것을 알고 있었다. 다만 공용어는 맨더린이다. 대만은 홍콩과 더불어 지금도 우리처럼 중국 대륙에서 사용하는 간체가 아닌 번체를 사용한다. 본성은 '이 성 This province'이라는 뜻인데 여기서는 타이완 성을 가리킨다. 다음에 설명하는 객가인은 본성인과 별도로 볼 경우에 본성인의 비율은 70% 정도이다. 외성인은 13%이고 나머지 소수가 대만 원주민인 고산족이다.

객가 하카 인

광동 지역 토착민들은 다른 곳에서 이 지역으로 이주해 온 사람들을 '객인 客人'이라 부른다. 그들 또한 스스로를 손님이라 생각해 자신들을 '객가인 客家人'이라 부른다. 객가인들은 원래 중국 휘허 淮河 이북, 황허 黃河 중하류지방에 거주하던 한족 漢族의 명문 귀족들이었다. 후한 後漢 시대에 시작하여 삼국시대 三國時代 특히 서진 西晉 시대 265~316년 말기에 제후들 사이에 벌어진 팔왕의 난 八王~亂, 291~306년이라는 내란에 이어진 흉노족장 유연에 의해 중원에서 일어난 영가 永嘉의 난 307~312년을 피해 대다수의 한족 명문 귀족들이 양자강 유역의 남부지역으로 피난하였으나 곧 서진이 망하였다. 뒤를 이어 북방민족 지배하의 오호십육국304~439년이 시작되고 후에 선비족에 의한 북조정권386~589년이 들어서서 결국 고향인 장안과 중원지역으로 돌아가지 못하고 타향에서 혈연과 지연에 따라 만들어진 공동체다. 이 시기를 거치면서 중원지역에서 주나라를 일으키고 진한시대를 이끌었던 정통 한족은 거의 사라지고 현 중국인을 대표하는 북방민족과의 혼혈에 의한 제2의 한족이 나타난다. 혼란기를 피해 북방에서 내려왔던 객가인들은 친족과 마을 단위로 이주를 하고 본래의 고유문화와 풍습을 유지하여 오늘날 독특한 객가 문화를 이어 내려오게 됐다. 그래서 그들의 언어인 객가어는 고대 중국 북방지방의 한어漢語가 대부분 보존되어 있다.

중화권 근현대사를 이끌어 온 쑨원孫文, 손문, 덩샤오핑鄧小平, 등소평, 후야오방胡耀邦, 호요방, 싱가포르 전 수상 리콴유李光耀, 이광요, 홍콩 제1 갑부 리카싱李嘉誠, 이가성, 전 태국총리 탁신, 전 필리핀 대통령 코라손, 전 타이완 총통 리덩후이李登輝, 이등휘 등이 모두 객가인의 후예다.

타이완이 본격적인 역사의 무대로 진출한 것은 17세기 본토에서 복건성 주민들과 객가인들이 옮겨 온 이후부터이다. 지금 객가인은 타이완 전체인구의 약 15%를 차지하고 있다. 대부분 1차 산업을 종사하고 있는 이들은 타이완 중부지역에 살고 있다. 돈 많은 복건 사람들은 해안도시인 지금의 타이페이臺北, 대북에 머문 반면 가난한 객가인들은 산악지대인 중부로 이주했던 것이 원인이었다.

'객가인' 정신은 리콴유가 즐겨 사용한 '아시아적 가치'Asian Values 와 일맥상통한다. 그리고 '아시아적 가치'의 큰 줄기는 '유교적 가치'이다. '객가인' 정신의 특징은 다음과 같다. 가족 간의 화합, 조상과 전통을 중시, '나'보다는 '우리'를 강조, 이념보다는 실리, 근검과 청렴, 상호 신뢰, 정체성을 지키되 타인도 적극 포용, 옳다고 믿는 것은 흔들리지 않고 추진 그리고 자녀 교육이다.

이상은 외부로부터 대만으로의 이주민이고 대만의 원주민에는 고산족 이외에 평포족이 있다. 그러나 평포족은 한화漢化 되고 한족과의 통혼으로 한족계 본성인漢族系 本省人과 섞여 구분되지 않기 때문에 대만 정부는 평포족을 원주민으로 인정하지 않고 있다.

다시 닝보로

이제 닝보로 돌아갈 시간이다. 호텔 근처에서 버스를 타고 샤먼 철도역 근처에서 샤먼북역까지 BRT 버스를 타라고 한다. BRT라는 말은 지하철에 어울리는 건데 의아해하면서 물어 물어 표를 사고 BRT Bus Rapid Transit 탑승장으로 올라가 보니 생전 처음 보는 교통시스템이다. 전용 고가도로를 도시 지하철식으로 운행하는 버스이다. 탑승장이 고가도로 위에 있기 때문에 BRT를 타려면 고가 위로 올라가야 한다. 고가도로 위로는 BRT버스만 다닌다. 버스 안은 발 디딜 틈 없이 만원이다. 살짝 졸면서 운전하는 기사 옆에 서서 불안해하는 사이 하문북역에 도착했다.

개찰구에는 어마무시한 숫자의 중국인 단체 관광팀이 줄을 서있다. 필자의 앞차를 타는 단체 팀인 모양인데 타도타도 끝이 없다. 발차 시간 3분을 남겨 놓고 아슬아슬하게 개찰이 끝났다. 여기 특급열차는 14량이고 한 칸에 100명이 타면 1,400명 정도가 탄 셈이다. 규모가 다르다.

닝보에 돌아온 다음 날 아침, 아침 일찍 짐을 싸놓고 공항으로 출발하길 기다리던 중 노크 소리가 들려 보니 견습생 훼이다. 반바지 차림에 출근 전이거나 비번일텐데도 우리가 아침 일찍 떠난다는 것을 알고 일부러 찾아왔다고 한다. 그제 밤에 보타도에서 돌아와 지배인에게 써놓은 감사편지가 고마웠던게다. 조금씩 틀린 영어문법으로 쓴 편지를 내밀며 읽어보라 한다. 고맙다. 작은 선물도 놓고 간다. 한국에 올 때 꼭 연락하라고 당부했다. 그 후 훼이는 그럴듯한 회사에 취직하여 벌써 서너차례 한국을 방문했고 우리 부부도 몇 번 만났다. 한국어도 열심히 배우고 있다. 요즘도 양국의 코로나 상황에 대해 훼이와 중국 카톡인 WeChat으로 문자를 주고받고 있다. 청주 공항에 내리니 벌써 날씨가 쌀쌀해져 있다.

다음 이야기는 광서 장족자치구의 백제향, 복건성 천주의 신라현과 태국, 라오스의 고구려 마을에 관한 것이다.

먀오족, 백제향, 절강성 신라현, 태국, 라오스 고산족

이번 이야기는 중국의 남쪽 끝인 광서 장
족자치구에 있는 백제향에 관한 이야기로 흥미를 끌만한 스토리들이
있어 소개하기로 한다. 중국에 남아있는 신라현의 사연도 간략하게 소
개하고 고구려 유민이라고 알려진 태국, 라오스의 고산족도 소개한다.

백제향으로 가는 길

이곳은 필자가 아직 여행하지 못한 지역
이다. 기회가 되면 광저우广州를 가는 길에 들릴 예정이다. 광저우를
들리는 것으로 하면 광저우에서 광서 장족자치구의 성도인 난닝까지
쾌속열차로 4시간 정도 걸린다. 구글지도로 보면 난닝시에서 다시 최
종 목적지인 백제향까지 거리는 64km인데 차로 약 1시간 반 걸리는

것으로 보아서는 길이 험한 듯하다. 난닝에서 백제향을 가는 정기 시
외버스로는 3시간 걸린다고 한다. 한때 제주에서 난닝까지 3시간 반에
가는 직항로선이 있었기 때문에 이 노선도 고려할 수 있겠다.

장족壯族은 중국 최대 소수민족이다. 인구수 1,600만 명으로 중국
소수민족 가운데 1위다. 그중 99%는 중국 남부의 광서廣西 장족자치구
에 모여 산다. 장족을 포함해 '먀오족', 이족, 둥족 등의 소수민족이 살
고 있다. 이들 소수민족은 사용하는 언어와 문자, 생활방식 자체가 한
족과는 다르다.

이 중 먀오족의 뿌리에 대한 가설을 소개한다. 고구려가 멸망한
뒤 당나라로 끌려간 고구려 유민이 중국 소수민족 먀오苗族족의 뿌리
라는 주장이다. 김인희 전북대 연구원은 저서 『1,300년 디아스포라,
고구려 유민 푸른역사 펴냄』에서 고구려가 멸망한 이듬해인 669년 20만
명에 이르는 고구려 유민이 중국으로 강제 이주를 당했는데 그 중 10
만 명으로 추정되는 유민이 중국 남방으로 끌려갔으며, 이 사람들이 먀
오족을 형성한 중심 세력이라는 것이 저자의 주장이다. 먀오족은 중국
56개 소수민족 가운데 인구가 다섯 번째로 많은 민족으로 구이저우貴
州성 등 남부 지역을 중심으로 중국에 800만 명이 살고 있으며, 동남아
시아와 미국, 캐나다, 프랑스 등에도 200만 명이 거주하고 있다.

김 연구원은 "고구려 유민은 한국 역사상 최초의 '코리안 디아스
포라 Diaspora, 흩어진 사람들'였다"면서 "당나라로 끌려간 일반 고구려 유민들이
사라진 게 아니라 정체성을 갖고 살아 남았다는 것을 발견했다는 데 의
미가 있다"고 말했다. 먀오족을 연구해온 김 연구원이 고구려 유민에
관심을 갖게 된 계기는 2000년 중국 광서장족廣西壯族 자치구에서 열린

국제학술대회였다.

학술대회 중에 들른 먀오족 마을에서 고구려인의 바지인 '궁고'를 입은 먀오족을 발견한 것이다. "중국 남방의 소수민족이 왜 고구려인의 궁고를 입고 있을까?"라는 의문을 시작으로 10년간 고문헌 연구와 현지답사 등을 통해 고구려 유민과 먀오족의 관계를 추적해온 김 연구원은 중국 송宋나라 때 문헌인 『노학암필기老學庵筆記』에서 고구려 유민의 흔적을 발견한다. 노학암필기에 '가뤼'라는 민족이 새롭게 등장하는데 고구려의 국호였던 '고려'가 중국 남방 민족언어의 영향을 받아 '가뤼'로 변한 것으로 추정된다는 것이 저자의 주장이다. 또 주변의 다른 소수민족의 경우 모두 송나라 이전 문헌에 나오지만 먀오족만이 유일하게 등장하지 않는다고 저자는 지적한다. 따라서 새롭게 등장한 '가뤼'라는 민족이 바로 고구려 유민으로, 당나라 때 통제를 받다 산속으로 이동해 먀오족을 형성했고 중국의 한족 문인들이 반란을 일삼는 그들을 야만인이라는 뜻에서 먀오족이라 불렀다는 것이다.

먀오족 여성들이 입는 치마에 그려진 두 개의 강에 대한 설명도 흥미롭다. 먀오족에게는 조상이 눈 내리고 얼음이 얼고 밤이 긴 곳에서 전쟁에 패해 두 개의 강을 건너 왔다는 전설이 있는데, 두 강은 중국 황하와 장강양자강을 뜻하며 고구려 유민의 이동 경로를 보여주는 전설이라는 게 저자의 설명이다.

이 밖에 먀오족이 남방 민족 가운데 유일하게 '쌀', '벼'와 같은 도작 용어를 사용하는 점, 고구려 주몽신화와 마찬가지로 시조가 알에서 태어나는 난생卵生신화를 갖고 있는 점, 체질 인류학적 특징이 한국인과 흡사한 것, 조상신의 모습을 나무로 깎아서 동굴에 모시는 것 등 유사한 풍습을 갖고 있는 점 등 19가지 증거를 제시하며 고구려 유민이 먀오족의 뿌리라고 주장한다. 김 연구원은 "당나라는 민족의식이 강한 사람들만 끌고 갔다"면서 이들은 한족에 융합되지 않고 정체성을 갖고 살아 남았다고 말했다. 청나라 초기까지 1천년 동안 자치권을 행사하며 독립된 민족을 이루고 생활했다는 것이다.

광서 자치구는 '반란'의 땅으로 이름이 높다. 중국 역사상 최대 반란 가운데 하나인 태평천국의 난 1850~1864년도 광서 장족자치구에서 일어났다. 특히 이 반란에는 장족이 깊이 개입했다. 태평천국의 지도자 홍수전은 비록 광동성에서 태어난 한漢족이지만, 그 아래서 각각 군자금을 모으고 군사들을 지휘한 소조귀 蕭朝貴, 위창휘 韋昌輝, 석달개 石達開 등은 모두 장족 출신이다. 이들 장족이 지휘하는 반란군은 북상을 거듭해 당시 중국 제2의 도시 난징 南京 을 점령하기도 했다.

신해혁명 1911년을 일으키고 오랑캐 타도를 외친 중국의 국부 쑨원도 광서를 북벌의 기지로 삼았다. 중국의 최고권력자로 군림했던 덩샤오핑이 최초로 공산 반란을 일으킨 곳도 광서 장족자치구다. 1929년 광서에서 농민폭동을 주도했다. 광서성에는 예로부터 자체적인 무력을 보유한 군벌세력이 항상 존재해왔다.

백제향의 백제허

신형식교수는 논문 「중국 남부지역에 남아있는 백제촌」을 통해 백제의 발자취에 대해서 다음과 같이 증언하고 있다.

중국의 최남단 월남과의 접경지역 에는 광서 장족자치구 廣西壯族自治區 의 중심 도시인 남녕시南寧市 남쪽의 옹녕구邕寧區 에 백제촌이라는 곳이 있다. 그리고 그 남쪽의 흠주欽州 일대에는 백락百樂, 백포百包, 백경百慶, 부융扶隆, 구융久隆 등 우리에게 낯설지 않은 지명이 흩어져 있다. 그리고 그 북쪽의 계림桂林 동북방에는 전주全州 와 금산사金山寺 가 있어 백제와 인연이 있는 것 같은 느낌이 든다.

백제촌百濟鄉 은 인구 7,000명의 작은 산골 마을로 중앙의 큰 길백제가, 百濟街 양쪽에 높지 않은 집들이 200여 미터 이어지고 있다. 이곳에는 백제향위원회百濟鄉委員會 와 백제문화원百濟文化院 을 비롯하여 백제파출소, 백제중학교, 백제유아원 등이 들어서 있으며 자동차들도 '백제'라는 표지판을 달고 있다.

이곳은 중국과 대월국大越國 이 교차되는 국경지역이다. 역사적으로 중국과 월남이 서로 다투던 지역으로 두 나라 사이에 강한 쪽이 지배했던 시련의 장소였다. 그러므로 한족과 월남족의 혼혈은 물론 수많은 소수 민족들이 함께 살아온 복잡한 곳이었다.

이 지역에 대한 소진철교수의 연구도 소개한다. 그동안 우리와 일본의 역사서는 대부분 백제의 실체를 축소하여 기록하고 있는데 이러한 역사에 익숙해온 사람들에게 백제는 참으로 큰 나라로서 먼 남방의 지역까지 진출했다해도 그것을 믿을 사람은 그리 많지 않다.

송나라 이후 남조 사서에 의하면 백제의 대륙 진출에 관한 기사가 기록되어 있다. 백제는 진말晉末 400년 경 '요서군'과 '진평군'에 진출해서 그곳에 '백제군'을 설치하고 그것을 경영하였다고 한다. 그러므로 당시의 백제는 상당히 큰 세력을 가진 나라로서 수준 높은 항해술과 강력한 세력을 직접 행사했을 것으로 보인다. 이 광서지역의 백제허百濟

墟도 백제가 실제로 진출한 지점으로 보이며 진평군의 통치 영역에 속하는 백제군의 한 도읍지로 추정된다.

백제허를 진평군, 즉 백제군의 옛 도읍지로 추정하는 이유는 무엇보다도 백제허라는 지명 자체에 있다. 여기의 허 墟는 성터 또는 유적지로서 그것은 백제군의 옛 도읍지가 아니고서는 생길 수 없는 지명이다. 그러므로 백제허는 우리 고대사의 의문을 풀 수 있는 중요한 실마리를 간직하고 있는 것으로 보인다.

백제허를 방문하고 감명을 받는 것은 이들 장족들이 마을의 이름을 '백제허'로 쓰고 이것을 발음할 때 우리말로 「대박제」라고 하며 글자 그대로 발음을 하지 않는다는 것이다. 일본이 백제를 백제 百濟라고 쓰고 그것을 「구다라 くたら」라고 발음하는 것과 꼭 같은 것이다. 일본 학계는 구다라의 어원을 밝히기를 꺼려하는데 이것은 '큰 나라'라는 우리의 고대어에서 유래한 것으로 생각한다. 우리말에 큰 뱀을 가리켜 구렁이라고 하는데 이 '구'자는 크다는 의미의 우리 고어이다.

이곳 백제허 사람들은 대백제의 찬란한 영화를 백제허라는 고지명으로 이어온 것인지도 모른다. 백제허 주변에 많은 고지명이 그대로 남아있는데 그 마을에서 그리 멀지 않은 곳에는 단성이라는 작은 마을이 있고 사람들이 말에 의하면 그곳에 옛 성터와 같은 유적이 있다고 한다. 또 거기서 그리 멀지 않은 곳에 이 지역에서 제일 큰 마을인 대왕탄 大王灘이 있다. 이 지명을 통해 볼 때 지금의 척강 尺江은 그 옛날에 대왕천 大王川이라고 불리었을 것이다. 백제인들은 어디를 가나 의례히 대왕천, 대왕포나 대왕궁 또는 백제궁 같은 대백제의 존재를 상징하는 이름을 여기저기에다 표시하곤 했다. 이로 미루어 이 지역에서 대백제의 존

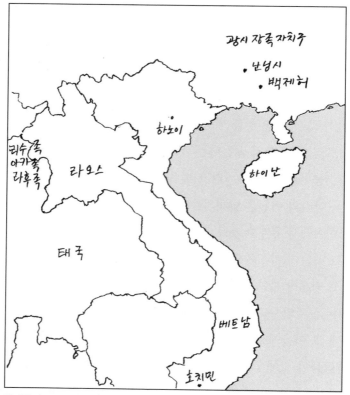

백제향과 고산족 거주지역 지도

재를 부정하기는 어려울 것이다.

더욱이 장족들은 백제를 부를 때는 아직도 「대박제」라고 하는데 다소 변음은 되었으나 이것은 옛적부터 불러온 습관일 것이다. 중국어 발음으로는 '빠이지'인데 전혀 다르다. 이런 점으로 미루어 보아 백제향 지역은 옛 백제군의 한 도읍지로 보인다. 이상 묘족이 고구려 유민의 후예라는 가설을 소개했다.

광서 장족자치구 廣西 壯族自治區

"372년 백제 근초고왕 시절에 백제와 '임읍 林邑 왕'이 각각 사신을 보내 진조정에 방물을 바쳤다."

여기서 백제와 함께 중국 진나라에 외교 사절을 보낸 '임읍'은 현재 월남 북부에 있는 작은 나라였는데 백제와 같이 중국에 조공했다는 사실이 특이하다. 그것은 백제와 임읍이 연결되고 있었을지도 모른다는 사실이다. 4세기 이후 백제는 요서 진출 이후 산동 반도를 거쳐 중국의 연해 지역으로 해상활동을 펼쳐 바다로 상해上海, 영파寧波, 온주溫州, 복주福州, 광주廣州 등지를 지나 흠주欽州 지역까지 연결될 수 있었을 가능성이 있다. 이러한 사실은 수서 '동이 백제'의 기록에서 찾을 수 있다.

"처음에 백가百家가 바다를 건너왔으므로 백제란 이름이 생겼다. 서쪽으로 바다를 건너 월주에 이르렀다." 신형식교수의 의견이다. 백제인들의 해상 활동에 따라 척민뿐만 아니라 표류인이나 정치적 망명인이 나타날 수 있어 일종의 백제방도 발생할 수도 있었을 것이다. 이러한 경우 초기 4~5세기는 황해 직항로 당항성~백령도~성산, 적산가 사용되었지

만 신라에게 한강유역을 빼앗긴 후기 6~7세기에는 서해남부사단항로 회
진포~영파를 주로 활용하였으므로 현재의 광동성 마카오, 홍콩을 지나 광서
장족자치구 일대까지 표착하였을 가능성이 크다.

"흑치상지는 원래 성씨가 왕의 성인 부여 씨였으나, 선조가 흑치
지역에 봉해짐으로써 그 성씨를 흑치로 삼았다." 백제 달솔 장관급 직책이
었던 흑치상지 黑齒常之, ?~689년의 묘지명이다. 백제 부흥운동의 기수로
알려진 흑치상지, 그의 성씨가 된 흑치의 땅은 어디인가? 흑치는 이빨
이 검은 사람들이 사는 땅을 뜻하며, 그들이 이빨이 검어지는 것은 '삘
랑'이라는 열대 과일을 씹는 습관 때문이다. 흑치의 선조가 봉해졌던
그 땅은 무더운 남방의 땅이었다.

이 지역 일대에서 가장 큰 사찰인 상산사 湘山寺의 역사를 기록한
상산지에 보면 1311년, 이 절의 주지인 철산장로가 고려왕에게 선물을
요청한 사실이 기록되어 있는데, 한낱 사찰의 주지가 멀리 떨어진 고려
왕에게 선물을 요청하는 것도 그렇지만, 그에 대한 고려의 답이 화려하
다는데에 의문점이 더하고 있다. 당시 철산장로의 요청에 대해 고려왕
은 기록에 따르면 '세상을 밝히는 여명주, 금으로 새긴 불경, 봉의 깃털
로 만든 모자, 금실로 사람 천명을 새긴 옷, 금 밥그릇, 여덟가지 진귀
한 보물로 만든 부처상' 등을 선물한 것으로 되어 있다.

결국 이런 기록들은 백제 지역이였던 광서성 일대에 남아 있는
백제계 지명들과 풍습과 맞물려 이 지역이 어떠한 형태로든 백제 멸
망 이후에도 계속해서 우리 역사와 연관성을 가지고 있음을 암시해주
는 자료들이 될 수 있는데, 일반적으로 생각해 볼 때 이는 결국 그 이전
부터 이 지역이 이미 백제와 관련된 지역이었음을 시사하는 예가 될 수

있는 것이다

　　신형식교수와 소진철교수가 백제허 등을 백제와 연결시킨 논리에
대한 박현규씨의 '반론'은 다음과 같다.

**백제허, 백제향 등의 명칭이 우리나라의 백제와 같고 한자도
동일하다.**

　　반론〉 '백제향'이라는 촌락의 역사가 그리 오래지 않는다. 각종 자
료로 확인되는 이 촌락_{또는 백제향, 백제허 명칭} 의 출현시기는 18세기경에 해
당한다. 물론 문헌에 기록되기 이전에도 촌락이 존재했을 수 있지만,
청대 이전에는 광서지역은 미개척지인 경우가 많았다는 점을 고려하면
문헌에 기록되기 천여 년 전부터 촌락이 존재했으리라 기대하긴 어려
울 것 같다.

**특히 '허'는 옛 터라는 의미로, '은허' 등의 사례에서 보듯 현
재는 망한 옛 국가, 성 등의 터를 지칭하는 경우가 많다.**

　　반론〉 백제허의 허_墟 에 대한 풀이가 잘못되었다. 백제허에 사용
된 '허'는 유적, 유허라는 의미가 아니라 시골에서 사람들이 모이는 장
터를 지칭하는 표현이다. 광서지역에서는 장시_{장터}를 허시_{墟市} 라 부른
것은 송나라 때에도 언급될 정도로 오래된 일이다. 실제 광서 일대에는
허_墟 자가 들어가는 지명이 많이 남아 있다. 이는 조선에서도 마찬가지
라서 장시를 '허'_墟 라 표현하는 예가 종종 있었다. 예컨대 이익의 『성
호사설』에서는 사람이 모이면 장이 서고, 사람이 비면 빈터가 되는 땅

을 허墟라 부르고, 향읍 곳곳에 공터를 만들어 두어 허시가 열린다고 기록한 바 있다.

백제의 요서경략설과 관련해 진평군의 위치를 광서 일대로 추정할 수도 있다.

반론〉 백제의 요서경략설과 관련해 백제가 중국에 진출했다고 주장하는 경우에도 주로 요서지역을 이야기하지 광서지역을 이야기하지는 않는다. 원사료인 송서, 양서 등의 내용은 요서지역을 주로 이야기하는 것이다. 필자는 이 반론에 동의하지 않는다.

흑치상지의 출신인 흑치국 또는 백제의 서부를 중국 광서 백제향이라고 추정할 수 있다.

반론〉 흑치상지의 출신지가 중국 광서 백제향이라는 주장은 중국장수전집中國將帥全集. 鄭福田 저이라는 책에 근거하는데, 이 책은 근대의 책으로 이 주장은 신뢰성이 떨어진다. 예컨대 이 책은 백제부흥운동 당시 당군과 백제, 일본연합군이 싸운 백촌강전투의 위치를 중국 호남성 지역으로 잘못 적고 있다.

백제향 지역의 중심지인 백제허를 장족들은 '대백제'DaejBakcae 라고 부른다.

반론〉 백제허, 백제향 등의 '백제'는 장족어로 보습날이라는 뜻이며, 이는 보습날을 닮은 해당 촌락의 지형에 기인한 것이라고 한다. 또한 백제허를 '대백제'라고 발음한다는 것은 어순의 문제 때문이라고 한다. 장족어 식으로 읽으면 '허 백제' 식으로 읽는데 허는 Daej대, 백제는 Bakcae백제 식으로 되므로 백제허를 대백제로 읽는 것처럼 보일 뿐, 실제로는 '허 백제'를 대백제로 읽고 있는 것이다.

백제향 지역을 방문한 『KBS 역사스페셜』의 기록이 흥미있어 소개한다.

부엌은 어딘가 낯이 익다. 낮은 부뚜막 때문이다. 입식 구조인 중국인들의 부엌과는 판이하게 다른 것이다. 그 부엌의 한 옆에 맷돌이 있다. 선대로 물려받은 물건, 그 형태는 그렇게 흔한 것이 아니다. 바로 한반도의 맷돌이다. 갈린 곡물이 흘러 내리도록 아래쪽에 홈을 판, 이런 맷돌은 한국에서도 주로 전라도 지방에서 발견되는 것이다.

머나먼 남방 땅에서 한반도와 동일한 문화의 흔적을 발견한다면 그것은 우연일까. 또 다른 집을 찾아가 봤다. 그곳에 역시 무엇인가가 있다. 외다리 방아다. 한국 전역에서 쓰던 방아는 외다리가 아니라 쌍다리다. 문화적 습속이란 완고한 것이어서 갈래진 나무를 구하기 어려움에도 불구하고 쌍다리를 고수했다. 외다리방아는 오직 한국의 전라도 지방과 일본에서만 전승되어 온 것이다. 지역적으로 그곳은 바로 백제권이었다. 백제허 사람들은 백제권의 생활 문화를 편린으로 간직하고 있었던 것이다.

백제허에는 한반도와 매우 비슷한 또 다른 습속들이 면면히 살아 있다. 마을 입구에 커다란 고목을 모시고 있는 것도 그중에 하나이다. 우리가 당나무라 하는 것을 여기에서는 용수라 부르지만 나무를 신성시 하고 그 나무가 인간의 소원을 들어줄 수 있다고 믿은 것은 꼭 같다.

신라현

김성호씨의 연구를 간단히 소개한다. 282년 진무제 晉武帝 司馬炎, 사마중달의 손자, 236~290년 는 복건성 남부에 진안군을 설치하는데 오늘의 천주 泉州 이다. 진안군 8개현 중 하나가 신라현이다. 무이산맥 남단의 산골이다. 절강성 연안의 신라인들을 이주시킨 것으로 보인다. 절강성 연안에서 신라현 사이에는 신라오산, 신어산, 신라서, 신라부산등의 지명과 신라왕묘가 있다. 손권 때 위온과 제갈직의 공격으로 230년 피납되었다가 후에 진안군 신라현으로 이주한 것으로 보인다.

라오스 고산족 – 아카족, 라후족, 리수족

이 지역도 필자가 답사를 계획하였으나 아직 가지 못한 지역이다. 김병호씨의 연구에서 인용한다. 소수 민족을 연구해온 학자들은 태국의 고산족이 고구려가 멸망한 후 당나라 군사에게 포로가 되어 잡혀가 오지에 버려졌던 고구려의 후손들일 것이라고 추정한다. 고구려 본기에 의하면 당나라 고종이 고구려인 3만 8천 3백호를 잡아가 중국 남쪽 광막한 땅에 옮겼다고 기록하고 있다. 소수 민족 출신의 호례극이라는 중국 학자도 같은 의견을 내놓는다. 이들 고산족들은 남자가 처가살이를 하고, 결혼 때 닭을 옆에 두고 식을 올린다. 형이 죽으면 동생이 형수를 아내로 맞은 것도 고구려 옛 풍습 그대로다. 아카족 같은 경우는 구슬을 머리에 달고 장식하기를 좋아하는데 중국 『후한서』에 '동이족은 구슬 장식을 즐긴다'는 기록이 있다.

한국 여행자들이라면 이들이 우리 핏줄일지도 모른다는 생각을 하게 된다. 명절 때 색동옷을 입는 것이나 끈기 있는 찰벼를 산간에서 재배하는 것도 그렇다. 된장이나 김치를 담가먹는 것까지 우리를 닮았다. 이들의 말은 중국이나 태국말처럼 주어 동사 목적어 순이 아니고 우리말처럼 주어 목적어 동사 순이다. 라후족이나 아카 리수족이 한결같이 나를 '나'라고 하고 너를 '너'라고 한다. '나 매홍손 가이메이' 라후족의 말로 '나 매홍손에 간다'는 뜻이다. 이 말을 들어보면 '나 매홍손 가메'라는 북한 사투리 같이 들린다.

라후족, 아카족 등은 개고기를 먹는다. 라후족은 아기를 낳으면 문밖에 인줄을 쳐 일정기간 외부 사람들이 집안으로 못 들어오게 한다. 라후족의 인줄은 지푸라기를 사용해 왼새끼를 꼰 후 새끼줄 사이사이에 창호지, 숯, 빨간고추 사내아이의 경우, 푸성귀를 꽂아 놓는다. 조선시대까지만 해도 우리나라의 인줄에 푸성귀를 꽂았다고 하는데 라후족은 지금도 푸성귀를 꽂는다.

라후족의 설은 우리나라처럼 1년중 가장 큰 명절로 떨어져 있던 가족과 만나고 이웃 부락과의 교류를 통해 한 해 동안의 풍년과 평온을 기원한다. 그러나 우리나라와 같이 특정 시기가 정해져 있는 것이 아니라 농사에 적절한 시점에 따라 부락마다 해마다 약간의 차이를 보인다. 하지만 명절을 보내는 일반적인 모습에는 많은 유사성이 보인다. '까끄뵈'라는 라후족의 새해 첫날 아침에는 세심하게 만든 색동옷을 입으며, 마을 한가운데 제사음식을 올려두고 발을 엇갈리면서 주변을 도는 것은 땅을 밟아 땅의 신을 자극하여 한 해의 평온과 풍년을 기원하는 단체 의식을 치르는 데 이것은 『삼국지』「위지」'동이전'에 전하는 고대

마한의 제천의식을 연상시키는 지신밟기와 비슷하다. 말도 비슷한데 다음 예를 보자.

　　나도 너도 ~〉 나터 너터.

　　나는 서울로 가요 ~〉 나래 서울로 까이요.

　　서울에서 방콕까지 가요 ~〉 서울에 방콕까가 까이요.

　　나에게 와요 ~〉 나게 라웨요.

　　갈려나 올려나 ~〉 까일레나 라일레나.

　　다음 이야기에서는 별도로 한 편을 빼내어 중국내 고구려 유민에 대하여 이야기하고 넘어가기로 한다.

중국 내의 고구려 유민

묘족이 고구려 유민의 후예라는 가설을 앞에서 소개했고 마지막 부분에서는 태국, 라오스 고산족 아카족, 라후족, 리수족 역시 고구려 유민의 후손일 가능성에 대하여 이야기하였다. 이번에는 중국내의 고구려 유민에 대하여 전반적으로 이야기하기로 한다. 해당 지역도 필자가 여행하지 못한 지역이다.

동북공정판 고구려역사

중국은 고구려 민족이 중국 동북지역 역사에 등장한 한 민족이었고, 고구려 정권은 '중국 동북지역 역사에 등장한 변경민족 정권'이라고 주장한다. 이렇게 주장하는 여러 가지 이유 중 하나가 '당나라가 고구려를 통일하자, 많은 고구려인들은 당나라에 대해 '망국亡國'의 한을 품지 않았다'는 것이다.

오히려 고구려인들은 당나라에 통합된 후 '당나라의 통일 대업을 지키기' 위한 전쟁에서 공로를 세워 역사에 이름을 남기기까지 하였다고 하면서 『신구당서唐書』에 이름을 남긴 '천남생泉男生, 고선지高仙芝, 왕모중王毛仲, 왕사례王思禮, 이정기李正己' 등의 이름을 거론한다. 신구당서에는 이들의 전기가 열전으로 기록돼 있다.

중국 학자들은 고구려가 패망한 후 고구려인들이 네 방면으로 이동했다고 보고 있다. 중원 각지로 유입된 고구려인이 있었고, 신라로 간 고구려족이 있었으며, 발해 말갈에 의탁한 고구려인이 있었고, 돌궐로 거주지를 옮긴 고구려인도 있었다. 중국 학자들의 최근 연구 성과에 의하면 멸망시 고구려인 숫자는 대략 70만 명 정도였는데 이 가운데 30만 명이 중원 각지로 유입되었고 신라에 귀의한 사람은 10만 명 정도, 발해 말갈에 의탁한 사람은 10만 명 이상, 돌궐로 옮겨간 고구려인은 1만여 명이었을 것으로 보고 있다. 이렇게 하면 대략 50만 명 정도가 네 방면으로 이주한 셈이 되는데, 나머지 20만 명은 요동 각지로 흩어져 유민遺民이 되고, 전쟁 와중에 사망했을 것으로 추정한다. 이 숫자를 더하면 대략 70만 명이라는 숫자가 나온다는 것이다. 물론 중국 측의 이러한 추산의 근거는 확실하지 않다.

이 중 신라의 영역이었던 함경남도 용흥강 이남의 한반도로 유입돼 살던 고구려인만 10만여 명이었는데 이들만 신라로 유입돼 반도민족한민족에 융화되었다고 보는 것이다. 중국학자들은 발해를 말갈족의 나라로서 중국의 일부로 보기 때문에 한민족의 계산에 넣지도 않았다.

결론적으로 '대다수의 고구려인은 그럴듯한 저항도 없이 한족漢族

에 융화되었다'는 점으로 볼 때 고구려 민족을 중국 동북지방에 등장했던 변방민족으로 보는 것이 역사적인 사실에 가장 부합된다고 주장하는 것이다.

우리 역사상의 고구려 부흥과 계승

중국학자들의 주장과 다르게 고구려 멸망 이후 검모잠, 안승 등의 고구려 부흥 운동이 지속되었으며, 안시성과 요동성 및 일부 요동의 성은 고구려 멸망 이후인 671년까지 당나라에 항전하였다. 또한 보장왕도 말갈과 함께 나라를 다시 세우려고 시도하였다. 결국 698년에 고구려의 장수 출신인 대조영이 만주 동부의 동모산 일대에서 발해를 건국하면서 고구려 부흥 운동은 일단락되고, 고구려는 발해에 의해 계승되었다.

그리고 발해가 고구려의 옛 영토를 거의 모두 수복하고, 동북쪽 영토를 고구려보다 더욱 확장했다. 발해는 매우 번영하여 해동성국 海東 盛國이라고도 불렸다. 이처럼 우리에게는 고구려를 이어받은 발해가 있다. 필자가 학교를 다닐 때만 하더라도 통일신라시대라고 부르던 시기를 지금은 신라와 발해의 '남북국시대'로 부르고 있다. 발해는 우리 역사에서 중요하다.

이정기 李正己 의 제 薺 나라

당나라가 고구려를 통일하자, 많은 '고구려인들은 당나라에 대해 '망국 亡國'의 한을 품지 않았다.'는 중국의 주장에 반하는 대표적인 인물이 있으니 고구려 유민의 후손으로 당나라

안에 '제'나라라는 독립국을 세웠던 이정기라는 인물이다.

이정기 李正己, 732~781년 는 고구려 유민의 후손으로 당나라 산동반도 일대 15개 주에 세워졌던 제 齊 나라의 시조다. 그에게 당이 외교적으로 부여한 관직은 번진 평로치청의 절도사였다. 본명은 이회옥 李懷玉 이며, 732년 지금의 랴오닝성 차오양에서 태어났다.

이정기는 당나라 본토에 강력하고 독립적인 국가를 세워 반세기 동안 운영했다. 이정기를 시작으로 이납, 이사고, 이사도 등 4대에 걸쳐 765년부터 819년까지 55년 동안 산동반도를 장악, 최대 15주에 이르는 영토를 차지했다.

761년 이정기는 2만여 명의 정예군을 이끌고 중국 산동성 청주에 입성, 당나라 10만 대군을 격파하고 10주를 장악했다. 그의 전공 중 하나는 장안으로 통하는 남북대운하의 길목을 점령한 것이다. 운하를 통해 소금과 생선, 쌀 등 강남의 풍부한 물자의 소통이 막히자 당나라 조정은 그의 존재를 인정, 평로치청절도관찰사와 신라, 발해와의 해상운수 총책임자 등의 관직을 붙여주었다.

762년 청주 지금의 益都 에서 안록산의 잔당인 사조의의 난을 진압하였다. 이 때부터 고종사촌인 후희일과 함께 평로, 치청, 기주, 제주, 해주, 밀주 일대를 관할하였다.

765년에는 후희일을 대신하여 평로치청절도사, 해운압신라발해양번등사, 검교공부상서 겸 어사대부, 청주자사가 되었으며 당은 정기 正己 라는 이름까지 주었다. 이후 신라, 발해, 일본을 오가는 해상, 육상 무역을 관장하는 한편, 산동에서 염전을 운영해 막대한 부를 축적하였다. '해운압신라발해양번등사'의 의미에 대해서는 다시 설명한다.

775년 덕주와 2개 주를 다시 손에 넣었고 777년 조주와 서주 등 5주를 합쳐 15주를 차지, 130만여 호에 800만 명을 거느렸다. 그의 번진은 당시 여러 번진 중에서 최대로 강성했으며, 중앙정부에 대해서는 세금을 납부하지 않으며 재정적으로도 독립했다.

마침내 781년 산동지역에서 당 정권에 대해 정식으로 반란을 일으켰다. 이정기는 자신이 관할하던 15개 주에서 얻은 막대한 부와 10만 명에 달하는 병력을 바탕으로 당군과 맞서, 강회에서 대승을 거두었다. 그러나 같은 해 10만 대군으로 장안 총공세를 앞둔 이정기는 49세 나이로 지병으로 숨을 거두는 바람에 낙양을 함락시키지는 못하였다.

이후 그의 아들 이납은 '제齊'란 국호를 선포하고 국가의 기틀을 잡기 시작했고 당나라 관리가 대거 제나라 관리가 되겠다고 투항하기도 했다. 그러나 역시 41세로 단명한 이납에 이어 이사고가 왕에 등극했으며, 그 뒤 이사고의 이복 동생 이사도가 뒤를 이었다. 이즈음 장안에선 당나라 중흥의 영주로 일컬어지는 헌종 재위 805~820년이 즉위했다. 헌종은 이정기로부터 시작한 제나라 토벌을 시작했다.

814년 헌종이 회서를 치자 이사도는 이듬해 강회에 당군의 군량미가 쌓여 있던 하음전운원河陰轉運院을 불살라버리고 교량들을 파괴하는 등 당에 대한 선제공격을 감행한다. 이어 장안까지 자객을 보내 당시 번진 토벌론을 주창했던 재상 무원형을 암살하는 등 당나라의 후방을 교란하는 전술을 적극 펼치기도 했다. 이 교란작전은 주효하여 민심이 흉흉해져서 조정대신들 간에는 번진토벌을 중지하고 타협하자는 온건론이 압도적으로 우세하게 나오고 있었다. 그러나 헌종은 단호하였다. 끝내 타협론에 귀를 기울이지 않았을 뿐 아니라 평로치청에 대한 토벌을 선언하는 한편 전국에 걸쳐 있는 여러 절도사들과 귀순한 번진의 수장들을 내세워 연합관군을 편성함으로써 마침내 815년 12월 황제의 칙령으로 토벌령이 선포되었던 것이다.

이정기와 장보고

다음 부분은 최인호의 『해신』에 나오는 글을 요약, 발췌한 것이다. 소설의 주인공이 장보고이기 때문에 그의 입장을 대변하는 면이 강조되었다고 본다. "

"이사도 토벌군대의 선봉군은 무령군이었다. 무령군에서는 강호에 포교령을 내려 널리 군사를 모집한다고 공고하였다. 중국에 들어와 5년이나 되었지만 숯장사와 소금장사에 종사하며 궁핍한 생활을 면치 못하고 있었던 장보고가 이 공고문을 본 순간 마음이 움직였던 것은 당연한 일이었다.

장보고에게 마침내 기다리던 때가 다가온 것이었다. 장보고로서 이를 마다할 이유는 없었다. 그러나 마음에 걸린 것이 하나 있었으니 그것은 이사도가 대대로 고구려의 후예라는 점이었다. 고구려의 유민이라면 한 동족이 아닐 것인가. 당나라에 살고 있어 모두 신라인이라고 불렸지만 실은 백제계의 유민과 고구려계의 유민 등으로 나뉘어져 엄밀하게 따지면 삼국시대 때 그대로 정립하고 있었던 것이다. 그러므로 장보고가 당나라의 군사가 되어 이사도를 토벌한다면 동족이 동족을 치는 골육상쟁이 되어버리는 것이었다. 그러나 이사도가 고구려의 유민이라고는 하지만 노비매매로 군자금을 조달하고, 치부를 위하여 동

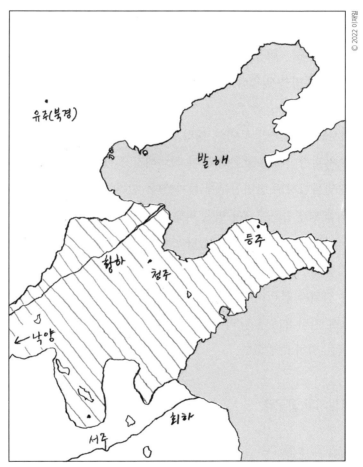

이정기의 제나라 지도

족을 팔아먹는 사람이라는 이야기를 듣고 장보고의 마음이 움직여 무령군에 응모하여 합격하였다.

816년 치청의 평음까지 무령군에게 점령당하고 만다. 당시 조정의 토벌군 선봉은 신라인 '장보고'가 군중소장으로 속해 있던 무령군이었다. 819년에는 협공을 받던 이사도는 같은해 주력군이 잇따라 패하고, 군사 8만 명을 잃었다."

이사도의 중국인 부인의 영향으로 점차 중국인 관리들이 제나라 요직을 차지하면서 제국은 기강이 쇠퇴해지고 한때 제나라와 동맹관계였던 군벌들까지도 당연합군에 참가했다. 신라에서도 이정기군을 토벌하기 위해 당연합군에 3만 명을 파병했다. 참고로 최인호의 소설인 『해신』에 의하면 파병된 군사 중 상당 수가 전쟁 후 장보고처럼 당에 잔류해 신라방에 가담하였다고 쓰여있다. 이사도의 수하로 도지병마사였던 유오는 정세가 불리하게 되자 운주성에서 이사도를 죽이고 당에 투항해버림에 따라 819년 당의 심장부에서 55년을 유지해왔던 이씨 일가의 제국은 망하고 말았다.

이정기와 고구려

이정기가 고구려 계승의식을 지니고 있었는가에 대해서는 자체 기록이 없어 자세히 알 수는 없지만 고구려 유민집단이 강력하게 그를 뒷받침했다고 추정되는데 지배선교수는 저서 『고구려 유민의 나라 제와 당』에서 다음과 같이 추론한다.

고구려 유민 이정기의 4대가 고구려 유민 등용을 중시하였다는 사실을 뒷받침할 만한 사료가 있다. 즉 중국에서는 난을 평정하고 나면 대개 그 우두머리를 처형하는 것이 하나의 관례였다. 그런데도 불구하고 제나라 이사도의 신하였던 운주 사람들을 천자가 용서할 수 없다는 죄목으로 무려 1,200명이나 재판 없이 대량 학살하였다. 쓰지 마사히로辻 正博는 이들을 죽이지 않고는 반역을 순지화順地化 할 수 없었기 때문에 일어났던 사건이었다고 해석하였는데 이는 잘못되어도 보통 잘못된 게 아니다. 왜냐하면 유독 제나라 이사도의 백성만 대학살이 있었다는 사실을 그는 알지 못했던 것 같다. 즉 다른 절도사들이 당에 의해 진압되었을 때는 절도사만 잡아다가 장안의 동시東市에서 참수하였다. 그런데 고구려인 포로수용소가 있던 유주에서 내려왔던 고구려 유민 가운데 당에 대하여 반기를 든 고구려 유민이 주축이 되어서 제나라가 건국되었기 때문에 당이 이를 뿌리 채 뽑은 것이 대학살극이었다. 다시 말해 당은 제나라의 신하로 구성된 고구려 유민들을 반역의 무리로 규정하고 학살극을 벌인 것이다. 물론 여기서 당군에 희생된 사람들이 고구려 유민만이라고 단정하는 데는 한계가 있다. 즉 이정기 가문의 군사에 고구려 유민 외에도 백제와 신라 유민이 많이 포함되었기 때문이다. 그 이유는 이정기 가문이 통치하였던 평로, 치청 지역에는 많은 신라인이 집단생활을 하였기 때문이다.

아무튼 고구려 유민 이정기 가문의 4대가 반세기 이상 독자적으로 국가를 경영하였던 이유를 두 가지로 집약할 수 있다. 하나는 비옥한 농경지를 장악함으로 말미암아 경제적 토대를 굳건하게 하였다는 사실이다. 다른 하나는 이정기 4대는 고구려 유민이라는 사실을 잊지 않은 데다가 경제력을 바탕으로 신라나 발해와 매우 빈번하게 교류하여 교역국가로 강력하게 부상하였다는 사실이다. 달리 표현한다면 이정기 가문이 고구려 유민이라는 사실로 말미암아 신라나 발해와 교역을 활발하게 하였던 것이 이정기 4대가 강력한 국가를 형성하게 된 또 다른 이유라고 본다.

　그가 세운 치청 번진과 이후의 제 왕조는 발해와 고구려 등의 영향을 받은 문화와 법제, 관제, 세제를 이용하고 있어 고구려의 계승성을 갖추고 있었다는 점도 지적할 수 있다. 한편 제나라가 55년 동안 존재할 수 있었던 것은 이정기의 능력만이 아니라 발해가 이정기와 그 가문의 뒤를 봐주었기에 가능했다는 견해도 있다. 당시 당은 안록산의 난을 어느 정도 진압을 했고 곽자의라는 명장도 있었다. 당나라가 토벌할 수도 있었지만 그 당시 이정기에게 발해가 중요 군사물자인 말을 대놓고 지원하는 등의 행보로 이정기를 봐주고 있다는 것을 대놓고 증명했다. 게다가 발해 무왕719~737년 시기 발해가 과거 수와 당이 고구려를 해상으로 공격할 때 전함과 보급선이 집결했던 해군기지였던 당의 산동성 등주를 선제공격한 등주성전투732년 에서 발해에게 패한 경험이 있는 당나라 입장에서는 한창 말갈부족들을 복속하며 잘 나가던 발해의 심기를 건드릴까 두려워 이정기를 함부로 건드리지 못했을 것이라는 것이다.

　우리 역사에서 이정기에 대한 언급은 육당 최남선이 쓴 『조선역사』에서 나타날 뿐이다. 오히려 중국사서인 『신당서』, 『구당서』, 『자치통감』에 그의 전기傳記 가 실려 있다.

해운압신라발해양번등사 海運押新羅渤海兩蕃等使

당 역사상 최초로 설치된 이 관직은 당~신라~발해~왜를 오가는 모든 왕래를 총괄하는 것으로 낙양 동쪽에서 일어나는 사안에 관해 전권을 행사하는 자리였다. 무역은 당의 주요 수입원이었다. 신라도 당에 드나들기 위해서는 반드시 이정기를 거쳐야 했다. 바다 교통의 요지 등주와 육상 교통의 중심지 영주가 모두 그의 관할이었기 때문이다.

발해도 마찬가지였다. 이정기는 당~발해뿐 아니라 발해~왜를 오가는 모든 무역도 관장했다. 여기에 수반되는 상거래에서 생기는 이익은 그의 몫이었다. 이정기의 '시장'에서 당 조정은 방관자였다. 이곳에서는 발해의 말을 포함, 당이 발해로부터 수입을 금하고 있던 금, 은, 동 등이 활발하게 거래되고 있었다. 뿐만 아니었다. 이정기가 장악하고 있던 산동은 예부터 농산물이 풍부한 옥토였다. 게다가 이곳에는 염전이 있었다. 소금은 당시 가장 값비싼 재화의 하나였다. 766~779년 사이에 당이 거둔 국고수입의 절반은 소금을 통해 얻은 염리였다. 이정기는 소금 판매와 회수의 조운, 국제무역을 통해 막대한 부를 축적할 수 있었다. 이렇게 마련된 자금은 훗날 당과의 싸움을 가능하게 해준 밑천이 된다.

결론적으로 보면 백제 출신 신라인인 장보고는 중국에서 고구려 유민인 이정기가 세운 세력을 공격하여 공을 세운 후 이정기가 기반을 만들어 장악하고 있던 당~발해~신라~왜간의 무역 네트워크를 접수한 셈이다. 세상에는 무슨 일인가 이루어지면 다 그 근본이 있는 것이다.

이정기에 관한 두 종류의 소설이 있어 소개한다.

이덕일 저 『장군과 제왕』

치정왕국의 제왕 이정기, 4대에 걸쳐 대륙의 한복판을 지배한 중원의 고구려 치정왕국과 제왕 이정기의 이야기를 다룬다. 이정기는 신, 구당서와 자치통감 등 중국 사서에는 당나라의 근간을 흔든 무도한 역도로 기록된 인물이다. 책은 산동반도를 중심으로 발해, 신라, 일본과의 무역을 독점하며 당나라와 강력하게 대치했던 이정기와 그의 치정왕국의 역사를 중화사관을 걷어내고 한국사의 시공간 속에 생생히 복원한다.

저자가 4년간 역사 전문사진가인 권태균과 함께 중국을 답사하며 취재한 각종 현장 사진과 자료 사진을 풍부하게 수록했다.

김병호 金炳豪 저 『고구려를 위하여』

우리의 잃어버린 역사, 고구려 혼의 마지막 불꽃 이정기장군의 일대기를 담은 장편역사소설이다. 732년 고구려 유민의 아들로 태어나 조국을 멸한 당나라의 중심부에 독립왕국을 세우고 고구려의 민족혼을 이어나간 이정기장군.

『고구려를 위하여』에 그려진 이정기왕국은 중국 산동山東을 중심으로한 15개주에 이르는 광대한 영토에 뻗친 광대한 독립국으로 신라, 발해, 일본과의 무역을 통해 5백만 백성은 통일신라 시대와 같은 풍요로운 삶을 누리고 있다. 모두 세권으로 구성된 이 소설은 20만 고구려 유민들의 한맺힌 삶과 죽음, 33세의 평로절도사 이정기의 야망, 당군의 패퇴와 산동성에 다시 선 한민족왕국, 819년 왕국의 멸망에 이르는 파란만장한 우리민족의 부침을 역사적 사실과 작가적 상상력을 총동원해 생생히 재현해내고 있다. 이 소설은 『당서』와 『삼국사기』에 언급된 이정기왕국에 대해 왜 우리의 역사교과서는 침묵으로 일관하는가에 대한 의문을 간접적으로 제시한다.

산동성 등의 역사, 민속물에는 고구려 유민들의 피와 땀이 밴 흔적이 살아있건만 우리 역사학계는 아직도 우리의 북방민족기원설을 뒷받침하기 위한 보조자료로 밖엔 여기지 않는다는 것. 문화평론가로도 활동하고 있는 김병호씨는 이 소설의 사실성을 높이기 위해 중국현장을 7차례나 답사했다고 한다.

다음 여행지는 인도다. 『아시아 바다의 역사기행』은 고대의 마한, 백제, 신라 그리고 중세의 고려, 조선, 일본, 중국, 아시아에서 벌어진 한민족과 직간접으로 관련된 해양역사에 초점을 맞추고 있다. 중세의 무대에는 서양이 등장하기 시작한다. 서양의 등장에서 시작하여 동서양의 세력균형이 뒤바뀌는 과정을 소개하는 것도 의미가 있다고 생각하여 영국이 패권을 기르는데 결정적인 기여를 하였던 인도의 식민지화 과정을 여행기와 함께 다음 이야기에서 소개하고 영국과 서양의 해상세력이 동양을 앞서게 되는 결정적인 계기가 된 아편전쟁의 배경, 광저우를 이어서 소개한다.

동양을 대표하는 중국을 무너뜨린 유럽세력의 대표주자인 영국을 이야기하자면 인도 이야기를 먼저 하여야 한다.

뉴델리

인도 뉴델리를 방문하여 체류할 기회가 있었다. 뉴델리 시내에 있는 조선호텔과 분위기가 비슷한 클래식한 호텔에 묵었는데 방 안 가구들이 영국식으로 멋이 있었다. 아침에 눈을 뜨니 창 밖 큰 나무 위에 큰 새가 앉아 있는 것이 보이는데 보지 못하던 신비스런 새였다. 아침마다 반복되는 이 광경을 즐겼는데 필자가 인도에 대해 가지고 있던 환상을 제대로 만족시켜 주었다. 새는 꼭 공작새처럼 생겼지만 공작이 나무 위로 날아 오른다는 생각은 하지 못할 때였다. 나중에 알고 보니 호텔 바로 옆 골프장에 방목하는 공작새들이었다. 공작새는 인도의 국조라서 잘 보호를 받기 때문에 마음놓고 다닌다는 것이었다.

　시간을 내서 시내 관광 명소를 돌아보았다. 힌두교의 인도를 상상하고 있던 필자는 당황하고 말았다. 대부분의 고궁과 역사적인 건축물들이 이슬람 양식이었기 때문이다. 가이드는 내내 필자가 모르는 후마윤, 샤자한, 아브랑제브 등의 황제 이름을 알려 주는데 인도 역사에 무지한 필자로서는 그저 막연히 상상을 할 수 밖에 없었다. 무굴제국의 마지막 성이었던 올드 델리에 있는 '레드 포트Red Fort' 성을 구경할 때도 1739년 성을 점령한 것이 영국군실은 페르시아 아프사르왕조 이었다는 착각을 하고 있었다.

　뉴델리 인도국립박물관 안에는 산스크리트어를 소개하고 있었는데 우리나라 한글도 인도에서 전해진 것이라는 설명이 붙어 있었다. 그렇지 않아도 남의 말은 듣지 않고 자기 말만하는 인도인 친구들에게 비위가 상해있던 필자는 이 설명문에 발끈했다. 그때부터 세월이 많이 지난 오늘에는 필자 스스로 그 가능성을 연구하는 입장이 되었다.

　인도인의 습관에 관한 필자의 개인적인 경험이다. 말에 신뢰가 없다. 즉 거짓말사실이 아닌 말 을 태연하게 밥먹듯이 한다. 정직하라고 가정교육을 받아 온 우리 입장에서 보면 참기 어려운 일이다. 사실이 아니지 않느냐고 추궁하면 일단 인정하고 즉시 다른 거짓말로 둘러댄다. 앉은 자리에서 7~8번 말을 바꾸는 재주를 가졌다. 처음에는 불쾌하여 사람들을 상종하기 싫을 정도였다. 그래서인지 인도 비지니스에서 일어나는 사고는 늦게 발견되고 발생하면 대규모인 특징이 있다. 문제가 있어도 특기인 말로 막다가 어쩔수 없이 커지면 그때서야 터지기 때문인 듯하다.

용기를 내어 가까운 인도 친구에게 조심스럽게 질문을 하여 인도인의 거짓말 습관에 대한 이야기를 듣게 되었다. 대답인즉슨 집에서 가정교육의 일환으로 어머니가 아이들에게 거짓말을 가르친다는 것이었다. 뭉클한 게 있었다. 이 세상에 어머니가 가르치는 것 중에 나쁜 것이 어디 있겠는가. 그 이후 필자는 인도인의 거짓말에 대하여 너그러워지기로 했다.

뉴델리는 계획도시이다. 1911년 영국에 의해 수도로 확정된 후 20여 년에 걸쳐 만들어졌다. 도시가 넓고 깨끗하기 때문에 한때 노숙자의 천국이 되기도 했다고 한다. 많이 걸어야 하는 뉴델리 시내관광은 다리가 아프다. 인도를 이해하기 위해서는 무굴제국의 역사를 이해하여야 한다. 마치 서울의 고궁을 이해하려면 조선시대를 알아야 하듯이.

무굴제국

무굴제국은 인도 북부와 파키스탄, 아프가니스탄에 이르는 지역을 지배한 이슬람 왕조이다. 무굴제국은 티무르 왕조에 속한 '바부르'로부터 시작되었다. 티무르 제국1370~1507년은 칭기즈칸의 후손이라고 자처하는 몽골인 티무르가 사마르칸드에 건국했던 나라다.

바부르는 원래 인도보다 사마르칸트 지역을 차지함으로써 티무르의 옛 영광을 되찾고 싶어했다. 하지만, 두 번에 걸친 시도에서 오히려 고향까지 잃어버린 바부르는 차선책으로 쇠락한 델리의 로디 왕조를 멸망시키고 무굴제국을 세웠다. 주요 영토는 인도 지역이었지만 실질적인 발원지는 아프가니스탄이며, 초창기의 세력은 티무르 제국의 잔존 세력이다. 때문에 제2차 티무르 제국이란 표현을 쓰는 경우도 있다.

초대 황제인 바브르1526~1536년 이후, 후마윤 ~1556년, 악바르 1세 ~1605년, 샤 자한 ~1658년, 아브랑제브 ~1707년 황제의 전성기를 거친 후 후계자 계승을 둘러싼 30년의 혼란 속에서 무굴은 점차 약해졌고, 페르시아 아프샤르 왕조가 1739년 무굴제국 군을 대파하고, 델리로 입성하여 엄청나게 많은 사람을 죽이고 약탈한 뒤, 무굴제국은 실질적으로는 망했다.

1757년 영국이 캘커타 북쪽에서 플라시 전투에 승리하여 영국의 인도 정복의 서막이 열린다. 백여 년간 유명무실하게 존재하던 무굴제국은 세포이의 난을 지원하다 1857년 영국에 의해 멸망하고 1877년 인도 제국이 탄생한다.

아그라

주말에 외국인 동료들과 타지마할이 있는 아그라를 방문하기로 했다. 호텔에 얘기해서 기사가 딸린 차를 하루 임대하기로 한다. 새벽길은 상쾌하다. 말이 고속도로지 길위로 온갖 가축들과 낙타가 걸어 다니고 심지어 무슨 종교인지 나체의 남자들이 줄지어 걸어 가기도 한다. 중간중간에 긴 건널목을 막대로 막아놓은 검문소 같은 것들이 있는데 통행세를 내야 보내준다.

뉴델리에서 아그라까지는 210km인데 3시간 이상 걸린다. 아그라는 1639년에 올드 델리로 수도를 옮기기 전까지 무굴제국의 수도였다. 아그라는 타지마할로 유명하다. 대리석으로 만들어지고 벽에는 수많은 보석이 박혀있는 무덤이다. 무굴제국의 제5대 황제 샤 자한의 사랑이 야기가 전해지는 유적이다.

처음 방문 이후 인도인 친구의 딸 결혼식에 초대받아 일주일 여정으로 뉴델리를 다시 방문한 적이 있다. 결혼 일정 중 하루를 비워서 근 이십 년 만에 다시 타지마할을 방문하기로 한다. 파트너도 기대에 잔뜩 부풀어 있다. 소규모 외국인 단체 관광이라 소형버스가 나왔는데 호주의 허니문 커플도 타고 있다. 조금 안면을 트자 변호사라는 호주인 남자가 말문을 연다. '인도는 절대 선진국이 될 수 없다. 거짓말을 하기 때문에'. 듣고 있던 필자는 속으로 말한다. '니가 인도를 알아?' 도로는 18년 전에 비해 크게 달라진 게 없다. 너무 발달한 민주주의와 지방자치제로 지역 간의 이해상충을 조정하지 못하여 고속도로 건설 계획이 시행되지 못한다는 것이다. 두 번째 본 타지마할도 역시 좋다. 인도 친구의 말로는 타지마할은 적어도 세 번 보아야 한다고 한다. 낮에, 석양에 그리고 보름날 밤에.

콜카타 캘커타

두 번째 인도 방문 때의 이야기다. 목적지는 뉴델리였지만 방콕 방문 후 이어지는 여정이라 캘커타 2000년 콜카타로 이름을 고침 에서 환승하기로 한다. 당시 켈커타 국제공항은 그 시설이 낙후되어 공항에는 가방을 실어 나르는 컨베이어 벨트도 설치되어 있지 않았다. 짐 수색은 철저하여 가지고 다니는 거의 모든 전자제품을 신고하여야 했다.

국내선으로 갈아탈 때까지 몇 시간 여유가 있어 시내 구경을 하기로 했다. 공항 주차장에는 오래된 영국식 택시로 호객행위를 하고 있었는데 그 중 한 택시를 타기로 했다. 운전수는 오른쪽에 앉고 조수석에는 정말로 남자 조수가 탄다. 얼마를 들어가니 시가지가 나오는데 눈을 의심하지 않을 수 없었다. 전차며 건물들이 옛날 모습 그대로 남아있어 마치 영화 세트장 같다. 시간을 거슬러 백년 전으로 돌아간 것 같았다. 뉴델리가 1911년 인도의 새로운 수도로 정해질 때까지 인도의 수도였던 캘커타는 백년이 지났는데도 1911년에 시간이 멈춰져 있었다. 1772년 영국령 인도의 수도가 된 이후 약 150년간 영국의 인도 수탈 본부였던 곳이다.

콜카타는 '더럽지만 멋있는 도시', '천사의 도시'로도 불린다. 가장 눈에 띄는 건물은 하얀 빅토리아기념관이었다. 1901년 빅토리아여왕 서거 후 15년에 걸려 완공된 웅장한 건물로 높이가 56m에 이른다. 둥그런 무굴 양식의 돔 천장과 이탈리아 조각이 어우러진 혼합 양식이다. 갠지스강이 하류에서 갈라져나온 후글리강을 가로지르는 하우라 다리도 멋있다. 운전수와 조수는 초라한 시내 건물들을 일일이 설명하여 주지만 귀에 들어오지 않는다.

콜카타의 인상은 한 마디로 빈민도시다. 아무래도 바가지 요금 같은 택시비를 지불하고 공항으로 되돌아온다. 뉴델리로 가는 저녁 비행기는 만석이다. 필자의 짐이 비행기에 실릴 건지 직접 활주로 바닥에 늘어선 화물 중에서 가방을 확인하고 탑승했다. 석양이 물드는 아름다운 구름 사이 뚫고 히말라야 산맥의 남쪽을 따라 날던 비행기는 어두워진 뉴델리 공항에 도착한다.

영국의 인도 식민지화 과정

캘커타 콜카타는 영국의 인도 지배가 시작되었던 곳이다. 인도는 미국 신대륙과 더불어 대영제국의 건설에 크게 기여한 곳이다. 미국은 1776년 독립을 선언할 때까지 영국에 자원을 제공하였고 미국에 이어서 인도가 영국 산업발전에 필요한 자본과 시장을 제공하였다. 또한 인도의 아편을 중국에 수출하므로써 중국과의 무역역조를 해소한다. 이렇게 길러진 힘으로 영국은 마침내 중국과 아편전쟁 1842년을 벌여 승리함으로써 서양의 동양에 대한 지배가 시작된 것이다. 조길태교수의 『영국의 인도 통치정책』에 기술된 인도 침략 과정을 알아보자.

식민지에는 미국과 같은 정착 식민지와 인도와 같은 착취 식민지가 있다. 영국의 인도에 대한 관심은 순전히 상업적인 이익 획득에만 있었다. 영국의 자본주의적 제국주의 성립에 있어서 인도가 차지하는 비중은 절대적이며 인도의 착취에 의해 대영제국이 수립되었다고 해도 과언이 아니다. 18세기 영국에 의한 인도 약탈은 영국 산업자본주의의 발달을 가능하게 했던 재화 축적의 원천이었으며 19세기에 인도는 영국 제조업자들을 위한 주요한 상품시장이 되었다.

로버트 클라이브 1725~1774년는 영국의 인도 지배를 구축하는데 제일 큰 공로자였다. 그는 1757년 캘커타 북쪽 200km에 있는 벵골의 주도 州都였던 무르시다바드 Murshidabad 를 방문했다. 무르시다바드는 갠지스강에서 갈라지는 후글리강 중상류에 있다. 후글리강은 갠지스 강에서 시작 캘커타를 지나 벵골만으로 빠진다. 인도의 어느 지역도 벵골만

타지마할

한 자연적 이점을 갖지 못했다. 벵골은 동양전체를 통틀어 에덴동산으로 알려져 왔다. 영국 동인도회사는 1668년 캘커타 북쪽 교외에 윌리암 요새를 건설한 후 캘커타는 대 벵골 무역의 중심지가 된다. 동인도회사가 캘커타에 축성을 추진하자 벵골의 무굴제국 토후 다울라는 캘커타를 공격하여 영국의 근거지를 함락시킨다. 이 때 클라이브가 영국 원정군 사령관으로 캘커타를 수복한다. 이후 토후 측의 군사령관 자파르가 자기의 집권을 보장하는 조건으로 영국을 도울 것을 밀약하자 영국은 클라이브가 이끄는 3,200명 영국군 900명, 인도인 용병 세포이 2,100명 으로 5만의 토후군과 전쟁을 벌여 하루만에 승리한다. 이것이 유명한 플라시 Plassey 전투다. 이 전투는 영국령 인도사에 있어서 획기적인 사건이었는데 토후편을 들던 프랑스 세력이 인도에서 제거되었고 영국이 단독으로 인도 무역에서 인도 경영으로 옮겨가는 계기가 되었으며 벵골만이 아니라 인도를 지배하는 첫 발판이 되었다. 당시는 인도를 통치하던 무굴제국의 쇠퇴기라서 가능한 일이었다.

영국의 산업혁명은 1760년에 시작되었고 플라시 전투1757년 이후 영국의 인도에 대한 수탈도 본격화되었다. 전쟁 승리 후 자파르를 토후로 인정하자 약속대로 80만 파운드를 배상했고 20만 파운드는 클라이브의 개인몫이었으며 동인도회사에 벵골, 비하르, 오리사 등 인도 동북부지역에 대한 무역 특권을 인정하고 영국군 유지비 124만 파운드를 지불하였는데 클라이브가 이 중 32만 파운드 착복하였다. 클라이브에게 토지에서 나오는 수입을 특정인에게 지급하는 자기르Jagir 권리를 인정하여 매년 27만 파운드 지불했다. 이로서 클라이브는 영국에서 가장 많은 수입을 올리는 사람의 하나가 되었다. 당시 영국 귀족들의 연

수입은 1~3만 파운드였다고 한다.

동인도회사는 무역에서 이익을 얻는 것 이외에도 수탈을 통하여 재화를 얻었는데 1757~1766년의 10년간 동인도회사 직원들이 선물 명목으로 받은 액수만 600만 파운드였다. 또한 인도의 연안 항구간 또는 아시아지역과의 내지 무역 Inland Trade으로 불리던 사무역을 동인도회사 간부와 직원들이 독점해 소금, 아편, 빈랑을 거래하여 큰돈을 벌었다.

플라시 전투 이후 영국의 인도에 대한 무역적자는 흑자로 전환되었다. 1765년 재차 벵골지사로 부임한 클라이브는 자파르의 아들 다울라를 오우드의 토후로 임명한다. 재정적 어려움을 겪고 있는 무굴황제에게 일부 지역을 양도하고 조공을 납부하기로 하여 황제의 권위를 높여주고 북동인도의 '디와니'로 임명된다. 디와니는 징세와 '민사재판 관할권'을 가지므로 영국이 벵골을 직접 통치하는 전기를 맞게 된다. 벵골 토후는 황제에게 디와니 권한과 '군사를 통솔하고 형사재판을 관장하는 니자마트 Nizamat 권한'을 위임 받고 있었는데 다울라는 니자마트를 동인도회사에 양도한다. 이로서 벵골은 완전한 영국 지배 아래 들어가게 된다.

이즈음 영국에는 '나보브'라는 벼락부자들이 출현하는데 동인도회사 직원과 간부들이 인도에서 사리사욕을 채운 후 졸부가 되어 영국에 귀환해 호화생활을 하고 돈으로 하원의원까지 진출하기도한 사람들을 일컫는 말이었다.

1769년과 이듬해 벵골에 기근이 휩쓸어 주민의 3분의 1인, 천만 명이 아사 餓死하는데 이는 영국에 의한 공적, 사적 착취로 인해 주민들이 기근을 버틸 여력을 상실했기 때문이었으니 식민 착취의 폐해가 얼마나 심했는지를 단적으로 보여주는 사건이었다. 이렇게 벌어들인 돈은 영국에서 산업자본이 되고 인도는 영국 생산품의 소비시장이 되어 영국 제국주의의 기반이 된 셈이다. 인도를 빼고 영국 제국주의를 말할수 없을 정도로 영국은 인도에 의지했다.

이후 벵갈총독 자리는 인도총독으로 격상되어 인도 전체에 대한 통제를 시작하고 1774년, 1858년 동인도회사의 인도 지배는 영국정부로 넘어가 인도상이 임명되고 1877년 빅토리아여왕이 인도 국왕이 된다. 영국은 인도에 영어교육을 실시하고 식민 지배에 필요한 인도인 엘리트를 양성한다. 이들을 위해 지방자치제를 실시하여 권력에 참여시킨다. 인도에서 이 때부터 양성되기 시작한 엘리트들과 그 후예들이 현재 전 세계를 무대로 활약하고 있는 인도 엘리트의 시작이다.

자이푸르

두 번째 방문 시 뉴델리 방문을 마치고 뉴델리 남부에 있는 자이푸르를 방문하기로 했다. 업무차 동행하기로 한 인도 직원과 함께 기사가 딸린 차를 이용했다. 뉴델리에서 자이푸르까지는 260km인데 도로 사정이 좋지 않아 5시간 정도 걸린다. 기사는 운전하는 내내 한마디도 하지 않는다. 이상해서 수행하는 직원에게 물어보니 이 기사는 말을 하면 안 된다는 것이다. 카스트 제도상 제일 낮은 계급에 속하는 모양이다. 끝없이 벌판이 이어지며 작은 언덕들만 보인다. 길을 따라 가는 낙타가 끄는 마차들이 신기하다. 중간에 휴게소에 들려 간단한 식사를 하는데 기사는 건물 뒤로 가는 듯하더니 보이지 않는다.

이어지는 황량한 풍경에 지루해질 때 쯤 산길이 나타나고 웅장한 성벽이 보인다. 이로부터 십여 년이 지난 후 파트너와 자이푸르를 다시 방문했을 때 자이푸르로 넘어가는 고개에 있는 이 산상 암베르성에 들렀다. 산길을 넘어가니 모래사막지대가 펼쳐진다. 그리고 눈 앞에 갑자기 커다란 호수가 나온다. 호수 한가운데는 작은 궁전이 떠있다. 언젠가 007영화에서 본 듯 한 장면이다. 차를 세우고 호수를 구경을 하고 있는데 꼬맹이들이 몰려 오더니 손으로 만든 조그만 기타를 연주한다. 돈을 달라는 모양이다. 주머니에 동전이 없어 작은 지폐 한 장을 주었더니 연주하던 조그만 수제 기타를 필자에게 내민다. 오히려 깜짝 놀라 기타를 돌려 주었다. 필자가 이 지방의 돈 가치에 대해 무지해서 생긴 일이다. 나중에 알게 된 사실이지만 이 지방은 음악으로도 유명한 지역이다.

차는 핑크색 건물들이 들어선 자이푸르 시내로 들어간다. 예정된 업체 방문을 마친 후 산위에 지어진 자이푸르 성 등 몇 군데 유명하다는 관광명소를 둘러본 후 호텔로 들어간다. 호텔은 예전에 라자스탄 왕국의 궁전을 개조한 건물로 궁궐 기분이 난다.

자이푸르는 그 이후에도 두 번 더 방문하게 되는데 한 번은 뭄바이에서 뉴델리로 가는 길에 비행기로 들려 하룻밤을 묵었다. 아침에 호텔 근처의 폴로장을 겸한 어설픈 골프장에서 만난 캐디를 하던 16세 소년의 동네 친구들과 나무 밑에서 같이 노래 부르며 시간을 보낸 추억이 있다. 노래 소리를 듣고 대기하고 있던 호텔에서 타고온 차의 기사가 어슬렁거리며 나타나 용감한 라자스탄 병사의 노래를 춤을 추며 불러 주었던 것도 추억 속의 한 장면이다. 뒤에 알게 되었지만 라자스탄은 용감한 토후국으로 영국 지배하에서도 독립을 유지했다한다. 라자스탄 박물관에 전시되어 있는 총과 칼 등의 무기들은 생김새가 무시무시하다.

구자라트

　　　　　　　　라자스탄 남서쪽으로 구자라트가 있는데 이곳은 글자에서부터 풍속에 이르기까지 우리나라와 닮은 것이 많은 곳이다. 마지막 이야기에서 소개한다.

뭄바이 봄베이

　　　　　　　　바닷가에 있는 타즈호텔에 묵었다. 호텔 근처는 문명 세계다. 그러나 시내로 들어가면 빈민굴 같은 모습이 도처에 보인다. '자유의 도시', 사람들은 밤이 되면 인도 人道를 점거하고 잠을 잔다. 길거리에는 거지꼴을 한 어린이들이 돈을 달라고 차로 몰려든다. 갈 때마다 느끼는 것이지만 뭄바이를 떠날 때는 마치 전쟁터를 벗어나는 느낌이 든다.

뭄바이 방문 얼마 후 뭄바이 시내에 폭탄 테러가 있었다. 의사회 세미나에 참석 중이던 친척의 안위가 염려되어 뭄바이 인도 친구의 도움을 받은 적이 있다. 금 밀무역이 성해 지하조직끼리 세력 암투가 심한 곳이다. 금 밀무역의 초창기에는 두바이 왕족들도 관여하여 큰 돈을 벌었다는 글을 읽은 적이 있다.

외모는 한국사람

한 번은 발 디딜틈 없는 기차를 타고, 짚차를 얻어 타는 등 우여곡절 끝에 뭄바이 북쪽의 골프장을 간 적이 있는데 경비를 서고 있는 청년을 보고 깜짝 놀랐다. 티벳 사람이었는데 생김새가 여지없이 한국사람이었기 때문이다. 동포애가 끓어올라 영문을 몰라하는 그에게 나도 모르게 돈을 쥐어 주고 돌아선 기억이 난다.

뉴델리의 토속산품센터에서도 티벳인 부자를 만났는데 6~7세 정도의 꼭 우리동네 꼬마같이 생긴 아들에게 마음을 뺏겨 '아저씨'라고 부르라고 시켰던 기억도 난다. 몇 년 전 뉴델리의 한국음식점에 들렸을 때의 기억도 생생하다. 음식점을 들어서니 한복을 차려입은 한국 아가씨 종업원들이 반겨 맞는다. 반가운 마음에 우리말로 인사를 했는데 전혀 알아듣지 못하는 눈치다. 우리와 꼭 닮은 모습과 눈동자, 목소리를 가진 아쌈 보도족 여인들이다.

아쌈주는 '푸른 언덕의 땅', '푸른 계곡'이라는 뜻으로 브라흐마푸트라강의 비옥한 토양 위에 우리와 같은 버어마^{미얀마} 계, 티베트계, 네팔계 몽골리안의 후예들이 뿌리를 내리고 살아가는 곳이다. 티벳족이나 아쌈 보도족과 우리민족의 혈연관계도 연구할 대상이다. 다음 편에 소개하는 곳은 아편전쟁의 발생지인 중국 광동성의 광저우^{广州} 다.

광저우 広州 , 마카오, 홍콩

이번 이야기의 무대는 중국 광동성의 광주 광저우 다. 필자는 광저우와 아쉬운 인연이 있다. 그것은 5년간 광저우에서 근무할 인연이 도쿄와 바뀐 것이다.

광저우는 홍콩과 마카오를 좌우에 둔 주강구 삼각지 주강 델타, Pearl River Delta, 줄여서 PRD 북쪽 끝에서 주강 하류를 거슬러 올라가면 넓게 펼쳐져 있는 주강 삼각주 珠江三角洲 에 위치하고 있다. 우리가 비지니스, 관광과 쇼핑으로 자주 찾는 홍콩과 마카오가 주강 삼각지의 남쪽 두 꼭지점에 해당하고 홍콩에서 마카오로 운행하는 고속 훼리는 주강 삼각지의 밑변에 해당하는 바다를 건너 다니는 셈이다.

『아시아 바다의 역사기행』의 주제와는 좀 동떨어지게 느껴지는 광저우 이야기를 넣은 이유는 여기가 바로 동서양의 세력이 역전된 현장이기 때문이다. 고대의 마한, 백제, 신라와 고려의 해상세력 그리고 우리와 뿌리를 같이 할 지도 모르는 중세의 중국 해적, 중국왜구, 당인, 일본왜구, 화교들의 무대였던 이곳 동양의 바다를 서양 해상세력이 무력으로 무너뜨린 곳이기 때문이다.

청은 1684년에 국내 정치가 안정을 되찾고 중국왜구와 정성공 활동의 시대가 지나가자 해금정책을 해제하고, 해관 세관 을 설치하여 외국과의 무역을 공인하였다. 동남연해에 강해관, 절해관, 민해관, 월해관 등 4개의 세관을 설치, 외국 상선의 입항과 무역을 허락한다.

광저우를 관리하는 월해관 粵海關 과 하문 夏門 의 민해관 閩海關, 영파 寧波 의 절해관 浙海關 은 서로 경쟁관계에 있었다. 절해관은 영파의 구역 내에 있는 주산군도 舟山群島 의 정해 定海 에 서양 선박이 기항하는 구역을 설정하자 영국 상인들이 모여들어 명주, 차 茶 등을 사들이게 되자 광저우에 이권을 가진 팔기군과 관료 등이 조정을 움직여, 1757년에 교역의 창구를 광주로 한정하는 '일구통상' 정책을 결정, 발표하여 항구를 광동으로만 한정하고 다른 해관을 닫아버린다.

이후 광동에서 대외무역을 담당하던 독점적 상인 公行 들인 광주 13행이 등장한다. 중국에는 아인 牙人 또는 아행 牙行 이라고도 불리는 중개매매인의 활동이 활발하였다. 명나라 후기에도 해금 海禁 이 완화되어 국외무역이 허용되었을 때 수많은 아인 중에서 일부의 자에게 거래를 집중시킴과 동시에 징세도 대행하게 하여 그들을 통하여 전체의 상인을 파악하는 방책이 채택되었었다.

광주 13행

광저우는 주강을 앞에 두고 성곽으로 싸여 있는 성채였다. 13행은 서문 바깥에 세워진 중국 유일의 대외 무역 타운이었다. 13행 상인들을 행상行商이라 불렀는데, 행상들이 운영하던 상점은 동문행, 이화행처럼 끝에 행을 붙여 불렀다. 오늘날의 무역 상사라고 봐야 할 것이다.

13행 지역의 외국인 상관 구역에는 서양식 건물들이 줄지어 서 있었다. 문들을 강 쪽으로 내 화물을 옮기기 편하게 했다. 상관에는 무역 거래 책임자인 대반과 사원, 의사, 통역, 하인 같은 사람들이 살았다. 대반들은 무역거래 시즌이 끝나면 본국으로 돌아가기도 하였으나 주강 하류의 마카오에서 비수기를 보내기도 하였다.

외국 상인들은 청나라 정부가 임명한 소수의 13행 행상들과만 교역을 해야 했다. 중국 대륙의 무역을 한 도시가, 그것도 지정된 한 구역에서 독점적으로 했다는 사실은 13행의 위상이 어느 정도였던 지를 짐작케 한다. 그래서 13행을 '제국의 상점'이라고도 했다. 당시 서구인들 입장에서 중국은 수지 맞는 국가였다. 도자기, 차, 비단은 부유해진 서구인의 급증한 수요를 충족할 대박 상품이었다. 광저우의 영문명 캔톤Canton은 중국China 이상으로 서구에 널리 알려졌다. 광저우 황포항에 한해 5천 척이 넘는 외국 상선이 정박했다고 한다.

외국 상선은 13행 지역까지 바로 들어올 수 없었고, 광저우성으로 들어오는 길목인 황포항 부두에 무역선을 정박한 후 세관 신고를 하고 선원들은 근처에 머물러야 했다. 세관 심사를 마친 무역 책임자와 선장 등 몇 명만 작은 배에 옮겨 타고 13행으로 들어갔다.

광주 13행은 소금을 취급하는 휘상徽商, 금융업의 진상晉商 등과 함께 중국의 3대 상인집단으로 불리며 오병감, 반진승潘振承 같은 세계적 갑부들을 만들어냈다. 반씨의 동문행이 19세기 전후에 광주의 상업계를 독주했다. 다음은 오씨의 이화행怡和行 시대였다. 오씨 집안은 1834년 당시 소유한 현금만 2,600만 은원銀元에 달해 이는 청나라 정부의 1년 재정수입의 절반에 해당했다. 이 시기 미국에서 최고 부자의 자산이 700만 원쯤이었으니 오병감은 당시 세계에서 가장 돈이 많은 상인이었다. 오병감은 한 번도 중국을 벗어난 적이 없었지만 당시 13행의 외국 상관에서 무역에 종사하던 풍부한 국제 무역 경험을 지닌 미국 상인들을 잘 활용하여 해외 투자를 계속했다. 오병감은 미국의 보험업에 투자하고 주식도 샀다. 오씨 집안이 미국에 투자한 자금의 이자만 해마다 백은 20여만 냥에 달하여, 이화행은 명실상부한 다국적 기업이 되었다.

13행이 활동하던 150여 년 동안 대부분의 중국상인들은 외국상인들과 광동영어로 교류했다. 광동영어란 영어단어와 중국어 문법이 혼합된 대외무역 영어로 영어 문법은 전혀 고려하지 않고, 중국인이 자주 쓰는 영어단어를 중국식 어법 순으로 말하면 되는 언어였다.

광동 체제

교역항을 광동항에 한정하고, 특권상인에게 무역을 행하게 하는 체제를 '광동 체제'라 한다. 유럽 상인들은 포르투갈이 거류권을 얻은 마카오에 체류한 뒤 무역이 가능한 10월부터 1월까지 광주항의 이관夷館 구역 즉, 외국인 거류구역 내에서 활동하였는데 청나라 국내상인과의 직접 거래는 금지되었다. 무역 시에는 광주

십삼행 十三行 중의 한 행을 보상 保商 으로 지정할 필요가 있었고, 지정된 보상은 외국 선박의 교역에 따른 납세, 현지의 청나라 조정 당국과의 연락과 교섭 등 일체를 담당하였고 외국인과 청나라 정부간의 직접적인 교섭은 금지되었다. 유럽인에 제시된 상품가격은 관세, 거룻배나 창고의 사용료 등 제반 경비를 포함한 상세한 내역이 표시되지 않았고 세금의 상세도 알려주지 않았다.

청나라가 보상제도를 유지한 목적은 과세 강화에 있었다. 광주 십삼행 등의 아행은 거래와 동시에 거래 상대방으로부터 징세를 행하였고, 이를 세관에 납부하였다. 이 체제는 보상에게 권한을 집중시키고 문제가 생기는 경우, 그 책임을 보상에게 전가하는 제도이다.

광주항을 통한 한정무역 체제로서 세관에 해당하는 월해관 감독하에 청나라 관료와 보상 保商 인 십삼행 十三行 중에서 선택된 상인에 책임을 지게 하는 반관반민 半官半民 적인 관리무역 체제였다.

각종 교섭이 반드시 보상 保商 을 통해야하므로 불편했고 외국인에 관한 재판을 청나라 측이 행함에 따라 청나라 사법 체계에 불신감을 가진 유럽인들의 저항이 커지자 영국상인들은 청나라와의 정식 국교, 통상 조약 등의 체결을 본국에 요청하였다. 영국은 광동항에 한정된 교역항의 확대나 특권상인에 의한 독점교역의 제한, 관세율 등의 개선을 위해 1792년에 사절을 파견하여 통상조약을 체결하고자 시도하였다.

이 무렵 관리들의 부정축재와 부정부패로 청나라는 쇠퇴하기 시작한다. 영국 동인도회사는 광동 무역에서 절대적 우위를 차지하여 중국으로부터 차, 도자기, 목면 등을 수입하고 영국의 모직물, 면직물 등을 수출했다. 당시의 영국에서는 차를 마시는 풍습이 상류계급 간에 퍼져

차, 도자기, 비단을 대량으로 청나라로부터 수입하고 있었다. 한편, 영국에서 청나라로 수출가능한 제품이 존재하지 않았으므로 영국의 대폭적인 수입초과였다. 이때 생각해 낸 무역적자 해소방법이 아편 무역이었다.

영국은 식민지인 인도에서 재배한 아편을 청나라에 밀수출하여 무역 적자를 상쇄하고, 삼각무역을 정립하게 된다. 영국 상인들은 중국의 하층민들을 대상으로 아편장사를 시작했고, 아편은 19세기에 중국의 히트상품이 된다. 청나라에서는 아편의 수입을 금지하고 있었는데 아편 밀수입은 그치지 않고, 아편 흡입의 악폐가 널리 퍼져 건강을 해치는 사람이 많아지고 풍기도 나빠졌다. 모든 계층에 퍼져 나간 아편 흡입 풍조로 청나라에서는 부패와 전투 능력 상실, 국가 기강 해이, 농촌 경제 파탄, 재정 타격 같은 폐단이 날이 갈수록 커져만 갔다.

아편은 주로 밀수에 의한 것이었으므로 분명한 통계는 없으나 대략 1800년경에는 5천 상자, 1817년부터 1만 상자, 1826년 2만 상자, 1830년대는 매년 3만 상자, 1837년 4만 상자, 1839년 5만 상자로 늘어났다. 또한 아편의 수입대금을 은으로 결재하였으므로 이 동안 중국에 수입된 아편으로 유출된 은의 양은 대략 6억 냥 정도로 추정한다. 아편의 수입량 증가로 인하여 무역수지는 역전되고, 청나라의 은 보유고가 격감하여 은값의 급등을 불러일으켰다. 1839년 3월 청나라는 '아편엄금론'을 주장한 임칙서를 광동성으로 보내게 된다. 임칙서는 외국인 상관상점을 봉쇄하는 등 압박을 가했다.

아편전쟁은 청나라의 아편 단속을 빌미로 영국이 벌인 침략전쟁이다. 전쟁의 직접적인 도화선은 1839년 청나라 임칙서가 아편을 몰수한 것에서 비롯한다. 1839년 6월 임칙서는 영국 무역 감독관이 거두어 보낸 외국 상인들의 아편 2만 상자를 모두 녹여 버리는 아편 단속을 했고, 마약상들은 조그만 섬 홍콩으로 철수해야 했다. 영국 자본가들은 청나라가 무역의 자유를 침해하고 사유재산을 몰수했다고 비난하며 영국정부와 의회에 압력을 가했다. 이에 영국정부는 1839년 10월 원정군 파견을 결정하였는데, 이로써 아편전쟁이 시작되었다.

1839년 11월 원정군이 마카오에 도착하고 무역 거부를 구실로 영국은 전쟁을 시작하였다. 1840년 11월 청군은 영국군에 대패하였다. 영국군이 홍콩을 강점하고 영국 영토라고 선포하자, 청의 반발로 재차 전쟁에 돌입하게 된다. 1841년 1월 주강 삼각주 북쪽 만이 좁아지는 곳에 있는 후먼 虎门에서 벌어진 전투로 영국이 제해권을 장악하였다.

1842년 8월 영국군은 광저우를 포위해 조약을 맺고 전쟁은 종결되었으나 곧 영국군은 양쯔강 요충지를 차례로 함락시켜 청으로 하여금 '난징조약'을 체결할 수밖에 없도록 만들어냈다. 이 조약으로 영국은 배상금, 홍콩의 할양과 광동 이외의 5개의 항구 홍콩, 샤먼, 푸저우, 닝보, 상하이 개항과 수출입 관세에 대한 협의권을 얻어냈다. 청나라는 이후 '후먼조약'으로 치외법권, 관세 자주권 포기, 최혜국 대우 조항 승인 등의 굴욕적인 강요를 받게 되었다.

영국은 조약의 효과를 기대하였으나 새롭게 주력상품이 된 면제품의 판매는 늘지 않았다. 중국의 경제가 자급자족적인 성격이 강해서 수입제품을 꺼려했고 늘어난 아편 수입으로 은이 유출되면서 구매력을 잃어서였다. 전쟁이 끝난 뒤에도 영국의 대중 무역은 여전히 차의 수입과 아편의 수출이었다. 영국은 지속적으로 시장 개방을 확대하라고 압력을 넣었다. 피폐해진 중국인의 삶은 태평천국 사건을 유발하게 된다.

태평천국의 난 1850~1864년

　　　　　　　　　　중국 대륙에서 벌어진 대규모 내전이다. 교전 상대는 청나라 조정과 구세주 사상을 기반으로 한 종교국가「태평천국」이었다. 태평천국의 난은 명청전쟁 이래로 중국 역사상 가장 대규모 전쟁이었으며, 인류 전체 역사를 통틀어도 가장 유혈낭자한 내전 중 하나로 손꼽힌다. 태평천국의 난은 제2차 세계 대전과 몽골 제국의 침략전쟁에 이어 세계 역사상 3번 째로 많은 사망자를 낸 전쟁으로 사망자가 2천 5백만 명 정도로 추산되는 19세기 최대의 내란이었던 것이다.

강희~옹정~건륭 3대에 걸친 150년의 평화기는 인구 폭발을 야기했다. 1741년 1억 4,300만 명이던 인구는 1850년에 4억 3천만 명으로 3배나 늘어났다. 이에 비해 경작지는 35% 증가하는데 그쳤다. 당연히 1인당 경작면적이 축소되고, 이는 산출량의 감소로 이어져 소농들은 생계를 유지하기 위해 토지를 팔아야 하는 상황이 되었고, 토지 집중현상이 확대되었다. 1800년대에 접어들면서 50~60%의 토지는 부농의 수중으로 넘어갔고, 토지가 없는 농민은 소작농으로 전락해 50%의 소작료를 내야 했다.

이런 와중에 가뭄과 홍수 등의 자연재해로 기근이 닥쳤고, 1852년 산동성 황허강이 물길을 바꾸며 광대한 지역을 수몰시켰다. 청조도 민심을 잃었다. 외세 침략에 굴복하고 황제는 무능하고, 관리들은 부패했다. 청나라는 멸망의 길을 걷고 있었고, 반란의 기운은 충만했다.

홍수전洪秀全, 1814~1864년은 광저우廣州 근처에서 객가客家의 아들로 태어났는데 유교와 기독교를 뒤섞은 기이한 종교를 창시해 불가촉천민의 세계를 파고들었다. "부자에게서 재물을 빼앗아 가난한 사람을 돕자"劫富濟貧는 기치를 내걸고 광서성에서 궐기한 태평천국 군은 파죽지세로 청군을 격퇴, 1851년 광서성 영안永安을 점령했다. 태평군은 북상하면서 호북성, 하남성으로 진군했고, 1853년 난징南京을 점령했다. 홍수전의 신도는 1백만으로 증가했고 반란군은 한때 수도인 베이징 인근까지 쳐들어갔다.

청군의 반격, 태평천국의 내부 분열과 외국인 용병부대의 활약으로 태평천국운동은 실패했지만 이후에 쑨원의 개혁운동에 영향을 주기도 했다. 중국 공산당 정권은 태평천국의 난을 최초의 반제 반봉건적 농민운동으로 평가하기도 한다.

2차 아편전쟁

영국의 수출이 지지부진하자 1854년 4월 영국, 프랑스, 미국 공사는 난징조약의 개정을 요구하였다. 청나라가 조약개정에 응하지 않자, 영국은 무력을 사용하고자 생각하게 되었는데, 이때 마침 1856년 10월 광저우 앞 주강珠江에 정박하고 있던 해적선 애로호의 영국 국기가 내려지는 사건이 발생했다.

영국의 수상 헨리는 1857년 2월 의회에 군비와 원정군 증강을 위한 경비를 제출하였으나 의회에서는 사소한 사건으로 전쟁까지 한다는 것은 부끄러운 일이라며 반대하는 의견도 많아 상원에서는 통과되었으나, 하원에서는 부결되고 말았다. 이에 헨리 수상은 하원을 해산시키고 총선거에 의한 신임을 받은 후 새로 구성된 하원에서는 대중국 전쟁문제를 동의하였다.

1857년 영국은 애로호 사건을 구실로 프랑스와 연합군을 구성해 광저우 시내로 침입하여 이 해 12월, 광저우는 점령되고 시가지 곳곳에 불을 지르고 민간인을 죽였다. 이후 영국~프랑스 연합군이 1858년 북상하여 북경의 코 앞인 톈진의 다구포대 大沽炮台 를 점령하였고, 톈진까지 점령하자 청 정부는 톈진조약을 맺었다.

1858년 6월에 맺어진 조약의 내용은 다음과 같다. 무역을 위해 10개의 항구를 개방한다. 외국 상선의 자유로운 장강 양자강 통상을 승인한다. 아편무역을 합법화한다. 개항 항구를 확대한다. 영국과 프랑스 두 나라에 대한 배상금으로 은 200만 냥을 지불한다. 영국 상인에게 재산 손실의 위로금으로 은 200만 냥을 지불한다. 배상금을 낼 때까지 광동성과 보장을 점령한다. 조약의 무효를 주장하는 청의 강경파는 1858년 후반 다구포대에 포병과 기병을 추가 배치하여 영프 연합군과 전투가 벌어지게 되었다. 영국 함대는 상당한 피해를 입고 철퇴하였다.

1860년 6월 영국과 프랑스는 1859년의 8배가 넘는 병력과 군함으로 다구포대에서 떨어진 곳에 병력을 상륙시켰다. 청 조정은 평화협상을 제의하였지만 영, 프 측은 협상을 거절하고 10월 베이징에 입성하며 약탈과 방화를 자행했다. 이후 베이징 조약이 체결되어 청은 톈진 조약을 인정하게 되었고, 아편의 거래도 합법화 되게 된다. 여기에 추가로 양쯔강 및 통상항으로의 군함 진입권, 중국인 노동자의 이민 허용, 영국, 프랑스에 전쟁배상금으로 은 800만냥, 그리고 영국에 홍콩의 인접한 구룡반도를 할양 조차하는 등 막대한 손해를 보게 되었다.

홍콩

　　홍콩섬은 1841년 영국군에 의해 점령되었고, 난징조약으로 중국으로부터 정식으로 양도되었다. 이듬해에 영국은 총독부를 신설하였다. 1860년 중국의 제2차 아편 전쟁의 패배 이후에 구룡반도가 영국에 귀속되었다. 1898년에 영국은 홍콩과 인접한 북부 섬과 신계지를 99년간 조차받았다. 이 지역은 1997년 중국에 반환되면서 중국의 부자들이 몰려들기 시작하고 주춤거리던 홍콩의 경기는 그 이전보다 더 한 호황을 누리고 있다. 홍콩의 집값은 2003년에서 2015년 사이 3.7배나 급등했다.

　　마카오가 5백년 가까이 포르투갈인의 근거지로 사용된 반면 홍콩이 역사의 무대에 등장한것은 1840년의 아편전쟁 때부터이니 이제 180년이 되어 가는 셈이다. 홍콩과 홍콩인들을 보면 동양과 서양의 습관이 잘 섞여있다.

마카오

　　마카오에 포르투갈인이 온 것은 1513년의 일이다. 동남아시아와 중국 근해에 내항하던 포르투갈인이 마카오에 거주지를 확보하면서 중국이나 일본에 대한 무역 거점으로 삼았다. 1557년 포르투갈인이 광동 지방 정부에게서 정식으로 마카오 거주권을 획득하여 중국에 처음으로 유럽인이 들어오는 계기가 되었다. 당시 포르투갈인이 마조각妈祖阁 근처에 살았는데 이것이 원인이 되어 마카오라고 불렸다. 포르투갈은 명 왕조에서 후기 왜구 토벌 때 명나라에 협력한 대가로 마카오의 영구 거류권을 인정받았다. 중국이 영토 주권을 가졌으며, 중국의 해관이 설치되어 중국의 관리가 마카오에 자유롭게 출입하고 있었다. 그 후 마카오는 금, 은, 도자기, 아편 등의 중개 무역과 가톨릭 포교의 기지로서 번영했다.

포르투갈이 이곳을 완전 식민지화한 것은 1849년으로 아편전쟁에서 영국이 홍콩 식민지를 획득한 것에 자극을 받은 것이다. 이후 1862년이 되어 청나라도 마카오의 포르투갈 통치권을 인정하였고, 1887년 마카오를 제3국에 양도하지 않는 조건으로 점유를 승인했다. 포르투갈이 거주권을 획득한 지 442년 만인 1999년, 중국에 반환하였다.

서양과 동양

2차 아편전쟁의 패배는 모든 동양인들에게 1차 아편전쟁의 패배보다 훨씬 거대한 충격을 주었다. 청 황제의 피신과 베이징의 점령은 단순한 전쟁의 패배가 아니었다. 모든 중국인과 동양인의 머리 속에 박혀 있던 중화사상은 그 뿌리부터 뒤흔들게 되는 사건이었다. 이 전쟁에서 청나라가 완패함으로써 본격적으로 서세동점 西勢東漸 의 시대가 개막되었다.

지금와서 돌이켜보면 서양의 작은 나라였던 영국이 자기보다 덩치가 훨씬 큰 미 대륙과 인도 식민지에서 약탈한 엄청난 부를 이용하여 군사력을 기른 후 자체적으로도 쇠퇴하고 있던 청나라를 아편이라는 치명적이고 부도덕한 방법으로 약화시킨 후 군사력을 이용해 제압한 것이다. 어찌보면 어처구니 없는 사건으로도 보인다. 이를 계기로 중국의 부富도 영국으로 빨려 들어가고 영국은 '해가 지지않는 해양 제국'

을 형성하게 된다.

이때부터 시작하여 지난 150여 년 동안 서서히 서양의 기준이 세계의 보편적인 기준으로 변하기 시작하면서 오늘날에 이르러서는 서양의 기준이 세계의 질서를 지배하고 있다. 우리의 생활방식, 경제체제, 정치체제 및 사고방식에 이르기까지 서양의 영향이 미치지 않고 있는 곳을 찾아 보기 힘들 정도이다. 불과 150년 전만해도 상상도 할 수 없었던 일이다.

우리에게 맞는 방식은 과연 무엇일까? 우리에게 맞는 방식이 찾아진다면 그 방식이 보편화되기 위하여 어떠한 노력이 이루어져야 할까? 양 문화가 부딪히는 곳에서 일하며 느끼고 겪었던 갈등 속에서 자주 생각했던 문제들이다. 서양적 합리주의 사고와 동양적 관습 및 가치관이 충돌하고 있지만 어쨌거나 사회는 서양화하고 있다. 필자를 포함한 현대의 지성인들은 서양문화를 배우고 전파하는 사람이 되었다.

이러한 변화가 궁극적으로 우리에게 맞는 것인지 생각해볼 필요조차 없는 것일까? 역사 연구에서 이 질문에 대한 답을 찾을 수 있을지 모르겠다.

우연히 조선의 왕자인 소현세자를 모티
브로 『아시아 바다의 역사기행』의 글쓰기를 위한 여행을 시작하였다.
이야기를 추적하는 동안 흩어져 있던 역사의 조각들이 어렴풋하게나마
이어지고 새로운 역사해석의 가능성에도 눈을 뜨게 되었다.

우리민족의 잊혀진 역사

우리민족의 주류를 이루는 북방민족이
한반도로 유입되는 그즈음 이 땅에는 해안지방을 중심으로 미리 들어
와 자리잡은 남방민족이 살고 있었다. 남방민족은 눈이 크고 눈썹이 짙
고 북방민족은 눈이 작고 이마가 좁으며 코가 작은 특징으로 쉽게 구분
된다. 현재 한반도의 북방민족과 남방민족의 비율은 7:3 정도라고 한
다. 이 30%에 해당하는 남방민족의 선조들은 주로 한반도의 해안지방

을 중심으로 살았다고 한다.

이 남방민족이 남긴 대표적인 유적으로 고인돌이 있다. 전남 고창, 화순지역에 무수히 산재한 고인돌은 고조선의 지표가 되는 유적으로 알려져 있다. 고인돌은 만주 이북에는 존재하지 않지만 동남아시아 여러 나라에서 유사한 형태가 발견되는 것을 보면 남쪽에서 북쪽으로 전파된 남방문화의 유적이라는 설이 설득력이 있다. 강화도에 있는 고인돌은 대부분 옛날 해안선에 위치하고 있어 바다와 고인돌의 관계를 시사하고 있다. 또한 미스테리의 고분으로 알려진 나주 반남고분군에서 발견되는 옹관묘도 동남아시아 지역에서 발견된다. 그리고 언어적인 측면에서는 인도의 타밀어와 우리말의 유사성에 관심을 갖고 연구하는 학자들이 적지 않다. 또한 인도, 동남아시아 지역과 한반도 남부의 신화, 민속종교, 풍습의 유사성도 많이 지적되고 있다.

일제 강점기에 시작하여 오늘에 이르기까지 민족혼을 고취시키기 위한 민족사학자와 재야사학자들의 관심은 대부분 우리민족의 주류인 북방민족의 역사에 집중되어 있었고 남방민족의 역사는 관심 밖이었다. 그 결과 우리민족이 또한 남방민족의 해양성의 혈통을 가지고 있다고 말하면 믿는 사람이 거의 없는 것이 현실이다. 우리 역사상 해양역사를 빛낸 인물을 꼽으라하면 장보고 정도일 것이다. 그러나 장보고가 우리 역사에 알려지기 시작한 것도 그리 오래지 않다. 일본승 엔닌의 838년부터 9년간 중국 체재 동안의 행적인 『입당구법순례행기』라는 기록을 라이샤워교수가 1955년 『Ennin's Diary』라는 제목으로 영역하여 세상에 내놓았다. 이 책에서 엔닌의 강력한 후원자로서 장보고가 소개되고 비로서 장보고가 우리에게도 알려지게 된 것이다.

새로운 역사 가설

남방민족과 우리 고대사를 연결하는 역사 가설을 만들어 보기로 한다. 우리민족의 삼분의 일을 형성하는 남방민족은 원래 남방에서 이동하여 중국 남동해안 일대에 정착했다. 그곳을 기점으로 황해의 중국쪽 해안선을 따라 북상하여 한반도로 남하하여 들어온 사람들도 있을 터이나 중국 대륙의 동남연안에서 한반도로 흐르는 쿠로시오 해류를 이용하여 남중국해와 황해를 거쳐 자연스럽게 한반도로 들어온 경우도 있을 것이다. 겨울에는 북쪽에서 부는 계절풍을 이용하여 중국 남동해안으로 돌아갈 수 있기 때문에 이들이 한반도 이주 정착 후에도 한반도와 중국 동해안과의 이동이 자연스럽게 이루어지고 있었다고 보자. 이들은 해양민족의 전통을 지닌 동시에 남방에서 시작된 벼농사를 한반도에 들여왔다.

그 후 한반도에 강력한 전투력을 지닌 북방민족이 들어오기 시작하자 선주민인 남방민족은 몰리는 신세가 되고 그중 일부는 원래 살았던 중국 동해안으로 되돌아가기도 한다.

필자의 개인적인 추론

북방민족은 이들을 쫓아 또는 자연스레 선주민들의 활동영역이었던 중국 동해안까지 진출하여 한반도에서의 지배관계를 그대로 확장하여 지배영역을 넓히고 그 결과 한반도와 중국 동해안은 정치적으로 통일 대륙백제 되고 이전처럼 활발한 교류는 지속된다. 남방민족을 우리 역사에 편입함으로써 그 성립과정이 수수께

끼 같았던 대륙백제의 비밀이 어렴풋이 설명되는 것이다.

이러한 생각이 보태진다면 이문열 대하소설 『대륙의 한』에서 대륙백제의 성립과정에 대한 전개가 좀 더 풍성해질 지도 모르겠다. 참고로 대륙백제는 그 세력이 존재했던 중국의 남북조시대에 지역을 맞대고 있던 남조국가들의 역사서에 빠짐없이 기록되어 있다. 이 남조서들은 거의 대부분 중국의 정사正史로 인정받고 있는 24사에 속하는 역사서들이다.

한반도 내에 세력 변화가 생기면서 백제가 멸망한다. 중국 동해안의 대륙백제의 통제하에 있던 세력은 한반도로부터의 통제력은 사라졌지만, 주산군도를 중심으로 독자적인 세력으로 남게되고 김성호씨는 이들을 백제 유민이라 칭한다 이들은 백제의 후속국인 '신라인'으로 불린다. 당나라 시기에 중국 대륙에서 활약하던 재당 신라인들이 이들이고 장보고도 이들 중 하나이다. 이들은 연고지인 한반도와의 교류를 지속한다. 이 해양세력이 만들어 낸 인물이 경기만 일대를 기초로한 해상세력이었던 고려 태조 왕건이 아닌가 한다. 왕건의 할아버지는 당인 재중 한민족 이었다 한다. 왕건이 남방민족의 중심지인 나주 지역의 해상세력을 자신의 지지세력으로 만든것도 해상세력간의 연합으로 설명할 수 있지 않을까?

고려는 자신의 근거가 되어 준 해양세력에 관대하여 고려 초에 60여 개 한국의 성씨 약 260개 의 성씨가 중국에서 귀화한다. 이들은 진정한 중국 민족도 있었겠으나 중국에서 지속적으로 활동하고 있던 한반도 출신 중국인들이 많았다고 볼 수 있다 김성호씨의 해석. 재중 한반도 해양세력은 당인 또는 송상으로 불리며 고려와 활발한 무역을 전개한다.

중국 동해안에 정착한 해양민족은 중국민족과 다르기 때문에 중국은 역사적으로 이들을 이민족海夷으로 취급하였다. 이들과 같은 무리로서 원명교체기 전후 필리핀과 인도네시아로 이주한 화교들이 유럽 식민지 세력에 수없이 핍박을 받을 때 중국 본토의 정부는 한번도 화교를 보호해준 적이 없다는 것도 이들을 이민족으로 취급하는 중국의 태도를 방증한다. 필자의 개인적 추론이다.

대륙 남쪽에 정통 중국인이 세운 나라인 명나라는 건국 과정에서 지역 사이의 인접성으로 인하여 중국 동해연안 해민들의 강력한 저항을 받았고, 건국에 성공한 후 해민들을 정벌하기 위해 해금정책을 펴기 시작한다. 이 갈등기에 수많은 해민이 중국왜구가 되어 연고가 있는 한반도高麗로 이주하였다 10만 명 추산. 고려를 선호하여 몰려드는 이주민이 통제 불능할 정도가 되자 이들과 한반도 원주민과의 갈등이 일어나고 이 이주민들과의 갈등을 해결하여 공을 세워 민심을 얻은 이성계는 조선을 건국하게 된다. 조선 초에 이들의 정착을 위해 새로운 토지정책을 만들고 일부는 대마도에 정착시킨다. 그 후 조선은 명에 사대하며 조선에 크게 필요치도 않은 해금정책을 채택하여 지속하는 바람에 더 이상 중국 동부연안 해민들의 한반도 유입은 금지되었고, 그 후의 중국 이주민들은 차선책으로 '선대 한반도인이 이주해서 살고 있었던 또 다른 지역인 일본'으로 발길을 돌린다. 가정 1530~1567년간에 활발했던 왕직 등 후기 중국왜구들이 일본에 후방 본부를 만들었던 이유도 이와 같은 배경에서 설명될 수 있겠다. 이들은 일본의 용병을 동원하여 명을 대대적으로 공격하기도 한다. 필자의 일본 역사에 대한 개인적 견해에 기초한 추정이다.

명의 압박은 계속되고 중국 동해안에 있던 해양세력은 해적이 되어 중국 동해안과 일본열도를 근거지로 활동하고, 일부는 일본에 이주해 당인으로 정착하고 나머지 많은 사람들은 화교가 된다. 그들이 남방민족으로서 원래 거주했던 동남아시아로 이주한다. 이런 의미에서 이 해양세력을 '기층민족'의 관점에서 보면 우리의 남방민족과 같은 뿌리이다. 김성호씨는 이들을 지배층의 관점에서 보아 중국 대륙에 남아있던 재당 신라인, 한반도에 이주한 중국왜구, 일본에 정착한 당인, 동남아로 이주한 화교들을 모두 '백제 유민'으로 본 것이다.

중국과 이들 해양세력과의 갈등은 청 초까지 계속된다. 청 초의 해상세력은 명대의 활동지인 절강성 왕직에서 남하하여 복건성 정성공과 광동성 화교이 주요 무대가 된다. 위와 같은 가정을 바탕으로 다음 이야기를 해석해 보기로 하자.

'서해에서 금강을 거슬러 올라오면 서시포 西施浦, 전북 군산시 나포면 서포 리라는 큰 마을이 펼쳐지는데 배가 머무는 곳이다. 충청도 강경의 황산촌과 더불어 금강에서 이름난 마을로 불린다. 서시포라는 이름은 옛날 중국 월나라의 미인인 서시가 이곳에서 태어났다고 해서 붙여졌다.'

실학자 이중환이 저술한 『택리지』 전주부의 한 구절이다. 월나라 미인 서시는 왕소군, 초선, 양귀비와 함께 '중국 4대 미녀'로 꼽힌다. 서시는 춘추시대 말기 기원전 400년경 양쯔강 하류에 존재했던 오 吳나라와 월 越나라 두 나라의 전쟁사에 등장한다. 택리지의 기록대로 중국 고대사의 서시가 과연 한반도 남부 태생이었을까. 서시가 살던 기원전 5세기 한반도 남부지역에서 어떤 연유로 황해 맞은편 중국 양쯔강 일대까지 흘러 들어갔던 것일까. 양안을 넘나들던 남방민족의 가정을 인정하면 이 이야기는 자연스럽게 들린다.

　남방민족의 존재를 이해하게 되면 앞에 언급했듯이 화순과 고창의 고인돌 및 나주 반남고분군에 묻혀있는 옹관묘가 자연스럽게 해석이 된다. 신라 김수로왕에게 시집 온 보주普州 공주 허황옥의 비밀도 쉽게 풀려진다. 보주를 주산군도의 보普 타도로 보면 이야기는 앞뒤가 딱 들어맞게 된다. 김수로왕은 신부가 도착할 날을 대략 알고 바닷가에서 기다린다. 허황옥이 직접 인도에서 왔다면 이는 불가능한 것이다. 허황옥을 데리고 온 뱃사람들은 돈운임 을 받고 보타도로 돌아간다. 이로써 보타도의 해상세력과 신라와의 무역관계가 성립된 것이다.

　『심청전』에서 효녀 청이를 사가는 중국 주산군도 상인세력 심가문沈家門, 흥부전에서 재화를 물어다 준 강남 제비실은 사람, 친구따라 강남양자강 남쪽 간다는 이야기가 모두 자연스러워진다. 또한 제주도의 돌하르방과 처용의 얼굴 모습도 이해의 실마리가 풀린다. 주산군도 심가문의 심沈 은 마한 침미다례의 침忱, 신미제국의 신新 과 같이 이들 표기가 이두吏讀 라고 이해하면 동일한 의미일 수 있다는 것이 필자의 개인적인 추정이다.

서현우 『바다의 한국사』

　　　　　중국 동해안에 살던 신라유민들이 스페인까지 이주하였다고 가상하여 쓴 『바다의 한국사』라는 이야기가 서현우씨의 블로그에 소개되어 있다. 주인공은 아랍세계에서 신라인으로 불리고 일찍이 대양을 누벼온 백제, 신라의 후예들로 중국 대륙 동안을 거점으로 황해, 동중국해의 동아지중해와 인도양을 넘나들던 해상들이다. 원명 元明 교체기의 1368년 전후 해란과 명 제국의 해금정책을 견디지 못해 대륙을 탈출한다. 이후 정화 대선단(1405~1433년)이 인도양 제해권을 장악하자 인도양에서의 활동이 불가능해져 스페인으로 이주 후 기독교 세력에 합류하여 역사상 항해왕자로 유명한 엔리코 왕자와 연결되고 그들의 해양, 지리지식을 유럽에 전한다. 이들과 함께 탈출하여 수마트라섬을 거점으로 활동하던 역대 최대 중국 해적으로 진조의 陳祖義가 있는데 이들은 정화선단에 체포된다. 스페인으로 이주한 신라인들의 해양지식을 기반으로 포르투갈은 아프리카 남단을 우회하는 인도 항로를 개척하고 정화 선단의 항해 성과마저 흡수한다는 이야기다.

개빈 멘지스 『1421』

2002년 개빈 멘지스라는 영국의 퇴역 해군 장교는 '콜럼버스는 1492년 아메리카를 발견했지만, 명나라의 정화 함대가 이미 1421년 아메리카를 발견했을 뿐 아니라, 마젤란보다 먼저 바닷길로 세계를 일주했다. 콜럼버스와 마젤란은 정화 함대가 만든 지도를 가지고 대항해에 나섰던 것이다.'고 주장했다. 개빈 멘지스의 생각은 옛 해도 한 장에서 시작되었는데 거기에는 '1424년'이라는 연도가 써있고 지금의 카리브 해에 있는 푸에르토리코와 과들루프가 상세히 묘사되어 있었다.

멘지스는 1402년에 제작된 세계최초의 해도인 조선 朝鮮 의 『강리도 彊理圖』를 접하면서 생각이 더욱 확고해진다. 강리도에서 가장 흥미로운 부분은 아프리카다. 아프리카의 동, 서, 남부 해안이 정확히 그려져 있는 것을 볼 때, 누군가가 희망봉을 돌아 아프리카 서부까지 진출했음이 자명하기 때문이다. 이 지도는 1403년 조선 사절단이 명 황제 영락제에게 선물했고, 정화가 항해에 떠날 때 이를 소지했을 것으로 보인다. 조선의 강리도를 이용하여 중국의 정화 함대가 희망봉을 돌아 북상하는 해류를 타고 적도 근처의 아프리카 서부해안애 도착하고 이후 자연스레 서쪽으로 흐르는 해류를 타고 대서양을 건너 아메리카 대륙을 항해한 후 만들어진 지도가 1424년의 지도라는 것이다. 참고로 정화의 선단은 250척의 정크선과 3,500척의 선박에 승무원만 3만 명에 이르렀다. 이 함대는 3개월간 계속 7,200km를 항해할 수 있었다.

멘지스에 의하면 당시 정화함대에는 우수한 백제, 신라, 고려인 당시로서는 조선인으로 불림 해운 기술자들이 동승했는데, 기술력에서 이들은 당시 세계최고의 단계에 있었다. 지금까지 전개한 가설에 들어있는 이 기술력은 중국 남동부 연안에 살던 백제, 신라, 고려계 해민들의 해양 지식의 집결체로 볼 수 있다.

한반도계 해민들의 해양지식을 확인할 수 있는 기록이 있다. 명 나라가 주산군도를 마침내 점령하고 주민들로부터 빼앗은 항해관련 서적들을 정리하면서 '항해 관련 서적들이 모두 오랑캐 말로 되어 있어 중국 본토인들이 뜻을 알 수 없으므로 이를 모두 새로 번역하였다.' 는 명사明史의 기록은 바다의 주인이 중국인들이 아니었음을 증명하고 있다.

중국의 항해술은 강과 운하를 운행하는 평저선을 이용한 수운水運의 기술이었고 그들이 축출하고자 했던 해민들은 해양을 항해하는 심저선을 이용한 해운海運 기술을 가지고 있었던 것이다. 정화의 선단과 항해도 해민들의 지식과 기술을 획득함으로써 가능했던 것이다. 강과 운하를 운행하는 선船과 돛을 달고 바다를 넘는 박舶은 같은 배가 아니다.

아라비아 반도의 신라인

사우디 건설현장에서 오래 근무하고 돌아온 친구인 P군의 말에 의하면 쥬베일 Jubail 에서 리야드로 가는 도로의 남쪽 알 하싸 Al Hassa 라는 지역에는 지금도 신라인 마을이 남아있는데 허씨가 살던 앨 호푸프 Al Hoffu , 윤씨가 살던 알 윤 Al Oyun , 오씨 마을인 알 오무란 Al Umran 이다. 사람들 생김새가 한국사람 닮았고 집의 대문이 조선시대 문처럼 생기고 대문의 장식이 신라왕관에 있는 곡선 문양이고 집구조도 디귿자 한옥 모양이다. 특히 놀라웠던 사실은 그동네 어린아이의 얼굴모습에서 동양인 신라인 의 DNA을 물려 받은 것이 뚜렷이 보인다는 것이다. 이 근처에서 옛날 동전과 도전도 많이 출토된다고 한다. 이 이야기는 한반도계 해민들의 활동범위에 대해 생각해보게 한다.

우리민족 남방 기원설

남인도 동해안 및 스리랑카 북부에 살고 있는 타밀인들이 동남아시아, 중국 남부, 한국과 교류했다는 증거는 한국어 형성에 스며든 타밀어의 영향에서 충분히 알 수 있다. 조선 고종의 외교고문이었던 호머 헐버트 Homer Hulbert 는 1905년 『한국어와 인도 드라비다어의 비교 문법』이라는 저서에서 '두 언어가 유사한 것은 한반도에 정착한 선주민이 최소한 일부 지역이라도 남방에서부터 이주해

왔음을 입증해주는 누적된 증거의 고리'라고 주장했다.

고대사의 비교언어학적 연구에서 강길운교수는 드라비다어와 우리말이 무려 1천여 개 어휘가 같다면서 드라비다족이 한반도에 이주했다고 지적했다. 황당하게만 들렸던 강상원씨의 「실담어」이야기도 남방민족의 관점에서 보면 실마리가 풀릴 듯하다.

김병호씨는 유엔 국제식량농업기구 근무시 10여 년간 스리랑카, 태국 등지에서 살며 남방문화를 체험한 분이다.

『우리문화 대탐험』에 나오는 남방기원설에 관련된 그의 저서 내용이다. 우리 전통문화는 소아시아에서 시작하여 인도, 태국, 베트남으로 이어져 한국에 유입됐다. 우리민족의 탄생신화인 난생설화와 천손설화는 남방에서 온 이주민들의 것이다. 북방민족의 탄생신화는 동물 설화이다. 투르크족의 조상은 이리에서, 몽고족들은 얼룩사슴에서 태어난 씨족이라고 한다. 무당은 시베리아에도 있지만 미얀마, 수마트라, 인도에도 있다. 일부 북방 문화는 오히려 한반도에서 북쪽으로 이동한 것이다. 한반도의 청동기 연대는 북방의 것보다 더 빠르다. 라오스의 사자탈춤을 보면 북청탈춤이나 봉산 사자탈춤은 남방에서 전래된 것이다. 사자는 북방의 동물이 아니고 남방의 동물이지 않은가? 마한 시대에 가장 높은 벼슬인 '신지'는 사자를 뜻하는 인도어 '싱' 또는 '싱가'가 기원일 수 있다.

구자라트 주는 인도 이야기에서 잠깐 소개했듯이 인도의 서북부에 있는 지역이다. 마하트마 간디가 이 지방 출신이다. 여기 사람들은 옛날부터 인도네시아 수마트라, 태국, 베트남을 거쳐 한국으로 흘러들어 갔다고 믿고 있다. 이곳의 글자는 한글과 비슷하고 'ㄱ'에서 시작하여 'ㅎ'으로 끝나고 발음도 비슷하다고 한다. 옛날 우리 조상들이 타고 다녔다는 키 작은 말인 과하마를 탄다. 물동이를 인 여인, 성황당 옆에 쌓아놓은 돌, 방망이질 하는 빨래 모습, 태양을 '수리'라 부르고 우리말로 단오는 수릿날, 이마에 곤지를 찍고, 원뿔형 토기가 있고, 어깨를 들석이며 팔로 춤을 추는 것이 우리민족의 풍속과 닮아있다.

메콩강 근처에 있는 태국 최대의 선사 유적지인 반치앙에서 신석기 시대와 청동기 시대 유물이 나왔는데 그 중에 옹관묘도 있다. 옹관묘는 한반도에만 있었던 것이 아니라 이천년 전 중국 서북부 일부와 동남아 일대에 널리 퍼져 있었다.

태국 반푸 유적지에는 고인돌이 있다. 고인돌은 고조선과 우리민족을 대표하는 유적이다. 우리나라의 구석기 시대에는 고대 아시아인들이 살았고, 신석기 시대와 청동기 시대에는 일단의 민족이 남에서 들어와 민족의 주류를 형성했다. 청동기 시대 말과 철기 시대 초에 스키타이인과 알타이어계의 북방민족이 남만주와 한반도로 남하해 와서 고구려, 백제, 신라의 지배 계층이 되었다. 우리나라의 상고사를 지배계층의 입장에서 보면 적석묘 등 북방민족의 특징이 나타나고, 기층민 사관의 입장에서 보면 남서방계 민족의 특징인 고인돌이 있다. 고인돌은 아프가니스탄, 인도, 방글라데시, 인도네시아, 태국, 베트남, 일본 큐슈, 한반도, 만주 서부로 연결된다. 북방 경로인 몽고와 시베리아에서는 고인돌이 발견되지 않았다.

혼일강리역대국도지도

멸치 젓갈은 태국 동북부와 라오스에 있고 인도네시아에는 새우젓이 있다. 마을에는 새문과 장승이 있다. 새문 위에는 새가 조각되어 있다. 하느님과 연결된 새 숭배는 우리민족 고유의 풍속이다. 옛날에 우리 선조를 '조이족'이라고 부르기도 했다. 인도의 장대 끝에 놓인 수기러기, 칼리만탄의 장대 끝에 놓인 새 등도 같은 풍속이다.

문신은 남방민족에게 흔한 풍속이다. 우리 조상들도 문신을 했는데 물고기나 짐승을 잡을 때 자신을 은폐하려는 것이 목적이다. 2300~2400년 전에 쓰여진 예기에 '동쪽은 이夷 라고 부르는데 머리를 묶고 문신을 한다.'는 기록이 있다. 그 외에 오키나와와 인도에서 발견된 고인돌, 인도네시아와 필리핀에서 발견된 돌하르방에 관한 보고도 있다.

자신의 해양세력을 억압하다 서양의 해양세력에게 아시아의 바다를 내주게 된 중국

명나라의 해금海禁은 주원장 때부터 시작되었다. 해금海禁이란 동아시아 지역에서 나타난 해상 교통, 무역 등에 대한 제한정책을 말한다. 주원장朱元璋은 1368년 명을 건국한 후 북벌을 시작하여 화북지역을 평정한다. 그 후 주원장은 연해지역의 군벌세력으로 원말부터 조선사업과 소금 매매로 성장하여 해상을 장악하고 있던 방국진과 장사성을 공격한다. 이 방장세력의 잔당과 해적의 근거지를 없애는 과정에서 해금을 실시되는데 명조정이 연해지역에 대한 지배력을 강화하는 배경 하에서 해금정책이 나타난 것이다.

해금이 시작되어 백성들에게 바다로 나가는 것을 금지시키자, 바다에서 생활하고 이익을 얻는 섬 사람, 어민, 무역종사자들의 생계가 어려워졌다. 명은 이들을 모아 10만의 병력을 꾸려 봉급을 주어 생활에 보태게 했다. 그러나 바닷일을 하는 사람들은 그것만으로 생계를 잇지 못했다.

명초부터 부분적으로 실시되던 해금령은 1371년 명나라 홍무제 때 본격화되어 사적인 외국과의 교역을 금지했다. 그 후 영락제 주체는 1403년에는 대외무역 창구인 시박사를 부활시키고 정화를 파견하는 등 공적무역인 조공관계를 확대하기도 하였지만 얼마 지나지 않아 건국 초기에 해상세력을 억제하던 해금령을 다시 내려 바다를 금지의 대상으로 삼았다.

청대 해금정책

명나라가 멸망하고 청조는 북경에 입성하면서 이를 반대하는 여러 세력의 저항에 부딪혔다. 특히 연해에서는 정성공鄭成功 정권의 저항이 끊임없이 이어졌다. 정성공 정권은 명나라 시기 일본과의 밀무역을 기반으로 성장했다. 청조 초기에는 민간무역을 금지하지 않았지만, 정성공 정권을 억압하기 위해 1655년 해금령을 시행한다. 허가증을 소지하지 않으면 해외무역을 제한하고 대형선박의 제조를 저지했다. 1661년에는 해외무역뿐만 아니라 연안의 무역이나 어업까지 금지하는 해금을 시행한다. 또한 연해민을 내지로 이주시켜 정성공 세력과의 접촉을 차단하고 밀무역을 금지하는 등 강력한 해금을 실시한다.

천계령

천계령遷界令 또는 천해령遷海令은 청淸 왕조가 정성공鄭成功과 그가 거점으로 삼고 있던 대만臺灣의 정씨 왕국을 제압하기 위해 중국 대륙 연해 주민들에 대한 해안으로의 접근 금지 명령이었다. 천계령의 대상은 산동山東에서 광동廣東에 걸쳤으며, 해당 지역 연해 주민들을 내지內地로 이주시키고 아울러 방어시설 건설 노역 등의 수단으로 감독한다는 것이었다.

천계령은 1661년에 처음 발효되었다. 현지 민중의 정성공 세력에 대한 지지를 차단하기 위하여, 청 조정은 금해령을 반포하여 연해 주민들이 바다로 나가는 것을 금지시키고, 해안에 방위 시설을 세우도록 하여 정성공 등 청나라에 적대적인 해상세력의 상륙을 저지하였다. 청 정부의 규정에 따르면 연안의 성은 모두 금지 대상에 포함되었고, 돛이 바다 속으로 들어 가서는 안 되었다. 천계는 바닷가를 낀 7개 성인 산동~광동 지역 연해 30리에서 50리 이내에서 시행하였다.

천계령의 영향은 정성공 세력이 거점으로 삼고 있던 대만에 가장 근접한 복건에 가장 먼저 닿았고, 절강성 내에서는 영파寧波, 온주溫州, 태주臺州가 크게 영향을 받았다. 특히 주산舟山에 대한 영향이 매우 컸다. 국경 구획 내에 있던 백성들은 내륙 지역으로 이주해야 했으며, 그 변경에는 비석이 설치되었다. 비석 위에는 '경계를 넘어가는 주민은 죽는다居民过限者死'라고 적혀 있었다.

해금의 결과

명대 초기에는 육로陸路를 통한 내륙무역과 해로海路를 통한 대외무역이 이루어졌다. 하지만 육로가 다른 제국의 통치 하에 있었고 점차 그 세력이 확대되었기 때문에 육로를 통한 중앙아시아와 서아시아, 유럽과의 내륙무역은 점차 어려워졌다. 이러한 상황은 필연적으로 해상로의 개척과 발달로 이어졌고, 이에 해금 시행 이전부터 사적인 해상무역은 번성을 이루게 된다. 이러한 사적무역은 해금이 실시되어도 끊이지 않고 일어난다. 해금으로 수출이 감소하자 해외에서 중국 물품의 가격은 인상되었고, 이로 인해 이윤을 추구하고자 하는 상인들의 밀무역이 끊이지 않았다.

사무역은 국가의 승인을 받지 않은 채 지속되어 왔다. 정부의 입장에서 이는 밀무역이고, 밀무역을 행하는 상인들은 해적과 같이 간주되었지만 상인들의 힘이 점차 커져감에 따라 정치, 경제, 사회문제에도 상당한 영향력을 가지게 된다.

해금론자들이 주장하던 바는 지대물박地大物博이었다. '중국의 땅은 넓고, 물자는 풍부하니 바다는 필요 없고 모든 것은 중국내에서 구하면 된다'는 논리였다. 이 논리에 따라 명은 16세기 말까지 민간에 의한 모든 해상무역을 금지하고 오로지 국가 간 조공무역朝貢貿易만을 허락하는 해금정책海禁政策을 200년 가까이 고수한다.

명나라가 스스로 바다를 포기하고 문을 걸어 잠그고 육지로 돌아가자 그 자리에 서양세력이 나타나 인도를 비롯해 아시아 및 동중국해상에서 활약하게 된다. 즉, 16세기부터 시작된 대항해시대의 주역인 포르투갈과 네덜란드, 영국의 시대가 도래한 것이다. 그들은 중국이 포기한 바다에 들어와 중국산 상품과 아시아 각지의 상품을 교환하는 중계무역으로 막대한 이득을 챙기게 된다. 중국 스스로가 문을 잠그고 자국민의 해상무역을 금지시킴으로써 무역의 기회를 유럽인들에게 내준 셈이다. 왜구밀무역자, 해적는 단지 생존을 위해 해적질에 나선 것일까. 역사는 그렇게 단순하지 않은 것 같다. 16세기 동아시아의 바다에는 이미 변화가 일어나고 있었던 것이다.

필자의 개인적인 생각으로 큰 안목에서 보면 대륙민족의 해양세력에 대한 핍박이 의도하지 않았던 서양의 해양세력을 끌어들인 셈이 된 것이다.

영국

영국은 중국과는 정반대로 해적의 도움으로 유럽의 변방국가에서 해양강국으로 급부상한 나라다. 부국강병에 해적을 동원한 주역은 엘리자베스 1세_{1533~1603년} 여왕이다. 여왕은 스페인 선박을 공격하고 나포하는 해적질을 공인한다. 재정난을 해결하기 위해서였다.

대표적인 해적이었던 프랜시스 드레이크_{1540~1596년}로 약탈 대상은 스페인 식민지나 선박 등이었다. 빼앗은 금은보화는 영국 왕실로 보냈다. 스페인은 드레이크 처벌을 영국에 요구하지만, 처벌은커녕 귀족 작위까지 준다. 스페인에서 독립하려는 네덜란드를 지원한 것도 분노를 키웠다. 펠리페 2세는 1588년 무적함대로 응징에 나선다. 영국은 해적왕 드레이크에게 작전권을 부여하고 변칙전술로 무적함대를 무찔렀다.

조선

학자들의 주장에 따르면 조선은 명의 해금정책에 영향을 받아 백성의 사적인 출해_{出海}와 무역을 대명률_{大明律}을 통해 통제했다고 한다. 고려시대에 시작된 공도 정책_{空島政策} 즉, 섬 거주민들을 본토로 이주시키는 정책도 계속되었다. 제주도를 제외한 모든 섬에는 사람이 살 수 없고 소나무와 말을 기르는데만 이용되었다.

조선 초기 태종은 '사사로이 바다로 나가 이익을 도모하는 자를 금지하라'는 명을 내렸다. 세종도 1426년 '사사로이 국경 근처에서 무역하거나 바다로 나간 자는 장杖, 곤장 100대에 처한다'고 했다. 태종 때는 바다에 나가 무역하는 것을 규제했지만, 세종 때는 아예 바다에 나가는 것을 금지했다.

이에 중국으로 가는 사신과 상인은 해로를 이용하지 못하고 육로로만 가야 했다. 조선시대 500년간 한반도에 '바다'는 없었다. 박제가朴齊家, 1750~1805년는 '조선 400년간 다른 나라의 배가 한 척도 들어오지 않았다'며 바닷길을 통한 통상을 주장했지만 받아들여지지 않았다. 이후 청나라와 마찬가지로 조선도 외세에 굴복하는 운명에 처하게 된다.

에필로그

소현세자에서 시작하여 아시아의 중세 해적을 찾아나선 여행은 뜻밖의 선물을 안겨 주었다. 중국의 동남해 연안이 중세까지 한반도와 동일 생활권역이었을 가능성을 일깨워 주었고 우리민족 중 한반도 선주민先住民인 남방민족의 역사에 눈을 뜨게 해주었다. 이런 이유 때문에 외국인의 눈으로 중국인, 특히 중국인 중 외국인들이 쉽게 접하는 해외에서 생활하는 화교와 한국인을 구분하기 힘든지도 모르겠다. 중세까지 주산군도의 한민족 영토설, 더 나아가 양자강 유역에 자리했던 대륙백제에 대한 중국 역사서의 기록들도 더 실감있게 다가왔다. 특히 화교와 우리 남방민족과의 동류 가설은 민족에 대한 시야를 넓혀 주었다.

남방 해양실크로드가 왠지 거리가 느껴졌던 이유는 남방민족에 대한 이해 부족때문이었을 것이다. 서현우씨의 스토리나 멘지스의 가설처럼 한민족 해양민족의 능력과 역할이 세상을 바꾸는데 상상 이상의 영향력을 미쳤을지도 혹시 모를 일이다. 민족의 아이덴티티의 일부를 구성하고 있는 해양민족의 기질이 다시 발휘되어 작은 나라가 세계를 무대로 활약하고 있는 것은 아닐까?

출판해주신 고봉석대표에게 심심한 감사의 말씀을 전합니다.

추 신

그런데 구상하던 소현세자에 관한 소설은 도대체 어떻게 되었냐구요? 결론적으로 말씀드려 아직 미완성이며, 현재로서는 소설을 완성시킬 뚜렷한 계획이 있지 않습니다.

십여 년 전, 처음 이 생각이 떠올랐을 때는 아이디어가 샘솟고 의지가 넘쳤던 반면 시간이 부족했고 능력이 없었습니다. 그래서 소설쓰기를 외주外注로 결정하고 실행에 옮겼습니다. 그런데 완성을 기다리는 사이에 필자의 신상에 변화가 생겼습니다. 외국으로 근무지를 옮기게 되었고 새로운 환경에 적응하느라 상당 기간 소설에 신경을 쓸 여유가 없어져 버렸습니다.

외주를 준 소설의 집필도 부진했는데 어쨌거나 6개월 정도 지난 후 완성된 원고를 받았습니다. 소설로 완성은 되었지만 필자가 원하는 방향과는 달랐습니다. 나중에 알게 된 사실이지만 이 소설가가 부탁받은 소설을 쓰는 동안 마침 TV에서 『추노』라는 드라마가 방영되었는데 소현세자의 충성스런 부하가 소현의 남겨진 아들 가운데 한 명을 보호하는 내용이 들어있는 드라마였습니다. 소설가는 이 드라마의 재미에 푹 빠져 소설을 마치 추노 후속편처럼 된 것이었습니다. 또한 이 소설

가는 애정소설이 전공이라 역사소설은 처음이었다는 것도 나중에 알게 되었습니다. 그때 그 원고는 지금도 가지고는 있습니다.

그래서 결국 시간이 지나서 필자에게 시간적 여유가 생기면 직접 써보기로 생각을 변경하게 되었습니다. 그 후로 소설에 관련하여 새로운 아이디어들을 많이 만들어 냈는데 그 중에서 몇 가지만 소개해 드리겠습니다. 우선 제목입니다. 이 책의 최초 제목은 『떠다니는 왕국』이었습니다. 준 소현의 나라는 소버린티 sovereignty가 없는 떠다니는 선단 그 자체라는 의미입니다. 선단의 구성도 여러나라 소수의 재력가들이 소유한 소선단들의 연합체로 되어 있습니다. 이 선단은 당연히 무장이 되어 있습니다. 이익은 투자비율대로 배분하되 다만 조세권과 통제권은 준이 갖고 있습니다. 영토는 없지만 포르투칼처럼 해상 연결 거점은 있어서 우선 오키나와의 이리오모테 섬을 중요 거점 겸 주거지로 하고 이해 당사자인 류구왕국, 일본 사쓰마와 청나라의 승인을 받고 세금을 내는 것으로 조약을 맺습니다. 이러한 조약과 청과의 무역을 가능하게 하기 위하여 준이 심양에 있던 7년간 청의 황제 및 황제 일족, 세력가들과 쌓은 네트웍을 활용하는 것으로 했습니다. 조선에는 당대 세력가와의 비밀스런 협상을 통하여 동남아에서 식량을 구입, 조선에 제공하여 기근을 돕는 대가로 제주도의 한 곳을 제한적인 거점으로 얻고 동시에 강진의 도자기 등 한정된 품목에 대한 무역권을 따냅니다.

이번 역사 여행기에는 소개되지 않았지만 제주도 여행을 한 적도 있습니다. 거점으로 동쪽의 우도를 답사해보고 서쪽의 비양도도 후보지로 생각해 보았습니다. 그리고 한라산 중턱에 있던 고려시대에 몽골에게 빼앗겼던 말목장 지역을 거점으로 활용하는 방안도 생각해 본 적이 있습니다. 고지를 오르내리는 궤도형 운송수단도 생각해보고요.

필자와 비슷한 생각을 했던 사람이 있습니다. 다산의 제자로 이강회 李綱會가 있는데 다산이 유배생활을 마치고 강진을 떠날 즈음인 1818년 흑산도로 들어가 집필에 몰두한 인물입니다. 그의 저서들은 30여 년에 다산의 형 정약전이 유배생활을 했던 신안군 도초면 우의도에서 발견되었습니다.

그의 저서 『탐라직방설 耽羅職方說』에는 흥미로운 내용이 기록되어 있습니다. 달량 達梁부에 외국선박을 위해 시장을 열어 둔 것처럼 제주도에도 개별적으로 상거래 하는 것을 막기 위해 외국인을 위한 시장을 만들자는 것입니다. 이강회는 달량부의 사례를 제시하면서 제주의 상황을 구체적으로 설명하고 있습니다. 당시 제주에는 지역토호들이 계를 만들어 육지나 외국에서 온 선박들에 대해 검열을 하고 세금을 매기는 등 부패가 극심한 상태였습니다. 기록에 따르면 지금의 제주도 화북항 일대에 연간 1천회 이상의 배가 닿아 상업을 했다고 합니다. 이강회는 국가에서 배를 만들어 운영하면서 외부에서 오는 배를 따로 관리하는 무역항을 개발하면 지역토호들이 사적으로 배를 검열해서 부당이익을 챙기는 사례는 없어질 것이라 언급하고 있습니다.

이강회가 무역항의 모범사례로 제시하고 있는 달량부에 대해서 임형택 교수는 이를 일종의 해외무역특구 즉, 홍콩 주변의 마카오 같은 지역을 염두해 둔 것이라고 했습니다. 2008년 탐라직방설을 번역한 현

행복 선생은 달량부가 영암군 미암면 호포리라고 했는데 이는 달량이라는 남해안의 어느 지역에 외국선박을 위한 항구가 있었다는 해석이지만 달량포라는 곳에서 해외무역을 했다는 역사기록은 발견할 수 없습니다.

해전에 관한 이야기도 피할 수 없기 때문에 전투를 진행하는 방식을 고안해보기도 하였습니다. 해적이라는 단어가 주는 낭만성을 이해하기 위하여 케리비안 해적들의 세계에 대한 책도 읽어 보았습니다. 물론 소현은 심양에서 부인을 잃고, 말라카에서 다시 만나게 되는 어느 여인과의 사랑이야기도 있습니다. 후금의 수도였던 심양을 방문하여 소현세자가 거쳐했다는 거소를 찾아 방문한 적도 있습니다.

최인호, 이문열, 김진명 제씨의 역사 소설들을 읽어 보았는데 재미로는 김진명씨 소설이 제일이지만 따라가기는 어렵고 다큐와 소설의 중간 형태인 최인호씨의 스타일이라면 가능할 지도 모르겠다는 생각은 들었습니다. 자, 그런데 무엇이 부족하냐구요? 무슨 일을 열심히 추진하다 적절한 시기를 놓치면 생기는 탈진 현상이랄까요? 아니면 스태프들의 지원을 받으며 일하는 것이 습관이 되어버려 이제 손수 무슨 일이든 한다는 것이 어려워졌기 때문일 수도 있습니다. 그러나 아직 완성시킬 수 있는 방안이 전혀 없는 것은 아니겠지요. 소설 이야기는 이렇게 마무리하겠습니다.

참고 서적목록

중국진출 백제인의 해상활동 천오백년, 김성호, 맑은소리, 1996

대륙의 한 (소설), 이문열, 실크로드, 2010

악령이 출몰하던 조선의 바다, 박천홍, 현실문화, 2008

조선시대 한일표류민 연구, 한일관계사학회 편, 국학자료원, 2001

전란의 소용돌이 속에서 (최척전), 박희병 정길수 편역, 돌베개, 2007

한반도 서남해지역 해양문화, 문안식, 혜안, 2016

해양활동과 해양문화의 이해, 윤명철, 학연문화사, 2012

한민족 바다를 지배하다, 윤명철, 상생출판, 2011

우리문화대탐험, 김병호, 황금가지, 1997

치앙마이(소설 2권), 김병호, 매일경제신문사, 1999

김병모의 고고학 여행, 김병모, 고래실, 2006

고대사의 비교언어학적 연구, 강길운, 한국문화사, 2011

조선고어 실담어 주석사전, 강상원, 한국세종한림원출판부, 2013

백제멸망과 부흥전쟁사, 이재준, 경인문화사, 2017

白村江の戰いと任申の亂, 小林惠子, 現代思潮社, 1987

세계인 장보고와 지구촌 경영, 최민자, 범한, 2003

조일전쟁, 백지원, 진명출판사, 2009

임진왜란 동아시아 삼국전쟁, 정두희, 휴머니스트, 2007

사기장 신정희(소설), 신정희, 북인, 2007

오다 노부나가와 소현세자, 최행보, 경향미디어, 2005

역주 소현 심양일기4권, 민속원, 2008

효종의 총(소설), 제성욱, 중앙 북스, 2009

소현(소설), 김인숙, 자음과모음(이룸), 2010

조선의 숭려는 북벌을 꿈꿨다 (역사소설 2권), 이덕일, 랜덤하우스코리, 2008
朝鮮後期島嶼研究, 김경옥, 혜안, 2004
송시열과 그들의 나라, 이덕일, 김영사, 2016
정화의 배와 항해, 허 일 김성준 외, 심산, 2005
1421, 게빈 멘지스, 이치, 2007
1434, 게빈 멘지스, 21세기북스, 2010
명대 왜구의 연구, 윤성익, 경인문화사, 2008
잊혀진 전쟁 왜구, 이 영, 에피스테메, 2007
해적왕 정성공, 조너선 클레멘츠, 삼우반, 2008
바다의 실크로드, 양승윤 외, 청아출판사, 2003
해상 실크로드 사전, 정수일 편저, 창비, 2014
한국과 동남아시아의 교류사, 조흥국, 소나무, 2009
명청시대 사회경제사, 오금성 외, 미산, 2007
제국의 상점, 리국영 소나무, 2019
대항해시대, 주경철, 서울대학교출판부, 2008
콜럼버스가 바꾼 세계, 엘 크로스비, 지식의 숲(넥서스), 2006
대포, 범선, 제국, 카를로 차폴라, 미지북스, 2010
골드, 네이선 루이스, 에버리지홀딩스, 2009
숲의 서사시, 존 펄린, 따님, 2002
하멜 표류기, 김준식, 그럼씨, 2020
향료전쟁, 카일스 밀턴, 생각의 나무, 2002
The Geography of the Peace, Nicholas J. Spykman 芙蓉書房出版, 2016
동아시아 해양과 대륙이 맞서다, 김시덕, 매디치 미디어, 2015

유머러스 영국역사, 존 파먼, 가람기획 2007,

東インド会社とアジアの海, 羽田 正, 講談社, 2007

영국의 인도 통치 정책, 조길태, 민흠사, 2004

동남아시아사, 최병욱, 상인, 2015

베트남의 역사, 유인선, 이산, 2018

거상들의 시대, 와키모토 유이치, 한스미디어, 2008

ジパング島発見記, 山本錠一, 集英社, 2009

朱印船貿易史の研究, 岩生成一, 弘文堂, 1958

貿易都市長崎の研究, 本馬貞夫, 九州大学出版会, 2009

長崎唐通事, 林 陸朗, 長崎文献社, 2010

오키나와의 역사와 문화, 호카마 슈젠 저, 심우성 옮김, 동문선 2008

史料が語る琉球と沖縄, 小玉正任, 毎日新聞社, 1993

琉球の成立移住と交易の歴史, 吉成直樹, 南方新社, 2011

東アジア海域の海賊と琉球, 松浦章, 榕樹書林, 2008

訳注 中山世鑑, 首里王府 編著, 諸見友重, 訳注 榕樹書林, 2011

사람의 나라, 강철근, 이지출판, 2010

1300년 디아스포라 고구려 유민, 김인희, 푸른역사, 2011

고구려 유민의 나라 제와 당 그리고 신라 발해 일본 교류사, 지배선, 혜안, 2012

장군과 제왕(소설 2권), 이덕일, 웅진지식하우스 ,2005

고구려를 위하여(소설 3권), 김병호, 하서, 1997

해신(소설 3권), 최인호, 열림원, 2003

입당구법순례행기(入唐求法巡禮行記), 엔닌 저, 신복룡 역, 선인, 2007

아시아 바다의 역사기행

초판 발행 ┃ 2022년 10월 26일

저자 ┃ 이재일
펴낸이 ┃ 고봉석
책임편집 ┃ 윤희경
교정·교열 ┃ 이기범
편집디자인 ┃ 이진이

펴낸곳 ┃ 이서원
주소 ┃ 경기도 성남시 분당구 중앙공원로17 311-705
전화 ┃ 02~3444~9522
팩스 ┃ 02~6499~1025
이메일 ┃ books2030@naver.com
출판등록 ┃ 2006년 6월 2일 제22~2935호

ISBN ┃ 979-11-89174-37-8 (03910)